Libro del Alumno
Nivel Medio

Coordinadora del Nivel Medio
Ana Blanco Canales

Autoras
M.ª Aránzazu Cabrerizo Ruiz
M.ª Luisa Gómez Sacristán
Ana M.ª Ruiz Martínez

Equipo de la Universidad de Alcalá
    Dirección: M.ª Ángeles Álvarez Martínez

    Programación y esquemas gramaticales: M.ª Ángeles Álvarez Martínez
                                           Ana Blanco Canales
                                           M.ª Jesús Torrens Álvarez

    Coordinación Nivel Medio: Ana Blanco Canales

    Autoras: M.ª Aránzazu Cabrerizo Ruiz
             M.ª Luisa Gómez Sacristán
             Ana M.ª Ruiz Martínez

12.ª reimpresión: 2012
3.ª edición: 2006

© Del texto: Cursos Internacionales S. L. (Alcalingua S. R. L.), de la Universidad de Alcalá, 2000
© De los dibujos y gráficos: Grupo Anaya, S. A., 2000
© De esta edición: Grupo Anaya, S. A., 2000, Juan Ignacio Luca de Tena, 15 - 28027 Madrid

Depósito legal: M-27590-2011
ISBN: 978-84-667-5508-5
Printed in Spain
Imprime: Gráficas Orymu. Polígono Industrial La Estación. Pinto. Madrid

Equipo editorial
    Edición: Milagros Bodas, Sonia de Pedro
    Ilustración: Gerardo Ametxazurra
    Cubiertas: Taller Universo: M. Á. Pacheco, J. Serrano
    Maquetación: Grafismo Autoedición e Isabel del Oso
    Corrección: Consuelo Delgado
    Edición gráfica: M.ª Isabel García y Nuria González

Grabación: Texto Directo

Fotografías: Archivo Anaya (Castro, M.; Chamero, J.; Cosano, P.; Encarnación, D. De la; Enríquez, S.; González Grande, J. L.; Lacey, T.; Leiva, Á. de.; Lucas, J.; Marín, E.; Martin, J.; Martínez, C.; Muñoz, J. C.; Ortega, Á.; Redondo, M.; Rossi, J.; Steel. M.; Zuazo, A. H.; Ramón Ortega, P.-Fototeca de España); Breitfeld, Claus; Contifoto; Cover; EFE; Fototeca 9 × 12; Fundación Federico García Lorca; Fundació Gala-Salvador Dalí; Museo Bellas Artes (Valencia); Museo Ciencia y Tecnología (Madrid); NASA; Organización Nacional de Transplantes; Prisma; Umbría; J.; Stock Photos.

Agradecimientos: Fátima López, Francisco Delso; Verónica González, Guzmán Silva e Ignacio Carpizo.

Las normas ortográficas seguidas en este libro son las establecidas por la Real Academia Española en su última edición de la *Ortografía*.

Instituto
Cervantes

**Este Método se ha realizado de acuerdo con el *Plan Curricular* del Instituto Cervantes, en virtud del Convenio suscrito el 14 de junio de 2001.
La marca del Instituto Cervantes y su logotipo son propiedad exclusiva del Instituto Cervantes.**

Reservados todos los derechos. El contenido de esta obra está protegido por la Ley, que establece penas de prisión y/o multas, además de las correspondientes indemnizaciones por daños y perjuicios, para quienes reprodujeren, plagiaren, distribuyeren o comunicaren públicamente, en todo o en parte, una obra literaria, artística o científica, o su transformación, interpretación o ejecución artística fijada en cualquier tipo de soporte o comunicada a través de cualquier medio, sin la preceptiva autorización.

PRESENTACIÓN

Este método es producto de la labor de un equipo de lingüistas y profesores de español como lengua extranjera de la Universidad de Alcalá, elaborado y puesto en práctica durante años con nuestros alumnos. Reunimos, en los diversos volúmenes que constituyen el método SUEÑA, los materiales que hemos diseñado para la enseñanza de nuestra lengua, desde el Nivel Inicial hasta el Nivel Superior. Con ello, ponemos a disposición de todos los profesores y estudiantes de español como segunda lengua unos materiales y una experiencia que han sido de gran utilidad con nuestros alumnos, con la confianza de que puedan prestarles también a ellos un buen servicio.

Para el desarrollo del método hemos partido de una programación detallada para todos los niveles, que se ha ido elaborando cuidadosamente al hilo de nuestra experiencia docente y de las investigaciones que, en este campo, hemos llevado a cabo en nuestro centro.

El método SUEÑA está inscrito en las directrices generales del Instituto Cervantes, y por ello obtuvo el reconocimiento de esta institución en su momento. Sin embargo, después se publicó el Marco común europeo de referencia para la enseñanza/aprendizaje de lenguas (MCER), y las directrices europeas han cambiado. De los 4 niveles iniciales se han pasado a 6 niveles básicos (A1, A2, B1, B2, C1 y C2). Por ello, los niveles de SUEÑA se han adaptado a los establecidos por el *Marco*.

SUEÑA 2 corresponde al segundo nivel del método. Está dirigido a aquellos estudiantes que se acercan al español con un conocimiento básico, y tiene como objetivo lograr que alcancen una competencia lingüística media (nivel de comunicación común) que les permita desenvolverse eficazmente en situaciones cotidianas más complejas. El libro está compuesto de 10 lecciones, divididas en dos ámbitos cada una, lo que permite ofrecer una mayor variedad de contextos funcionales donde poner en práctica los contenidos programados para cada lección. En cada una de ellas se trabaja de forma integrada los contenidos funcionales, gramaticales y léxicos, mientras que para los de escritura y fonética se han reservado los apartados *Toma nota* y *Suena bien*. La información gramatical se presenta de manera fragmentada en fichas, tras las cuales aparece un bloque de actividades en las que se trabaja el contenido de forma gradual: se pasa de actividades totalmente dirigidas a otras de práctica libre. En general, cada doble página constituye una unidad de trabajo; en ella se presenta la información lingüística que, a continuación, se practica con ejercicios y actividades de diversa tipología, que permiten el desarrollo de las cuatro destrezas.

A lo largo de todo el método se busca la participación constante de los estudiantes para que el aprendizaje sea activo.

Al final de la lección se incluye el apartado A nuestra manera y una Recapitulación, para repasar lo aprendido de forma lúdica.

El manual se cierra con un Glosario, que recoge una selección del léxico estudiado, traducido a cinco lenguas. Obviamente, no pretende ser un diccionario, sino un instrumento de utilidad tanto para el profesor como para el alumno, ya que disponen del vocabulario fundamental estructurado por lecciones y ámbitos.

El manual se complementa con el Cuaderno de Ejercicios, pensado como un elemento de apoyo para clase, que ofrece al profesor y al estudiante ejercicios y actividades que pueden desarrollarse en el aula o como tarea para casa. En el Libro del Alumno se indica al propio estudiante, mediante un icono, la actividad del Cuaderno de Ejercicios donde se pone en práctica ese mismo contenido, y en el Libro del Profesor se le recomienda a este qué ejercicios deben integrarse en el desarrollo de la clase y en qué momento, además de aquellos que debe mandar para casa.

Como material de apoyo se ofrecen dos CD audio con las audiciones del libro. En el manual viene indicado con un icono el momento en que debe escucharse señalando el número de pista correspondiente a cada ejercicio.

ÍNDICE

LECCIÓN	FUNCIONES	GRAMÁTICA
1. Vamos a conocernos 1.1. Aprendiendo a conocernos Pág. 9	- describir ciudades - hablar de la situación geográfica y del clima - comparar lugares, personas y costumbres	- *ser* y *estar*: contraste - el adjetivo calificativo (género, número, posición y concordancia) - adjetivos comparativos - impersonalidad con *se* - *ser* / *estar* / *haber* - la presencia del artículo
1.2. ¡Qué familia! Pág. 16	- hablar de la familia - describir características personales, estados de ánimo, sentimientos	- los posesivos - *ser* y *estar* + *bueno, malo, bien, mal* - adjetivos de carácter que cambian de significado - el sustantivo (el número) - *¡qué lástima!, ¡es fantástico!, ¡qué me dices!, es una pena* y otras expresiones similares
2. Me gusta hacer muchas cosas 2.1. Conocemos una lengua Pág. 25	- expresar propósitos, intenciones y obligaciones - expresar gustos y preferencias. Justificarlos	- presente: forma (regulares e irregulares) y usos - otros usos del presente: verdades absolutas y presente conversacional - *tener (la) intención de, ir a, pensar* + infinitivo - *deber* / *tener que* + infinitivo - pronombres de objeto indirecto - *gustar, odiar, preferir* + infinitivo / sustantivo
2.2. Un día cualquiera Pág. 34	- hablar de acciones habituales - hablar de la frecuencia de una actividad - hablar del tiempo transcurrido desde el inicio de una actividad - hablar de la duración de una actividad	- presente: acciones habituales - marcadores temporales de presente - *hace (tiempo) que, desde* / *desde hace* - *ya no, todavía* - oraciones condicionales-temporales: *cuando* / *si* + presente + presente - *llevar* + gerundio - *estar* + gerundio
3. ¿Alguna vez has conocido a algún famoso? 3.1. Ha sido un día estupendo Pág. 43	- expresar acciones en el pasado reciente - expresar acciones únicas en el pasado - hablar de la frecuencia de las acciones	- pretérito perfecto: forma y usos - marcadores temporales - indefinidos: *un, algún, ningún, uno, alguno, ninguno* - pretérito indefinido: forma y usos - marcadores temporales - pretérito perfecto / pretérito indefinido - valor emocional del pretérito perfecto y del indefinido - pretérito perfecto con otros marcadores y sin marcadores
3.2. Eran otros tiempos Pág. 50	- describir características y hechos en el pasado - hablar de actividades y acciones habituales en el pasado - hablar de la continuidad de actividades y acciones - hablar del cambio o de la interrupción de actividades o acciones	- pretérito imperfecto: forma y usos (acciones habituales, descripciones de personas, cosas y contextos) - imperfecto de cortesía - marcadores temporales - preposiciones: ubicación en el tiempo - *dejar de* + infinitivo - *volver a* + infinitivo - *seguir* / *continuar* + gerundio
4. ¿Qué le ha pasado? 4.1. En la comisaría Pág. 59	- describir situaciones y acciones habituales - narrar acontecimientos	- verbos que expresan accidente (*cortarse, romperse, darse un golpe...*) - imperfecto: descripción (personas y cosas; acciones habituales; situaciones o contextos) - conectores discursivos: *entonces, cuando, luego, y...* - indefinido, pretérito perfecto / imperfecto: narración / descripción - valor semántico del verbo en relación con su uso temporal - *estaba* + gerundio - *estaba a punto de* + infinitivo - *iba* + gerundio - *acababa de* + infinitivo
4.2. Vamos de excursión Pág. 66	- comenzar un relato y finalizarlo - relacionar acontecimientos del pasado - organizar un relato - reaccionar ante un relato (sorpresa, alegría, pena, tristeza, temor...) - valorar acontecimientos pasados	- pluscuamperfecto: forma y usos - síntesis de los cuatro tiempos verbales - conectores discursivos: causales y consecutivos - marcadores temporales: *de pronto, de repente, al cabo de, al* + infinitivo - *¡qué* + adjetivo! - el superlativo - pronombres interrogativos y exclamativos
5. ¿Qué pasó? 5.1. Se volvió a casar Pág. 75	- contar la vida de una/s persona/s - relacionar acontecimientos del pasado - hablar de la situación anterior a un momento del pasado - hablar de la causa o de la consecuencia de un suceso - organizar un relato	- verbos de cambio (*ponerse, convertirse, hacerse...*) - preposiciones de localización espacial - verbos con preposición (*enamorarse de, soñar con, divorciarse de, olvidarse de, casarse con...*) - la expresión del recorrido en el tiempo: *después de... / cuando... / hace... que / hacía... que / hasta que... / desde que...* - *durar, llevar, tardar* + cantidad de tiempo
5.2. Sucesos, noticias, detectives por un día Pág. 82	- relacionar acontecimientos del pasado - organizar discursivamente el relato de un suceso	- imperfecto / indefinido, pretérito perfecto, pluscuamperfecto: nuevas situaciones y contextos - presente histórico

ESCRITURA	LÉXICO	FONÉTICA	CULTURA
Ortografía - división silábica Tipos de escrito - descripción	- ciudades: características y ubicación - geografía - clima	- las vocales	
Acentuación - reglas generales Tipos de escrito - formulario médico	- la familia: parentesco - tipos de familias	- acento de intensidad: palabras agudas, llanas y esdrújulas	- la familia española
Ortografía - reglas de uso de *b* y *v* Tipos de escrito - cartas personales	- vocabulario relacionado con los estudios	/p/, /t/, /k/ /b/, /d/, /g/	
Puntuación - (,), (.) Tipos de escrito - cartas personales	- verbos de acción que expresan acciones habituales - acciones y actividades cotidianas - actividades para los fines de semana - trabajo	- /p/, /t/, /k/ /b/, /d/, /g/	- gente joven en su tiempo libre
Ortografía - reglas de uso de *g* y *j* - reglas de uso de *h* Tipos de discurso - narración	- profesiones y centros de trabajo	- grupos consonánticos	
Acentuación - acentuación de los monosílabos Tipos de discurso - descripción	- el cuerpo humano - la estética	- grupos consonánticos	- edificios públicos
Ortografía - *hecho* / *echo* - *haber* / *a ver* - *porque* / *por qué* Tipos de escrito - denuncias	- ropa y complementos	- /r/, /r̄/, /l/	
Ortografía - *si no* / *sino* - *mediodía* / *medio día* - *adonde* / *a donde* - *también* / *tan bien* Tipos de escrito - denuncias	- transportes	- /r/, /r̄/, /l/	- la prensa española
Ortografía - reglas de uso de *y* y *ll* - reglas de uso de *x* y *s* Tipos de escrito - narración: el género biográfico	- verbos y expresiones para contar una biografía	- contraste entre /θ/ y /s/	
Ortografía - reglas de uso de *y* y *ll* - reglas de uso de *x* y *s* Tipos de escrito - descripción / narración	- sucesos, misterios, crímenes y robos	- /x/	- la conversación en España

LECCIÓN	FUNCIONES	GRAMÁTICA
6. Mirando al futuro 6.1. ¿Qué sucederá? Pág. 91	- hablar de acontecimientos futuros - formular condiciones para acciones futuras - expresar grados de certeza respecto al futuro - hablar de un futuro anterior a otro futuro - expresar futuro de formas diferentes - describir rutas	- futuro simple: forma y usos - futuro de probabilidad - futuro compuesto: forma y usos (acción futura anterior) - *ir a, pensar* + infinitivo - presente con valor de futuro - *supongo que / creo que / seguramente / seguro que* + futuro

6.2. ¿Qué haremos mañana?
Pág. 98
	- hacer planes
	- programar actividades
	- aconsejar
	- describir rutas
	- describir y valorar lugares
	- dar instrucciones
	- hablar del inicio y final de una actividad
	- hablar de la duración de una actividad
		- imperativo: forma; uso con pronombres
		- presente de subjuntivo: forma
		- oraciones subordinadas temporales:
		  cuando + subjuntivo, futuro / imperativo
		  después de (que) + infinitivo / subjuntivo
		  antes de (que) + infinitivo / subjuntivo
		- conectores temporales
		- oraciones condicionales referidas al presente, al pasado o al futuro; uso de los modos
		- conectores condicionales: *si*

7. Cuidar el cuerpo y el espíritu 7.1. Me encanta divertirme Pág. 107	- expresar estados de ánimo - expresar sentimientos - expresar finalidad - expresar concesión - argumentar	- oraciones subordinadas sustantivas: *me pone triste, alegre, contento* + infinitivo, sustantivo o *que* + subjuntivo; *me molesta, me preocupa, me da miedo, me da mucha alegría* + infinitivo, sustantivo o *que* + subjuntivo - género del sustantivo: reglas generales; cambios de significado - oraciones subordinadas concesivas: *aunque* + indicativo / subjuntivo - oraciones subordinadas finales: *para (que)* + infinitivo / subjuntivo - *por / para* - *estar para / estar por*

7.2. Es bueno que escuches música
Pág. 116
	- expresar juicios y valoraciones
	- expresar acuerdo y desacuerdo total o parcial
	- mostrarse a favor o en contra de una propuesta o idea
	- justificar y argumentar una opinión
	- expresar certeza
		- pronombres personales sujeto: aparición / no aparición; pronombres con preposición
		- *ser, estar, parecer* + expresión de valoración
		- subordinadas sustantivas: *creer / no creer, parecer / no parecer, pensar / no pensar que* + indicativo / subjuntivo
		- subordinadas sustantivas: casos especiales
		  decir + indicativo / subjuntivo
		  órdenes + indicativo
		  pronombre interrogativo + indicativo
		  preguntas + indicativo
		- *ser, estar, parecer* + expresión de certeza
		- *estar a favor / en contra de*

8. Hoy ceno con mi jefe 8.1. ¿Sería tan amable de...? Pág. 125	- solicitar un servicio - expresar deseo y petición - pedir permiso - conceder y denegar permiso - expresar orden y mandato - dar instrucciones - solicitar un favor - expresar una acción futura en relación con un pasado	- tiempos verbales para la expresión de la cortesía: contraste entre condicional / imperfecto / presente - el condicional: verbos regulares e irregulares - oraciones subordinadas sustantivas: verbos de orden y mandato + infinitivo / subjuntivo - fórmulas para la petición: *poder* + infinitivo; *importar* + infinitivo; *molestar* + infinitivo; *ser tan amable de* + infinitivo; *me permite / me deja* + infinitivo; *que* + subjuntivo - imperativo: usos - condicional: futuro en relación con un pasado

8.2. Haz un curso de informática
Pág. 132
	- aconsejar y reaccionar ante un consejo
	- hacer valoraciones
	- expresar lo objetiva y subjetivamente necesario
	- formular definiciones
		- formas y estructuras lingüísticas para expresar consejo:
		  condicional de consejo
		  aconsejar / recomendar + subjuntivo
		  imperativo
		  ser necesario, ser importante, ser bueno / malo, ser malo / peor (que) + subjuntivo / infinitivo; *no hace falta, no es necesario, no es preciso (que)* + infinitivo / subjuntivo
		- correlaciones temporales (condicional + imperf. subjuntivo)
		- pronombres relativos: *que, quien*
		- prep. + art. + *que*; preposiciones más frecuentes: *a, con, de, en, por*
		- oraciones subordinadas de relativo: relativo + indicativo / subjuntivo (conocido / desconocido)

9. ¿Habrá alguien en casa? 9.1. Será la casa ideal Pág. 141	- expresar y descartar hipótesis - expresar gustos y sus diferentes grados en el presente y en el pasado - hablar de deseos o esperanzas - expresar sentimientos	- indefinidos: *nada, nadie, ningún(o), algún(o), algo* - elementos lingüísticos para la expresión de la duda y de la probabilidad: *quizás, tal vez, puede que, a lo mejor* + subjuntivo o indicativo (presente y pasado); futuro y condicional - *querer, esperar (que)* + subjuntivo / infinitivo - *gustar, encantar, fastidiar, odiar (que)* + subjuntivo / infinitivo - *ojalá* + subjuntivo - *me gustaría que* + subjuntivo

9.2. Me extraña que haya llegado tan pronto
Pág. 148
	- expresar probabilidad
	- hablar de las circunstancias que rodean un suceso o hecho (finalidad, causa, consecuencia, condición y concesión)
	- expresar extrañeza, sorpresa, satisfacción, alegría, insatisfacción y contrariedad
		- pretérito perfecto de subjuntivo
		- elementos lingüísticos para la expresión de la extrañeza, la alegría, la contrariedad:
		  ¡qué raro que…! / me extraña que + subjuntivo
		  ¡qué bien que…! / me alegro de que + subjuntivo
		  sentir que / lamentar que + subjuntivo
		- oraciones finales, causales, consecutivas, condicionales y concesivas (presente y pasado)
		- conectores de subordinadas circunstanciales
		  así que, por eso, entonces, por tanto
		  como, porque, ya que, es que
		  aunque, pero, sino, sin embargo
		  si; para / para que

10. Tenemos nuevas noticias
10.1. Al teléfono
Pág. 157
	- emplear recursos para transmitir las palabras de otros
	- transmitir recados
		- estilo indirecto:
		  transformaciones verbales con el verbo *decir* en presente y pretérito perfecto
		  transformaciones pronominales
		  transformaciones de los marcadores de lugar
		  ir / venir, traer / llevar
		- el uso del verbo *preguntar* en el estilo indirecto

10.2. Dicen que... Pág. 164	- transmitir informaciones de los medios de comunicación - resumir y destacar las ideas principales de un relato - reaccionar al ser informado	- recursos lingüísticos para la expresión de la impersonalidad (*se*, 2.ª persona singular, 3.ª persona plural, verbos impersonales) - las construcciones pasivas y pasiva-reflejas - *se* + 3.ª persona: concordancia - *¿de verdad?, en serio, seguro, no me digas...*

ESCRITURA	LÉXICO	FONÉTICA	CULTURA
Ortografía - palabras con la misma pronunciación y escritura diferente (se *cayó* / se *calló*; *ahí* / *hay* / *¡ay!*...) Tipos de escrito - descripción de rutas	- nombres y verbos ligados al tema del medio ambiente	- /-d-/, /-r-/ y /-l-/ en posición intervocálica	
Acentuación - verbos + pronombres Tipos de escrito - descripción de rutas	- viajes turísticos (alojamientos, destinos, tipos de turismo) - gastronomía	- /-d-/, /-r-/ y /-l-/ en posición intervocálica	- la ruta del Quijote
Acentuación - diptongos, triptongos e hiatos Tipos de discurso - argumentar una opinión	- deportes y espectáculos	- pronunciación de diptongos, triptongos e hiatos	
Acentuación - diptongos, triptongos e hiatos Tipos de discurso - argumentar una opinión	- la música	- pronunciación de diptongos, triptongos e hiatos	- la música latina
Ortografía - siglas Tipos de escrito - anuncios (ofertas y solicitudes)	- tiendas, servicios públicos, hoteles	- esquemas tonales básicos	
Ortografía - abreviaturas Tipos de escrito - anuncios (ofertas y solicitudes)	- léxico laboral	- esquemas tonales básicos	- el mercado laboral en España
Ortografía - el uso de las mayúsculas y de las minúsculas	- la casa; tipos; partes	- esquemas tonales de las oraciones interrogativas y exclamativas	
Tipos de escrito - la carta comercial	- la calle; mobiliario urbano; edificios	- esquemas tonales de las oraciones interrogativas y exclamativas	- fiestas y celebraciones españolas
Ortografía - repaso general de los signos de puntuación y normas de acentuación Tipos de escrito - notas y recados personales	- medios de comunicación	- esquemas tonales de la enumeración enunciativa	
Tipos de escrito - notas y recados personales	- medios de comunicación	- esquemas tonales de las oraciones coordinadas	- la gastronomía española

Vamos a conocernos

1

ámbito 1 — Aprendiendo a conocernos

APRENDEREMOS A

- Describir ciudades, situación geográfica, clima
- Comparar lugares, personas y costumbres

ESTUDIAREMOS

- *ser* y *estar*: contraste
- El adjetivo calificativo (género, número, posición y concordancia)
- Adjetivos comparativos
- Impersonalidad con *se*
- *ser / estar / haber*
- La presencia del artículo
- División silábica
- Tipos de escrito: descripción
- Geografía, clima y ciudades
- Las vocales

ámbito 2 — ¡Qué familia!

APRENDEREMOS A

- Hablar de la familia
- Describir características personales, estados de ánimo, sentimientos

ESTUDIAREMOS

- Los posesivos
- Adjetivos que cambian de significado
- Adjetivos de carácter que cambian de significado
- El sustantivo (el número)
- Reglas generales de acentuación
- Tipos de escritos: formulario médico
- La familia: parentesco. Clases de familia
- Palabras agudas, llanas y esdrújulas
- La familia española

ámbito 1 Aprendiendo a conocernos

1 ¿Qué sabes del mundo hispano? ¿Y de estos personajes? ¿Podrías relacionarlos con su país de origen?

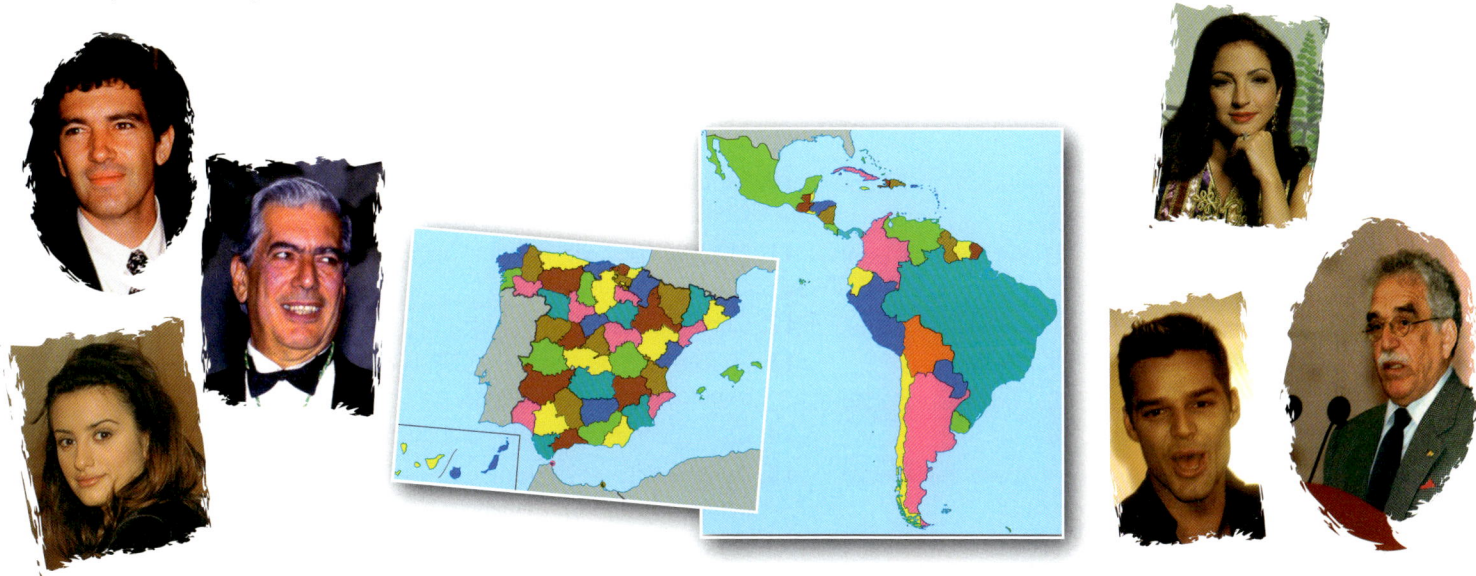

2 Completa esta ficha con los datos de uno de los personajes del ejercicio anterior.

Nombre: _____
Apellido: _____
Nacionalidad: _____
Profesión: _____

3 ¿Podrías formular preguntas para las siguientes respuestas?

1. ¿..? Me llamo José.
2. ¿..? Calle Marqués de Vadillo, n.º 3, 1.º B.
3. ¿..? Soy estudiante.
4. ¿..? Soy de Brasil.

4 Completa esta tarjeta con los datos de tu compañero y preséntalo al resto de la clase.

Nombre: _____
Apellido: _____
Nacionalidad: _____
Profesión: _____
Dirección: _____

ser	estar
■ **Define, clasifica y describe cualidades:**	■ **Expresa el resultado de un proceso o acción:**
Identidad: *¡Hola! Soy Javier Ridruejo.*	Estados físicos de personas y cosas: *Estoy muy cansada.*
Origen, nacionalidad: *Somos españoles.*	Estados anímicos de personas: *Estoy deprimido.*
Religión, clase social, profesión: *José es electricista.*	Estado civil: *Estamos casados.*
Descripción física de personas, objetos y lugares: *María es alta.*	Circunstancias y estados de objetos y lugares:
Descripción del carácter: *Los españoles son amables.*	*La farmacia está cerrada.*
■ **Valoración general de hechos:**	■ **Valoración de objetos, cosas y hechos:**
Es divertido salir por la noche en España.	*La sopa está sosa.*

ámbito 1

5 Completa las frases con *ser* o *estar* y descubrirás algunas curiosidades sobre el mundo hispano.

1. Muchos españoles *(son / están)* .... morenos.
2. Mario Vargas Llosa *(es / está)* .... peruano y español.
3. España *(es / está)* .... dividida en 17 comunidades autónomas.
4. La avenida más ancha del mundo *(es / está)* .... en Buenos Aires.
5. Barcelona y Madrid *(son / están)* .... las ciudades más habitadas de España.
6. Antigua *(es / está)* .... una bella ciudad de Guatemala.
7. El 40% de la población hispana *(es / está)* .... casada.
8. Caracas *(es / está)* .... muy bonita, pero *(es / está)* .... muy ruidosa.
9. Los argentinos *(son / están)* .... muy amables.
10. Santiago *(es / está)* .... la capital de Chile.
11. Muchas calles de Antigua no *(son / están)* .... asfaltadas.
12. Cuba *(es / está)* .... una isla.
13. México D. F. *(es / está)* .... la ciudad más populosa de Latinoamérica.
14. Quito *(es / está)* .... una ciudad interior.
15. Andy García *(es / está)* .... el actor más famoso del mundo hispano.

ser	estar
■ **Tiempo:** Hora: *Son las ocho de la mañana.* Fecha: *Hoy es martes.* Periodo de tiempo: *Es otoño.* ■ **Lugar:** Espacio donde ocurre un hecho o acontecimiento: *La boda será en la iglesia Magistral.* ■ **Cantidad:** *Es poco / mucho / demasiado.* Precio: *Son 200 euros.* ■ **Posesión:** *La casa es de mi hermano.* ■ **Materia:** *El anillo es de oro.* ■ **Destinatario y finalidad:** *Este regalo es para ti.*	■ **Tiempo:** Fecha: *Estamos a martes.* Periodo de tiempo: *Estamos en verano.* ■ **Lugar:** Ubicación de personas y cosas: *Mi prima está en casa.* Posición: *Estuvimos toda la tarde de pie.* ■ **Cantidad:** Precio variable: *Hoy el pollo está a 2,07 euros.* ■ **Acción en desarrollo** *(estar* + gerundio): *Elena está durmiendo la siesta.*

6 Contesta a las siguientes preguntas utilizando *ser* o *estar*.

1. ¿Dónde está Managua? ....
2. ¿A qué hora están abiertas las tiendas en España? ....
3. ¿El Día de los Muertos es una fiesta española o mexicana? ....
4. ¿Qué estación del año es en América del Sur cuando en España es verano? ....
5. ¿Dónde está el Centro del Mundo? ....
6. ¿A cuánto está el dólar? ....
7. ¿De qué país son originarias las castañuelas? ....
8. ¿Dónde está Arequipa? ....
9. ¿Con qué material está construida la Alhambra? ....
10. ¿Qué día es hoy? ....

ámbito 1

7 Sitúa geográficamente las siguientes ciudades e imagina cómo pueden ser.

> ruidosa / elegante / moderna / cosmopolita / divertida / antigua / monumental / bulliciosa / tranquila / acogedora

Madrid

La Coruña

Ibiza

Segovia

Santander

8 Piensa en tu ciudad, en tu país o en tu pueblo, y cuéntales a tus compañeros cómo es, dónde está, qué hay, cuáles son sus monumentos más importantes, etc.

▶ es…	▶ es…	▶ está…	▶ es…	▶ está…	▶ hay…
industrial	grande	en el interior	tranquila	al norte	monumentos
agrícola	pequeña	cerca / lejos del mar	ruidosa	al noroeste	bibliotecas
ganadera	mediana		confortable	al oeste	centros comerciales
comercial			antigua	al sur	iglesias
turística			moderna	al sudeste	
				al este	

suena bien

> En español hay cinco fonemas vocálicos: /a, e, i, o, u/.

9 Clasifica las palabras que vas a oír según la vocal que tengan.
CD1: 1

▶ a	▶ e	▶ i	▶ o	▶ u

10 Escucha estas palabras y clasifícalas teniendo en cuenta si la última sílaba lleva *o* o *u*.
CD1: 2

11 Escucha estas palabras y anota el número de vocales que tiene cada una.
CD1: 3

once 11

ámbito 1

12 Relaciona los siguientes símbolos con su significado.

1. sol
2. nubes y claros
3. nublado
4. chubascos débiles
5. chubascos
6. lluvia
7. nieve
8. niebla
9. tormenta
10. viento
11. despejado

Hace + sol / frío / calor / viento
Llueve
Nieva
Hay + nubes / niebla / viento / tormenta

13 Escucha el parte meteorológico y escribe el tiempo que hará hoy en…
CD1: 4

◆ el norte   ◆ el sur   ◆ el este   ◆ el centro   ◆ las islas Baleares y Canarias

---

▶ EL ADJETIVO

género

■ Si el masculino termina en: ■ El femenino se forma en:
-o ⟶ -a
barato   *barata*
-ote, -ete ⟶ -ota, -eta
grandote, regordete   *grandota, regordeta*
-án, -ín, -ón ⟶ -ana, -ina, -ona
dormilón, holgazán   *dormilona, holgazana*

■ Todos los demás no cambian:
verde, agradable, fácil, superior, mayor, menor, mejor, peor…

número

■ Si el singular termina en: ■ El plural se forma añadiendo:
-a, -e, -i, -o ⟶ -s
caro   *caros*
blanca   *blancas*
consonante o en -í ⟶ -es
útil   *útiles*
iraní   *iraníes*

posición

■ Se coloca normalmente detrás del sustantivo:
El coche rojo es el mío.
■ Puede colocarse delante para realzar su expresividad:
Una blanca luna aclaró la noche.
■ Algunos adjetivos pierden la -o cuando van colocados delante de un sustantivo masculino singular:
No es mal chico.
■ Sustantivo masculino singular + *bueno, malo, primero, tercero, alguno, ninguno*: *Vive en el piso primero.*
■ Sustantivo masculino o femenino singular + *cualquiera, grande*:
Es una ciudad grande.
■ *Cualquier, gran* + sustantivo masculino o femenino singular:
Déjame cualquier libro.

concordancia

■ Concuerda en género y número con el sustantivo al que acompaña o al que se refiere:
No me gustan los pisos pequeños.
Estas camisas son muy caras.
■ Un solo adjetivo puede acompañar o referirse a varios sustantivos.
sust. masc.+ sust. masc. ⟶ adj. masc. plural:
Me he comprado un chaleco y un jersey blancos.
sust. fem. + sust. fem. ⟶ adj. fem. plural:
Llevaba la camisa y la falda nuevas.
sust. masc.+ sust. fem. ⟶ adj. masc. plural:
Tengo un libro y una pluma nuevos.
sust. fem. + sust. masc. ⟶ adj. masc. plural:
La casa y el coche eran nuevos.
Llevaba una camisa y un pantalón rojos.

---

14 Coloca el adjetivo en la forma correspondiente.
CE 7, 8, 9, 10

1. Me gustan los coches *(grande)*.
2. He comprado un jersey y una falda *(blanco)*.
3. Mi vecino y mi vecina son *(amable)*.
4. La televisión y el vídeo son *(nuevo)*.
5. Este café es *(superior)*.
6. Hoy es el *(primero)* cumpleaños de Jordi.
7. Mi padre tiene un *(bueno)* coche.
8. Vivo en un *(grande)* apartamento.
9. Mi sobrino y mi sobrina son *(inteligente)*.
10. En España pocas veces hace *(malo)* tiempo.

ámbito 1

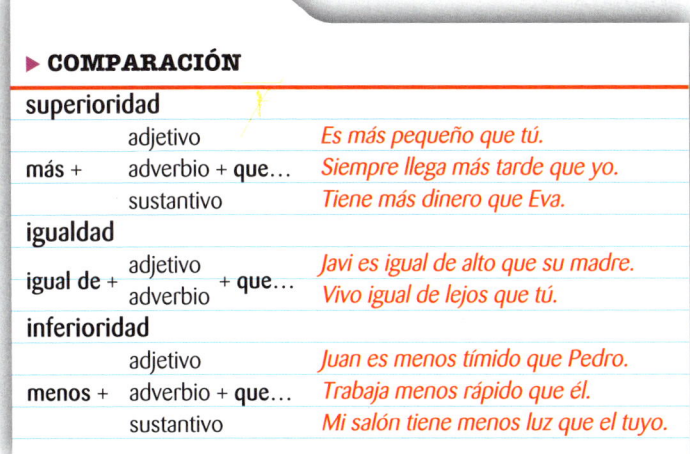

▶ **COMPARACIÓN**

superioridad		
más +	adjetivo	*Es más pequeño que tú.*
	adverbio + que...	*Siempre llega más tarde que yo.*
	sustantivo	*Tiene más dinero que Eva.*
igualdad		
igual de +	adjetivo	*Javi es igual de alto que su madre.*
	adverbio + que...	*Vivo igual de lejos que tú.*
inferioridad		
menos +	adjetivo	*Juan es menos tímido que Pedro.*
	adverbio + que...	*Trabaja menos rápido que él.*
	sustantivo	*Mi salón tiene menos luz que el tuyo.*

CE 11 **15** Relaciona los adjetivos con las fotografías.

- fría
- ruidosa
- aburrida
- estresante
- peligrosa
- bulliciosa
- artificial
- solitaria
- tranquila
- divertida
- natural
- calurosa

Soria

Madrid

Establece comparaciones entre ambas ciudades.
Ej.: *Madrid es más bulliciosa que Soria.*

CE 12 **16** Compara las costumbres españolas con las de tu país y forma frases según el ejemplo.

[comer tarde / echarse la siesta / hablar muy alto / cocinar con aceite de oliva / trasnochar / tomar el sol]

Ej.: *En España se come tarde.*
En España se come más tarde que en mi país.

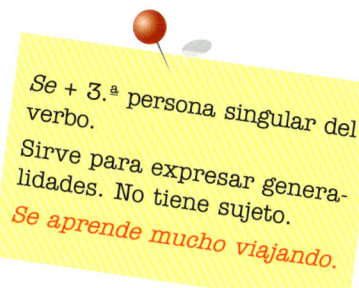

Se + 3.ª persona singular del verbo.
Sirve para expresar generalidades. No tiene sujeto.
Se aprende mucho viajando.

toma nota

1. Las palabras se tienen que dividir por sílabas completas.
   te-lé-fo-no
2. Los diptongos (dos vocales juntas en la misma sílaba) y los hiatos (vocales que pertenecen a sílabas diferentes) no deben dividirse al final del renglón.
   cien-cia; día
3. Una consonante entre dos vocales se une a la segunda vocal.
   lá-piz; la-pi-ce-ro
4. Cuando tenemos dos consonantes entre vocales, la primera consonante va con la vocal anterior y la segunda con la posterior.
   tam-bién; can-tan-te; ac-ción
5. En los grupos pr, pl, br, bl, fr, fl, tr, dr, cr, cl, gr, gl, ambas consonantes van con la vocal que las sigue.
   re-fres-co
6. Las letras ch, ll, rr no pueden separarse nunca porque representan un único sonido.
   pe-rro

17 Separa en sílabas las siguientes palabras.

[ciudad / caramelo / pantalón / gimnasia / hablar / accidente / cuaderno / abrazar / cristales / siempre / blanda / podrido / chándal / lección / gramática / esperanza / isla]

ámbito 1

 18 Descubre el nombre de los accidentes geográficos de los que hablan estas personas.

▶ ¿Dónde está?
▶ ¿Cómo es?
▶ ¿Qué es?

estar + { la, el, las, los / mi, tu, su / este, ese, aquel } + sustantivo

ej.: Allí está el coche.

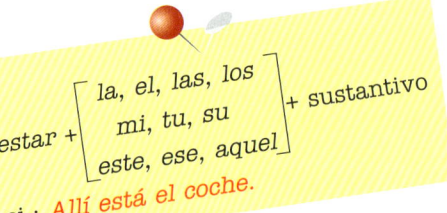   

1   2   3

ser	estar	haber (hay)
Sirve para definir:	Sirve para situar:	Sirve para expresar la existencia de algo:
¿Esto es un río?	¿Dónde está el Teide?	¿Dónde hay un lago?
No, es un lago.	Está en Canarias.	Hay uno en Zamora.

hay + { ø / un(a), unos(as) / dos, tres, cuatro… + sust. / algún, alguna }   no hay + ningún (a) + sust.

19 Observa el mapa y comenta con tu compañero qué accidentes geográficos hay y dónde están.

▶ EL ARTÍCULO

- Horas: *Son las tres de la tarde.*
- Días de la semana: *El lunes es el primer día de la semana.*
- Tratamientos (cuando no son vocativos): *El señor Martínez es el jefe de personal.*
- Nombres de ríos, montañas, mares y lagos: *El Tajo es el río más importante de España.*
- Partes del cuerpo: *Me duele la mano derecha.*
- Sustantivos en general:
  - sustantivos contables (valor concreto y específico):
    sujeto: *El coche está en la calle.*
    complemento directo: *He comprado el libro y el periódico.*
  - sustantivos no contables (valor generalizador o específico):
    sujeto: *El agua es buena para la salud.*
    complemento directo: *He comprado el vino.*

20 Completa el siguiente texto con los artículos necesarios.

Hoy ...... señor García nos ha explicado en ...... clase de ...... tres algunas cosas sobre Sudamérica, por ejemplo, que ...... gran cordillera de ...... Andes, con 7.500 kilómetros, atraviesa de norte a sur Sudamérica. También nos ha dicho que algunas de sus cimas tienen alturas considerables, como ...... Tupungato, de 6.550 metros, y ...... Aconcagua. En ...... Andes también hay ciudades importantes, como ...... Arequipa o ...... Paz. Sin embargo, no todo ...... continente es montañoso: ...... suelo de América del Sur está formado por extensiones planas, regadas por ...... Orinoco y ...... Amazonas. ...... fertilidad de Sudamérica es extraordinaria: ...... café, ... azúcar, ... patata, etc., son algunos de ...... productos más importantes de esta región.

ámbito 1

21 Relaciona los siguientes accidentes geográficos con estas fotografías.

cordillera, desierto, océano, río, selva, isla

22 Descubre cuáles son los anteriores accidentes geográficos.

1. La cordillera está en América del Sur. Es la más grande de Latinoamérica. En ella se encuentra el Aconcagua. Las ciudades más grandes de esta cordillera son La Paz, Quito y Bogotá.
2. Es el río más largo de la península Ibérica. Sus principales afluentes son el Jarama y el Alberche.
3. Está situada entre el océano Atlántico y el mar Caribe. Es un país independiente. La capital es La Habana.
4. Es el desierto más importante de América del Sur. Está al norte de Chile. No tiene vegetación.
5. Es una gran masa de agua azul y cristalina. América está bañada por dos océanos; uno es el Atlántico y el otro…
6. Está en el centro de Sudamérica. Es una de las selvas más importantes del mundo. Es el "pulmón" de la humanidad.

23 Piensa en un accidente geográfico de tu país, descríbelo e intenta que tus compañeros lo descubran.

toma nota

24 Fíjate en esta fotografía de una plaza típica de España y descríbela teniendo en cuenta el siguiente esquema.

1. Cosas y personas que hay:
   Cualidades { cosas (color, tamaño, forma…)
   personas (aspecto físico…)

2. Dónde están esas personas y cosas:
   Situación { tiempo (presente, pasado…)
   espacio (enfrente, a la derecha, arriba…)

3. Qué hacen:
   pasear, caminar, observar, sentarse, tener prisa…

quince **15**

ámbito 2 ¡Qué familia!

1. Escucha a Alberto, que cuenta quiénes forman su familia, y rellena el esquema.

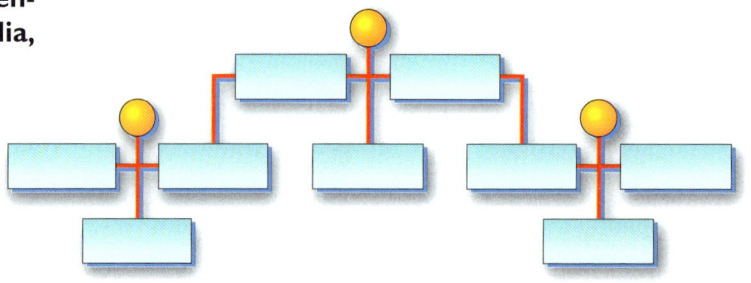

2. Lee este acertijo español. ¿Qué relación hay entre la mujer de la fotografía y María?

¿Existen en tu país acertijos como éste? ¿Recuerdas alguno? Cuéntalo.

> María pasea triste y sola por una gran ciudad; en su mano derecha lleva una foto. Se sienta en un banco del parque y dice: "no tengo hermanas ni hermanos, pero la madre de esta mujer (mirando la fotografía que tiene entre sus manos) es la hija de mi madre".

3. Escribe los verbos correspondientes a estos adjetivos.

Viudo, separado, casado, divorciado.

▶ LOS POSESIVOS

forma	concordancia	posición
■ Formas átonas: - *mi, tu, su, nuestro(a), vuestro(a), su,* - *mis, tus, sus, nuestros(as), vuestros(as), sus.* ■ Formas tónicas: - *mío(a), tuyo(a), suyo(a), nuestro(a), vuestro(a), suyo(a)* - *míos(as), tuyos(as), suyos(as), nuestros(as), vuestros(as), suyos(as).*	Concuerdan en género y número con la cosa poseída, y en persona con el poseedor: *Ese bolígrafo es el mío.* *¿Vuestros amigos no vienen hoy?*	Las formas átonas se colocan delante del sustantivo y las tónicas van detrás del sustantivo, del artículo y del verbo *ser*: *Mila es mi enfermera; es vecina mía.* *Este mechero es tuyo.*

> El posesivo se coloca detrás del sustantivo cuando este va acompañado de un adjetivo numeral o indefinido:
> *Han sido premiados dos poemas suyos.*
> *Los ladrones también se llevaron varios libros nuestros.*
> Cuando el posesivo va solo, sin acompañar al sustantivo, funciona como pronombre; entonces se utiliza la forma tónica.

4. Completa las siguientes frases con tus datos familiares.

1. ¿Cómo se llama tu padre? ...... padre se llama ......
2. ¿Dónde vive tu familia? ...... familia vive en ......
3. ¿Cómo se llaman tus abuelos? ...... abuelos se llaman ......
4. ¿Dónde viven los padres de tu padre? ...... padres viven en ......
5. ¿Es grande vuestra familia? ...... familia es ......
6. ¿Cómo se llama tu mascota? ...... mascota se llama ......
7. ¿El nombre de un amigo mío? El nombre de un amigo ...... es ......
8. Mi primo se llama David. ¿Y el tuyo? El ...... se llama ......
9. ¿Dónde vive la familia de tu compañero? ...... familia vive en ......
10. ¿Cómo es tu hermano? ...... hermano es ......

ámbito 2

5 En grupos, comentad qué características tiene cada una de estas familias.

¿Con cuál de ellas te identificas? ¿Cómo es la tuya? ¿Qué tipo de padre / madre te gustaría ser?

6 En parejas, observad a los siguientes personajes y formad dos familias. Imaginad cómo es la vida cotidiana de cada una.

suena bien

7 Escucha estas palabras. Escríbelas y marca la sílaba que se pronuncia con mayor intensidad. Clasifícalas según el lugar en el que recae el acento.

CD1: 7

8 ¿Qué profesiones podrían esconderse bajo estas casillas? La casilla señalada marca el acento.

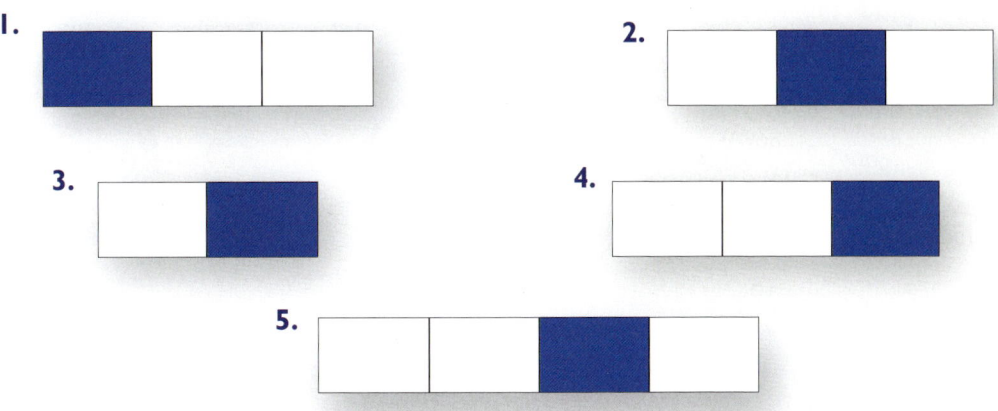

ámbito 2

9 Observa el siguiente gráfico, que refleja cómo se ven los jóvenes españoles.

Establece comparaciones entre los jóvenes españoles y los de tu país.

25,9%	cínicos	sinceros	56,5%
29,7%	irresponsables	responsables	51,8%
16,0%	insolidarios	solidarios	71,3%
46,9%	dependientes	independientes	41,8%
30,5%	maleducados	educados	47,0%
45,3%	egoístas	generosos	34,1%
42,8%	inmaduros	maduros	36,3%

ser + bueno	Con personas: *bondadoso*.		ser + malo	Con personas: *malvado*.
	Con cosas: *de buena calidad*.			Con cosas: *de mala calidad, perjudicial*.
El verbo **ser** nunca va con los adverbios **bien** y **mal**.				
estar + bueno	Con personas: *guapo* (uso coloquial), *sano*.		estar + bien	Con personas: *contento, sano*.
	Con cosas (alimentos): *buen sabor*.			Con cosas: *correcto*.
estar + malo	Con personas: *enfermo*.		estar + mal	Con personas: *enfermo, triste*.
	Con cosas (alimentos): *mal sabor*.			Con cosas: *incorrecto*.

10 Relaciona las frases con su significado.

1. La sopa está muy buena.
2. Leonardo Di Caprio está bueno.
3. La película está bien.
4. La madera es mala.
5. El yogur está malo.
6. Este CD es bueno.
7. Mi abuelo está bien.
8. Los chicos están mal.
9. La guerra es mala.
10. Estos ejercicios están mal.

a. La calidad no es muy buena.
b. Tiene una calidad aceptable.
c. Tiene una buena salud para ser tan mayor.
d. Tiene un sabor agradable.
e. Están preocupados.
f. Es un actor muy atractivo.
g. Son incorrectos.
h. Tiene música que me gusta.
i. Está en mal estado.
j. Es una crueldad.

CE 6, 7 **11** Elige la expresión correcta de acuerdo con los dibujos y forma frases.

ser
- listo: inteligente
- negro: color; raza negra
- claro: luminoso
- despierto: ágil de pensamiento
- atento: amable, considerado
- rico: tener mucho dinero
- abierto: simpático, extravertido
- verde: color; obsceno
- delicado: suave, frágil
- cerrado: introvertido, tímido

estar
- preparado
- muy enfadado; muy moreno
- evidente, obvio
- no dormido
- poner atención
- tener buen sabor
- no cerrado
- inmaduro
- frágil de salud
- no abierto

1. ser negro / estar negro

2. ser abierto / estar abierto

3. ser atento / estar atento

4. ser delicado / estar delicado

5. ser verde / estar verde

6. ser claro / estar claro

18 dieciocho

ámbito 2

12 Relaciona cada adjetivo con su contrario. Clasifícalos en positivos y negativos. Después, elige cinco que te definan y cinco que definan, según tú, a tu compañero.

- ▷ generoso
- ▷ optimista
- ▷ artificial
- ▷ tacaño
- ▷ pesimista
- ▷ ingenuo
- ▷ fuerte
- ▷ astuto
- ▷ trabajador
- ▷ débil
- ▷ perezoso
- ▷ natural

13 ¿Eres la persona ideal? Realiza este test y lo descubrirás. Después, junto con tu compañero, interpreta los resultados.

1. Tu pasatiempo favorito es:
- a salir con los amigos
- b resolver jeroglíficos en tu casa
- c pasear solo

2. El juego que resume tu infancia es:
- a la búsqueda del tesoro
- b policías y ladrones
- c tres en raya

3. Cuando quieres algo:
- a lo exiges
- b lo obtienes
- c esperas

4. Cuando abres los ojos por la mañana:
- a vas inmediatamente a prepararte un café
- b vas inmediatamente a darte una ducha
- c vuelves a dormirte inmediatamente

5. Reírte para ti es:
- a desahogarte
- b divertirte
- c olvidar los problemas

6. ¿Cómo te sientes en las fiestas con mucha gente?
- a estupendamente, como pez en el agua
- b no te sientes mal, pero te sientes desplazado
- c mal. Te sientes fuera de lugar

7. Te ves como:
- a un gato
- b un león
- c un San Bernardo

8. Tu lema en la vida es:
- a vive y deja vivir
- b vive el presente, el futuro no existe
- c Dios ayuda a quien se ayuda a sí mismo

9. Te gustaría que tus amigos admiraran en ti:
- a tu cultura
- b tu ambición en la vida
- c tu personalidad

10. La vida es de color:
- a rosa
- b negra
- c roja

0 - 50 puntos
Las risas y las locuras de este mundo no son tu fuerte. No eres un líder, ni destacas demasiado en las diferentes facetas de tu vida. Quienes te rodean te aprecian, pero, cuidado, porque algunas personas confunden tu timidez con falta de carácter. Plántale cara a la vida, no pierdas tus encantadores modales con todo el mundo.
En resumen, eres...

55 - 70 puntos
Quienes te rodean te admiran por tu tenacidad, tu capacidad de decisión... Tu único problema es que eres un poco egoísta. Te exiges mucho a ti mismo, pero igualmente exiges mucho a los demás. Eres unas veces independiente, otras, sumiso; depende del estado de ánimo que tengas en cada momento.
En resumen, eres...

75 - 100 puntos
¡Enhorabuena! Disfrutas de la vida a tope. Tus amigos están encantados contigo, tu trabajo va bien y tu vida personal es un éxito. Eres la persona perfecta, siempre estás dispuesto a escuchar y a comprender todo. Tu ternura y buen humor crean en tu entorno un ambiente equilibrado.
En resumen, eres...

toma nota

Palabras agudas:
Aquellas que llevan el acento en la última sílaba.
Llevan tilde cuando terminan en vocal o en consonante **n** o **s**.
le**ón**   re**loj**   in**glés**   so**fá**

Palabras llanas:
Aquellas que llevan el acento en la penúltima sílaba.
Llevan tilde cuando terminan en consonante diferente de **n** o **s**.
di**fí**cil   **már**tir   Mar**tí**nez   ven**ta**na

Palabras esdrújulas:
Aquellas que llevan el acento en la antepenúltima sílaba.
Llevan tilde siempre.
médico   **rá**pido   **mú**sica   **má**quina

CE 9 **14** Acentúa estas palabras y clasifícalas.

- ◆ Paris
- ◆ Malaga
- ◆ porteria
- ◆ balon
- ◆ jamas
- ◆ militar
- ◆ medico
- ◆ docil
- ◆ feliz
- ◆ proximo

- ◆ arabe
- ◆ album
- ◆ lampara
- ◆ japones
- ◆ linea
- ◆ piramide
- ◆ edad
- ◆ otoño
- ◆ lapiz
- ◆ melon

- ◆ termometro
- ◆ zapateria
- ◆ boligrafo
- ◆ martes
- ◆ miercoles
- ◆ calcetin
- ◆ español
- ◆ gramatica
- ◆ arbitro
- ◆ Mediterraneo

ámbito 2

15 Relaciona los dibujos con estos estados de ánimo.

TRISTE, ALEGRE, FELIZ, DEPRIMIDO, INDIFERENTE, EUFÓRICO, CONTENTO, AGRESIVO

16 Relaciona los estados de ánimo anteriores con las siguientes causas.

1. Está .... porque se ha peleado con su mejor amigo.
2. Está .... porque lo ha dejado su novia.
3. Está .... porque lo ha insultado otro conductor.
4. Está .... porque acaba de ser padre.
5. Está .... porque le han regalado el disco que tanto deseaba.
6. Está .... porque no le ha pasado nada interesante en todo el día.
7. Está .... porque ha conocido a la mujer de su vida.
8. Está .... porque acaba de aprobar el carné de conducir.

► EL SUSTANTIVO. EL NÚMERO

si la palabra en singular termina en:	el plural se forma añadiendo:	
-a, -e, -i, -o	caramelo	-s	caramelos
-á, -é, -ó	café, dominó	-s	cafés, dominós
consonante	canción, profesor	-es	canciones, profesores
-excepciones: el martes, la tesis, el tórax, el análisis… Todos aquellos sustantivos con acentuación llana o esdrújula que acaban en -s o -x no varían en plural.			
-í, -ú	tabú, esquí	-es / -s	tabúes / tabús, esquíes / esquís
		¡ojo!	champús, menús

17 Forma el plural de las siguientes palabras.

> artista / compás / domingo / sí / caramelo / comité / papa / país / rey / tesis / bambú / martes / paraguas / crisis / sacapuntas / miércoles / buey / jabalí / té / virtud

18 Fíjate en estas palabras y completa la ficha gramatical de la derecha.

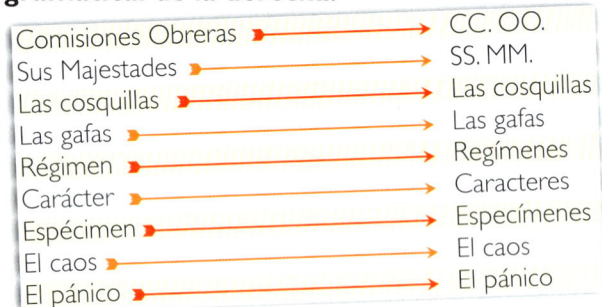

Comisiones Obreras → CC. OO.
Sus Majestades → SS. MM.
Las cosquillas → Las cosquillas
Las gafas → Las gafas
Régimen → Regímenes
Carácter → Caracteres
Espécimen → Especímenes
El caos → El caos
El pánico → El pánico

► ALGUNOS CASOS ESPECIALES

1. El plural de las abreviaturas se forma duplicando las letras:
2. Algunas palabras no tienen singular: ....
3. Algunas palabras no tienen plural: ....
4. Algunas palabras cambian la posición del acento al formar el plural: ....

19 Transforma las siguientes frases de singular a plural.

1. El menú del restaurante iraní es muy económico.
2. El compás es un instrumento para dibujar.
3. El rey de España está en Santo Domingo de visita oficial.
4. He dejado el esquí en el guardaesquí.
5. Su tesis sobre la economía del país es estupenda.
6. El sacacorchos está estropeado.
7. El régimen político de América es diferente al de Europa.
8. Este árbol tiene la raíz enferma.
9. Me han dejado un lápiz de colores.
10. El buey es un animal de carga.

ámbito 2

20 Clasifica las expresiones que utilizamos en español para mostrar dolor, alegría, sorpresa y tristeza.

- ▼ ¡Qué me dices!
- ▼ ¡Es fantástico!
- ▼ ¿Sí?
- ▼ Es una lástima.
- ▼ ¡Qué alegría!
- ▼ ¡Huy!
- ▼ ¡Si no lo veo, no lo creo!
- ▼ Me pone triste.
- ▼ ¡No me digas!
- ▼ ¡No aguanto más!
- ▼ Es una pena.
- ▼ ¡Qué dolor!
- ▼ ¡Qué triste!
- ▼ ¡Qué sorpresa!
- ▼ ¡Qué contenta estoy!
- ▼ ¡Qué pena!

▶ alegría	▶ dolor	▶ tristeza	▶ sorpresa

21 En parejas, inventad un breve diálogo en el que utilicéis algunas de las expresiones anteriores. Después, lo representaréis en clase.

22 ¿Cómo reaccionarías si leyeras estas noticias en el periódico?

1. Estudiante del nivel medio ganó cinco millones de euros en la bonoloto.
2. La profesora de gramática se rompió una pierna anoche.
3. Todos los estudiantes han suspendido los exámenes.
4. La semana que viene no hay clase.
5. Tu mejor amiga está embarazada de gemelos.

Ahora, redacta una noticia que provoque algún tipo de reacción. Cuéntasela al resto de la clase.

toma nota

23 Completa el siguiente formulario para solicitar asistencia médica en España.

FORMULARIO PARA LA EMISION DE LA TARJETA SANITARIA

A. DATOS A CUMPLIMENTAR POR EL USUARIO

1) 1.er APELLIDO
2) 2.º APELLIDO
3) NOMBRE
4) Si su nombre es compuesto, indique cuál de ellos desea que aparezca completo en la tarjeta sanitaria.
5) N.º D. N. I. o N. I. E.
6) SEXO: VARON / MUJER
7) ¿ES PENSIONISTA O BENEFICIARIO DE PENSIONISTA? SI / NO
8) ¿PERTENECE AL R. E. AGRARIO (C. PROPIA)? SI / NO
9) FECHA DE NACIMIENTO: DIA / MES / AÑO
10) COMUNIDAD AUTONOMA DE NACIMIENTO
11) PAIS DE NACIMIENTO
12) DOMICILIO ACTUAL: CALLE O PLAZA / NUMERO / PISO / PUERTA
13) LOCALIDAD
14) PROVINCIA
15) C. POSTAL
16) TELEFONO

A nuestra manera

Como tantas otras cosas, la familia ya no es lo que era. Para bien o para mal, los modelos familiares se han multiplicado. Cada vez es más difícil encontrar en las grandes ciudades españolas familias que sigan el estereotipo heredado (abuelos, padres e hijos bajo el mismo techo), y es casi imposible encontrar parejas jóvenes que quieran tener familia numerosa. Hoy en día es posible encontrar familias para todos los gustos: profesionales que deciden renunciar a tener hijos, madres solteras o familias en las que los hijos viven con los padres después de los 30 años. Todos estos modelos han dejado de lado a la familia tradicional —aquella en la que no se cuestionaban las decisiones de los padres, en la que no se permitía que el niño interviniera en conversaciones de adultos—, para dar paso a otras más dispares, pero también más liberales, en las que todo es cuestionable: comportamientos, palabras, etc. Algo está cambiando…

▶ *Lee este fragmento de la entrevista a Inés Alberdi, experta en temas de familia.*

▶ *¿Cómo es la estructura familiar en tu país? ¿Es tradicional o moderna? ¿Cómo son tus padres?*

PROTAGONISTAS

INÉS ALBERDI

TIENE UN APELLIDO VINCULADO A LA POLÍTICA Y AL FEMINISMO, AUNQUE EJERCE LA TRADICIÓN DESDE EL ESCAÑO DE SU CÁTEDRA EN LA UNIVERSIDAD COMPLUTENSE, DONDE ENSEÑA SOCIOLOGÍA DE LAS RELACIONES DE GÉNERO. CASADA, MADRE DE DOS HIJOS Y EXPERTA EN VÍNCULOS FAMILIARES, ACABA DE RECOPILAR SUS ARTÍCULOS EN LA NUEVA FAMILIA ESPAÑOLA.

ACABA DE cumplir 50 años y lleva más de un cuarto de siglo dedicada al estudio de la familia. La minuciosa disección que de ella ha hecho en numerosos artículos aparece ahora de forma completa con el título *La nueva familia española* (Taurus). Está «ordenadamente» casada y tiene dos hijos, de 20 y 26 años, que viven en casa muy a gusto, pero en eso no quiere atribuirse ningún mérito. Lo suyo, dice, es cuestión de suerte, la misma que le llevó a nacer en el seno de una familia numerosa de 12 hermanos. Esta catedrática, que imparte clases de sociología desde hace más de 20 años, deja bien claro que su interés por el tema le viene de una preocupación política y, sobre todo, de un compromiso feminista que tuvo desde muy joven. No llegó a militar en ningún partido, a diferencia de dos de sus hermanas (Cristina e Isabel, diputadas por el PSOE), pero siempre compartió su preocupación por los derechos de la mujer. Y en ese empeño sigue. No hace mucho y gracias a la beca Eisenhower, recorrió Estados Unidos de costa a costa, con el objeto de investigar la participación política de las mujeres en la sociedad norteamericana.

— PREGUNTA.- ¿Cómo es la familia española de este fin de milenio?
RESPUESTA.- No se ajusta a ningún modelo concreto. Prefiero hablar de rasgos presentes en casi todas las familias. Es una familia democrática, porque hay igualdad en los derechos de ho...

P.- ¿Cómo es la familia española de este fin de milenio?
R.- (…) Es una familia democrática, porque hay más igualdad en los derechos de hombres y mujeres, más igualdad entre los padres y los hijos. Es narcisista porque valora más el proyecto de realización personal: una casa mejor…

P.- ¿Existe conflicto generacional? R.- Sí, pero no con la intensidad de los años 60 y 70. La tolerancia de los hogares explica que muchos jóvenes sigan viviendo con sus padres incluso después de haber logrado una relativa independencia económica. "Hombre —te dicen— ya me casaré, pero quiero ser libre por un tiempo". Antes decíamos lo contrario: "Me quiero ir de casa para ser libre".

P.- ¿Anima a sus hijos a independizarse?
R.- ¡Qué más quisiera que pudieran hacer lo que desearan! Me gustaría que fueran felices, casados o *arrejuntados*.

«LOS ... SENTES EN LA FAMILIA ESPAÑOLA DE FIN DE ...»

Recapitulación

En grupos, elaborad unas fichas como las que aparecen a continuación con diez pistas cada una. Recordad que tenéis que utilizar *ser*, *estar*, *haber* y *tener*. El juego consiste en descubrir la palabra oculta con el menor número de pistas posible.

Un miembro del primer equipo lee la primera pista; si los otros equipos no saben de qué palabra se trata, pueden pedir una segunda pista, y así sucesivamente, hasta agotar las diez. En caso de que algún grupo logre acertar la palabra, hay cambio de turno. Si alguno acierta a la primera, se llevará 10 puntos. Por el contrario, se descontarán tantos puntos como pistas se hayan leído.

PERSONAJE

1. Soy muy famosa
2. Tengo un hermano
3. Odio la sopa
4. Estoy preocupada por el mundo
5. Soy contestataria
6. Mi padre es administrativo
7. Soy hispanoamericana
8. Soy un dibujo animado
9. Mi padre es Quino
10. Soy de Argentina

ANIMAL

1. Soy macho
2. Soy arisco
3. Soy un buen cazador
4. Tengo bigote
5. Estoy en los tejados
6. Mis ojos son famosos
7. Soy animal
8. Tengo cuatro patas
9. Tengo siete vidas
10. Como ratones

PAÍSES

1. Tengo mucha altitud
2. Mi idioma es el español
3. Estoy al sur
4. Tengo montañas y ríos
5. No estoy en la costa
6. Tengo Paz
7. Tengo nueve departamentos
8. Soy un país
9. Estoy entre Perú y Argentina
10. Sucre es mi capital constitucional

veintitrés 23

Me gusta hacer muchas cosas

2

ámbito 1 Conocemos una lengua

APRENDEREMOS A
- Expresar propósitos y obligaciones
- Expresar gustos y preferencias

ESTUDIAREMOS
- Presente: verbos regulares e irregulares
- Presente: verdades absolutas y presente conversacional
- *tener intención de* + infinitivo
- *ir a* + infinitivo
- *pensar* + infinitivo
- *deber / tener que* + infinitivo
- Pronombres de objeto indirecto
- *gustar / odiar / preferir* + infinitivo / sustantivo
- b/v
- Cartas personales
- Estudios
- /p/, /t/, /k/, /b/, /d/, /g/

ámbito 2 Un día cualquiera

APRENDEREMOS A
- Hablar de acciones habituales y su frecuencia
- Hablar del tiempo transcurrido

ESTUDIAREMOS
- Presente: acciones habituales
- Marcadores temporales de presente
- *hace (tiempo) que; desde / desde hace*
- *ya no; todavía*
- *estar / llevar* + gerundio
- Oraciones temporales: *cuando / si* + presente + presente
- Puntuación: (,), (.)
- Cartas personales
- Acciones habituales, fines de semana, trabajo y estudios
- /p/, /t/, /k/, /b/, /d/, /g/
- Gente joven en su tiempo libre

ámbito 1 Conocemos una lengua

Aprendemos español y disfrutamos en la clase.

Hoy nos encontramos en un centro donde se enseña español. Todos los años sus profesores organizan cursos sobre esta lengua. ¿Quieres aprender español en un lugar agradable? Pues ya sabes, puedes venir a visitarnos. ¿Nos dejas tus datos personales y tu dirección?

Nombre: ....
Apellidos: ....
Dirección: ....
Teléfono: ....
Correo electrónico: .... País: ....

presente

	-AR	-ER	-IR
yo	-o	-o	-o
tú	-as	-es	-es
él	-a	-e	-e
nosotros	-amos	-emos	-imos
vosotros	-áis	-éis	-ís
ellos	-an	-en	-en

usos

- Hablar de acciones presentes:
  Hoy nos encontramos en una clase de español.
- Expresar acciones habituales:
  Todos los años sus profesores organizan cursos de español.
- Ofrecer, pedir y sugerir:
  ¿Quieres aprender español en un lugar agradable?
  ¿Nos dejas tus datos personales y tu dirección?
  Pues ya sabes, puedes venir a visitarnos.

▶ VERBOS IRREGULARES

1. IRREGULARIDADES VOCÁLICAS EN TODAS LAS PERSONAS EXCEPTO EN LA 1.ª Y EN LA 2.ª PLURAL

e > ie querer	o > ue poder	u > ue jugar	e > i pedir	u > uy concluir
quier-o	pued-o	jueg-o	pid-o	concluy-o
quier-es	pued-es	jueg-as	pid-es	concluy-es
quier-e	pued-e	jueg-a	pid-e	concluy-e
quer-emos	pod-emos	jug-amos	ped-imos	conclu-imos
quer-éis	pod-éis	jug-áis	ped-ís	conclu-ís
quier-en	pued-en	jueg-an	pid-en	concluy-en

2. IRREGULARIDADES CONSONÁNTICAS EN LA 1.ª PERSONA SINGULAR

c > zc conocer	c > g hacer	n > ng poner	l > lg salir	a > aig traer
conozc-o	hag-o	pong-o	salg-o	traig-o
conoc-es	hac-es	pon-es	sal-es	tra-es
conoc-e	hac-e	pon-e	sal-e	tra-e
conoc-emos	hac-emos	pon-emos	sal-imos	tra-emos
conoc-éis	hac-éis	pon-éis	sal-ís	tra-éis
conoc-en	hac-en	pon-en	sal-en	tra-en

3. DOBLE IRREGULARIDAD: CONSONÁNTICA Y VOCÁLICA EN TODAS LAS PERSONAS EXCEPTO EN LA 1.ª Y EN LA 2.ª PLURAL

tener	venir	decir	oír	obtener
teng-o	veng-o	dig-o	oig-o	obteng-o
tien-es	vien-es	dic-es	oy-es	obtien-es
tien-e	vien-e	dic-e	oy-e	obtien-e
ten-emos	ven-imos	dec-imos	o-ímos	obten-emos
ten-éis	ven-ís	dec-ís	o-ís	obten-éis
tien-en	vien-en	dic-en	oy-en	obtien-en

ámbito 1

1 ¿Qué hacen estas personas todos los días en la escuela?

1. directora de la escuela
2. mujer de la limpieza
3. conserje
4. profesor de conversación
5. grupo de estudiantes
6. camarero del bar de la escuela

2 Completa el siguiente cuadro con los verbos que aparecen en el texto inicial.

▶ verbo	▶ regular	▶ irregular	▶ persona
nos encontramos		sí	1.ª persona del plural

Debes prestar atención a verbos como *acostarse, levantarse, peinarse, lavarse, ducharse*, etc., porque se utilizan como verbos reflexivos, por lo que tienen que llevar el pronombre correspondiente: *me, te, se, nos, os, se*. Verbos como *proponerse, dormirse*, etc., también llevan pronombre.

Otros usos del presente
- Expresa verdades absolutas:
  Los perros son animales mamíferos.
- Se refiere a acciones pasadas (presente conversacional):
  Hablo con ella el martes y no me dice nada.

Son también irregulares

e > ie: acertar, calentar, comenzar, despertar, encerrar, fregar.

o > ue: acordar, aprobar, avergonzar, contar, demostrar, encontrar, esforzarse, recordar, soñar, volar.

e > i: competir, conseguir, corregir, despedir, freír, impedir, reír, repetir, vestir.

c > zc: conducir, aparecer, desconocer, obedecer, entristecer, envejecer.

u > uy: construir, disminuir, distribuir, excluir, huir.

3 Señala el presente de indicativo y explica su uso.

1. El curso trimestral de economía española empieza hoy.
2. España es un país europeo.
3. ¿Sabes? Veo a Gabriel la semana pasada y olvido que es su cumpleaños.
4. ¿Por qué no argumentas mejor tus ideas?
5. ¿Prefieres una película de misterio o una película romántica?
6. En todos mis exámenes siempre fallo en la colocación correcta de los acentos.
7. ¿Me preparas para esta noche mi cena favorita?
8. Todas las noches salimos a dar una vuelta después de cenar.
9. ¿Describes esta viñeta?
10. Faltan tres horas para llegar a Roma.
11. Mira, el año pasado viajo por primera vez en avión y pierdo las maletas en el aeropuerto.
12. Los Pirineos separan España de Francia.
13. Mi padre es sueco y mi madre, norteamericana.
14. Todos los días la profesora de conversación llega tarde.
15. ¿Me prestas un rotulador rojo y un lápiz?

4. Ordena con tu compañero estos dibujos y describe qué ocurre en cada uno de ellos.

Marta ...

5. Imagina qué hacen estos personajes habitualmente. Utiliza alguno de los verbos y expresiones del recuadro.

tomar sangría / hacer deporte / cenar /
comer hamburguesas / dar un paseo /
leer el periódico / ducharse / levantarse /
desayunar / maquillarse /
ver la televisión / madrugar /
entrenar / hablar por teléfono /
coger el autobús / hacer una dieta /
vigilar / aburrirse / trasnochar /
comprar ropa deportiva

ESCULTORA

LUZ CASAL
(cantante)

NADADOR

POLICÍA

REY
JUAN CARLOS

6. Di si son verdaderas o falsas estas afirmaciones. Justifica tu respuesta.

1. La comida en España es muy buena y sana.
2. El avión es el medio de transporte más seguro.
3. La televisión es el medio de comunicación más eficiente.
4. Las hamburguesas no engordan.
5. En España hace un sol radiante.
6. Los hispanoamericanos son personas muy abiertas.
7. Hay vida en otros planetas.
8. No entiendo nada cuando un grupo de españoles habla a la vez.

7. Escucha la conversación. Señala cuándo se utiliza el presente de indicativo con un valor de pasado.

suena bien

> El español tiene tres fonemas oclusivos sordos que se oponen entre sí por el lugar de articulación: /p/ labial, /t/ dental, /k/ velar. Junto a ellos, aparece otra serie de tres fonemas sonoros, /b/, /d/, /g/ que, según su posición, a veces se realizan como fricativos.

8. Escucha con atención y repite las palabras que oigas.

9. Escucha estas palabras y escribe las letras que faltan.

- una mo...a
- un ...ato
- el ...eso
- aquella ...asa
- algún ...arro
- una ...a...a
- este ga...o
- el ...arro
- mi ...asa
- una ...a...a
- ese ...eso
- la mo...a
- esta ...o...a
- la ...o...a

ámbito 1

Estoy muy contento de estar en España y pienso aprovechar todas las horas de clase. Yo sé que debo estudiar mucho y tratar de ser puntual todos los días en la escuela. Además, voy a aprobar los exámenes, pues tengo la intención de practicar diariamente mi español con un nativo y realizar todas mis tareas en casa. Voy a disfrutar de mis asignaturas y no pienso faltar a ninguna clase. También voy a salir de marcha algunas noches para conocer cómo se divierte la gente en este país.

■ *ir a* + infinitivo	■ Expresar planes y proyectos: *Voy a aprobar todos los exámenes.* ■ Hablar del futuro: *Mañana voy a viajar a París.*
■ *pensar* + infinitivo ■ *tener (la) intención de* + infinitivo	■ Expresar una intención o una determinación: *Pienso ser puntual todos los días en la escuela.* *Tengo la intención de practicar mi español con un nativo.*
■ *deber* + infinitivo ■ *tener que* + infinitivo	■ Expresar una obligación (con *deber*, obligación moral): *Yo sé que debo estudiar mucho.* *Tengo que comprar un diccionario.*

10 Fíjate en la serie de acciones que te proponemos. Con ellas expresa lo que piensas y debes hacer en el curso de español.

1. Colocar los acentos en las palabras que conozco.
2. Aprovechar las horas de clase.
3. Hacer un curso intensivo de quince días.
4. Ayudar a mis compañeros con los verbos.
5. Suspender la asignatura de Historia del Arte.
6. Exponer siempre mis problemas y mis dudas.
7. Acabar mis deberes en cinco minutos.
8. No faltar nunca a clase.
9. Agradar siempre a mis profesores.
10. Ir a clase todos los días.
11. Participar en los debates.
12. Prestar a Daniel el diccionario.

CE 6, 7, 8 **11** Imagina los propósitos, intenciones y obligaciones que pueden tener las siguientes personas. Utiliza los verbos y los sustantivos que aparecen a la derecha.

1. El portero de mi casa
2. Mi compañero de piso
3. El cocinero del restaurante Buen Provecho
4. El bibliotecario
5. Luisa, la profesora de fonética,
6. Mi mejor amigo
7. Los jugadores de baloncesto
8. Yo, que siempre llego tarde a todas mis citas,
9. Ana, un domingo por la mañana,
10. El alumno preferido del profesor

☐ vigilar
☐ ordenar
☐ cocinar
☐ colocar
☐ repetir
☐ hacer
☐ practicar
☐ ganar
☐ comprar
☐ prestar

☐ dinero
☐ otro despertador
☐ todos los partidos
☐ deporte
☐ muchos regalos
☐ la z y la s
☐ los libros
☐ buenos platos
☐ nuestra habitación
☐ mi coche

ámbito 1

12 Escucha las conversaciones e indica cuál es la intención que tiene cada una de las personas que hablan. Da tu opinión sobre cuál debe ser su obligación.

DIÁLOGO 1. Intención o propósito: Carlo ....
Obligación: ....
DIÁLOGO 2. Intención o propósito: Peter ....
Obligación: ....
DIÁLOGO 3. Intención o propósito: Marie ....
Obligación: ....

13 Lee la tarjeta que te entregará tu profesor y sigue las instrucciones.

14 Incluye en tu agenda lo que vas a hacer durante toda la semana.

- Ir al cine
- Jugar al tenis
- Tomar café
- Ver una película de vídeo
- Cenar en un restaurante vasco
- Visitar a Pepa
- Comprar un nuevo televisor
- Ir de compras
- Echar gasolina al coche
- Llamar por teléfono al dentista
- Buscar información sobre un curso de música clásica

Ahora, pregunta a tus compañeros utilizando frases como estas.

- ¿Qué vas a hacer el domingo por la mañana?
- ¿Cuándo piensas ir a jugar al tenis?
- ¿Cuándo vas a visitar a Pepa?

toma nota

Se escriben con **b**:
- Los verbos acabados en -bir (concebir), excepto hervir, servir y vivir.
- El pretérito imperfecto de indicativo de los verbos acabados en -ar: cantaba, pintaba.
- El pretérito imperfecto de indicativo del verbo ir: iba, ibas, iba, íbamos, ibais, iban.
- Cuando /b/ va agrupado con /l/ o /r/: niebla, fiebre.
- En interior de palabra detrás de m: legumbre, ambición.
- Cuando /b/ se encuentra al final de sílaba: objeto, subjuntivo.
- Las palabras terminadas en -bilidad (menos movilidad y civilidad): amabilidad, disponibilidad.

Se escriben con **v**:
- Los infinitivos terminados en -ver (resolver), excepto beber, caber, deber, haber, saber y sorber.
- Los adjetivos terminados en -ave, -avo, -eve, -evo, -ivo y sus femeninos: grave, nuevo.
- En interior de palabra detrás de n y b: enviar, obvio.
- En palabras que comienzan por ad- y sub-: advertir, subversivo.
- Los compuestos y derivados de palabras que tienen v: de lavar, lavaplatos; de vinagre, avinagrar.

15 Completa las siguientes palabras.

- …i…ir
- fie…re
- hom…re
- ad…erso
- llue…e
- ad…erbio
- en…iar
- ser…ir
- …erdad
- busca…a
- mo…er
- sa…er
- sua…e
- sub…encionar
- …rote
- ob…iamente
- ad…ertencia
- ham…re

ámbito 1

"Me gusta el ambiente de la clase. Todos mis compañeros del grupo 5 son muy divertidos. Nadav, ¿y tú qué opinas de tus compañeros?"

"Pues a mí no me gustan mucho. Son bastante antipáticos. Tampoco me agrada el horario, pues prefiero tener clases por la tarde. Ya sabes que me encanta dormir hasta las 12 del mediodía."

"A mí, sin embargo, me da igual venir a clase por la mañana o por la tarde. No me importa madrugar, porque de esta manera tengo tiempo para hacer muchas cosas."

"Yo odio el ruido que hace mi despertador cada mañana. Todos los días me levanto de mal humor y necesito mucho tiempo para estar bien."

▶ LOS PRONOMBRES PERSONALES DE COMPLEMENTO INDIRECTO

forma	uso
Singular:	**Posición**
1.ª persona: **me**	■ Los pronombres se colocan delante del verbo, excepto con el imperativo afirmativo, el gerundio y el infinitivo
2.ª persona: **te**	(en estos casos se colocan detrás):
3.ª persona: **le**	*Cómetelo.*
	Hablándole despacio, nos entenderá.
Plural:	*Quiero dedicarle una foto.*
1.ª persona: **nos**	■ Si hay un verbo conjugado + gerundio/infinitivo, se pueden colocar los pronombres delante o detrás:
2.ª persona: **os**	*Voy a dejártelo / Te lo voy a dejar.*
3.ª persona: **les**	*Estoy buscándotelo / Te lo estoy buscando.*
Si delante aparece una preposición, éstas son las formas:	**Gustar, doler, encantar** y otros verbos similares tienen que llevar siempre el complemento indirecto. Delante de este pronombre también se puede poner la preposición *a* y el pronombre tónico correspondiente: *(A mí) me encanta dormir hasta el mediodía.*
mí	**Reduplicación**
ti	■ Es muy frecuente en español utilizar el pronombre de CI junto con el complemento al que se refiere.
él, ella, usted	Esto es lo normal en el caso de la 3.ª persona:
nosotros, nosotras	*Le contó a su amigo toda la historia.*
vosotros, vosotras	■ Es obligatoria la reduplicación cuando el complemento indirecto es *a* + pronombre tónico o cuando va antepuesto:
ellos, ellas, ustedes	*A ti te he enviado un mensaje por fax / A Juan le he regalado un libro.*

ámbito 1

16 Escribe las formas pronominales correspondientes.

1. **Le** digo *(a Juan)* que abra las cortinas para que entre sol.
2. El profesor .... expone *(a los alumnos)* los errores más frecuentes con el subjuntivo.
3. La televisión .... informa de *(a nosotros)* que el tabaco perjudica la salud.
4. Juan .... habla *(a mí)* todos los días sobre los mismos temas.
5. Mis padres .... dan *(a nosotras)* buenos consejos.
6. Todos los domingos .... compro galletas *(a ustedes)* para el desayuno.
7. Yo siempre .... he dicho *(a vosotros)* la verdad.
8. Vuestros hijos .... enviaron *(a vosotros)* unas botellas de vino español.
9. Siempre .... regalo *(a usted)* una rosa por su cumpleaños.
10. Miguel .... propone *(a sus compañeros)* visitar la catedral de Toledo el próximo sábado.
11. Ella .... desagrada *(a vosotros)* porque siempre habla y habla sin parar.
12. Para la fiesta de fin de curso tú .... prestarás *(a Alberto)* tu corbata verde.
13. El presidente del Gobierno .... explicó *(a nosotros)* en la televisión los problemas económicos.
14. Ella .... acompaña *(a mí)* al cine todos los fines de semana.
15. María .... enseñó *(a sus padres)* sus buenas notas.

17 Completa las siguientes frases con los pronombres necesarios.

1. Siempre que veo a Juan, ... pregunta por ti.
2. Mi madre .... calienta la sopa mientras mi hermana está en la cama.
3. Señor, yo .... sonrío todas las mañanas y usted no .... dice nada.
4. El jefe de mis hermanos .... ha subido el sueldo.
5. La semana pasada mis amigos .... escribieron una carta que nos alegró mucho.
6. Señores, ... recuerdo que mañana las tiendas están cerradas.
7. .... describo mi viaje a China y vosotros .... contáis el vuestro a Israel.
8. .... repito que no sé nada y tú no me crees.
9. El arquitecto .... está construyendo una casa, pero no estamos contentos con ella.
10. Luisa .... cuenta un cuento a sus hijos antes de dormirse.

18 ¿Qué hacen? Construye frases según el modelo.

Le *regala flores a su madre.*

ámbito 1

Además de **gustar** y **encantar**, hay otros verbos que se construyen también con un pronombre que funciona como complemento indirecto:	Utilizamos estos verbos para indicar nuestros gustos y preferencias:
dar igual	*Me da igual venir por la mañana o por la tarde.*
fascinar	*Me fascina dormir hasta las 12 del mediodía.*
importar + sustantivo / infinitivo (son los sujetos de los verbos)	*No me importa madrugar.*
molestar	
poner nervioso	*Nos pone nerviosos el ruido de los aviones.*
volver loco	*Me vuelven loco tus piernas.*

> Los verbos **detestar**, **odiar**, **preferir** y **soportar** no se construyen con un pronombre de complemento indirecto: *Prefiero tener horario de tarde / Yo odio el ruido de mi despertador.*

CE 11, 12

19 Expresa tus gustos y preferencias. Justifícalos.

1. ...... viajar en avión porque…
2. ...... la profesora de literatura porque…
3. ...... levantarme pronto porque…
4. ...... los coches deportivos porque…
5. ...... mi último viaje porque…
6. ...... tener bastantes amigos porque…
7. ...... escribir muchas cartas y postales porque…
8. ...... hablar en clase de conversación porque…
9. ...... viajar al extranjero porque…
10. ...... acostarme muy tarde porque…

Me encanta escribir postales…

20 **CD1: 12** Escucha esta conversación entre Laura y Javier. A continuación completa el cuadro con sus gustos.

▶ le gusta	▶ no le gusta
A Laura	A Laura
A Javier	A Javier

32 treinta y dos

ámbito 1

21 ¿Qué prefieres? Explícales a tus compañeros por qué.

▶ **ir de vacaciones:** playa / montaña

▶ **comer:** carne / pescado

▶ **bañarse:** piscina / playa

▶ **viajar:** verano / invierno

▶ **beber:** refresco / cerveza

▶ **tener las clases:**

▶ **conocer:**
Velázquez / García Lorca

---

toma nota

Cuando escribimos una carta a nuestros amigos, padres u otros familiares, podemos empezarla con:
- Querido papá, mamá, amigo.
- Querido Juan.
- ¡Hola!
- ¿Qué tal?
- ¿Cómo estás?

Y nos despedimos con:
- Un (fuerte) abrazo.
- Un beso.
- Hasta pronto.
- Besos para todos.

22 Escribe una carta a uno de tus mejores amigos al que hace tiempo que no ves. Cuéntale dónde estás ahora y qué haces.

> Torreperogil, 22 de mayo de 2007
>
> Querida mamá:
>
> Estoy en Andalucía y el viaje en tren ha sido un poco largo. Vivo en una casa preciosa que tiene muchos árboles. Mañana visitaremos algunas ciudades romanas. Os enviaré muchas postales desde allí.
>
> Besos para papá y Carmen.
> Un abrazo,
>
> Juana

ámbito 2 Un día cualquiera

Nunca tomo el sol, raramente desayuno por las mañanas y casi nunca me acuesto temprano.

Pues yo siempre hago deporte al aire libre, todos los días tomo cereales, leche y frutas, y normalmente duermo ocho horas como mínimo.

▶ **MARCADORES TEMPORALES DE PRESENTE**

Expresan acciones habituales, costumbres o frecuencia:
- siempre
- cada día / mes / semana…; todos los días / los años; todas las semanas
- casi siempre, por lo general, normalmente, habitualmente
- a menudo, con frecuencia, muchas / bastantes veces
- cada vez que; cada dos / tres… días / semanas / veranos…; cuatro, cinco… veces al día / a la semana, al mes, al año; a veces; algunas veces; de vez en cuando
- casi nunca, apenas, rara vez, raramente, ocasionalmente
- nunca, jamás, nunca jamás

CE 2 ❶ **¿Con qué frecuencia realizas las siguientes acciones?**

1. Preparar un pollo al limón.
2. Meter la cena en el microondas.
3. Resbalar en la bañera.
4. Saludar a tu jefe en el trabajo.
5. Dar plantón a un amigo.
6. Ir a la peluquería.
7. Desayunar a las doce del mediodía.
8. Beber tres cervezas seguidas.
9. Pasar la aspiradora.
10. Pegar sellos en un sobre.
11. Tragar la comida sin masticarla.
12. Tomar una copa después de cenar.
13. Limpiar el polvo de tu apartamento.
14. Coser un botón de la camisa.
15. Rizarte el pelo.
16. Ordenar la ropa del armario.
17. Mezclar los espaguetis con salsa de tomate.

CE 5, 6 ❷ **Fíjate en los dibujos.**

1. ¿Qué hacen estos personajes? ¿Con qué frecuencia?

2. ¿Cada cuánto tiempo realizas tú estas actividades?

- **a.** todos los fines de semana
- **b.** nunca
- **c.** todas las Navidades
- **d.** raramente
- **e.** a menudo
- **f.** una vez a la semana
- **g.** algunas veces
- **h.** casi nunca
- **i.** todos los días
- **j.** dos veces al año
- **k.** cada mes
- **l.** jamás

ámbito 2

3 Pregunta a tu compañero qué hace habitualmente...

- los fines de semana
- si está deprimido
- en Navidad
- después de hacer deporte
- en las vacaciones de verano
- cuando llueve
- antes de hacer un examen
- cuando tiene una cita con alguien especial
- el día de su cumpleaños

4 Escucha y completa la entrevista que Pablo Reinaldos, famoso cantante de ópera, ha concedido a una emisora de radio. Coloca los marcadores temporales necesarios para saber la frecuencia con la que realiza estas acciones.

CD1: 13

> **Entrevistador:** ¿Cómo es un día normal en su vida, señor Reinaldos?
>
> **Pablo Reinaldos:** .... me levanto a las seis de la mañana porque .... duermo muy poco, unas cuatro horas. ...., de lunes a viernes, comienzo los ensayos a las siete en punto. .... mis vecinos llaman a la puerta y se quejan porque no pueden dormir. .... no les abro la puerta, pero .... soy muy educado y atiendo sus protestas. .... es la misma historia. .... tomo un huevo crudo para aclarar mi garganta y así .... me quedo sin voz. .... me distraigo y .... enciendo la televisión. .... a las dos termina mi jornada. Entonces pico unas aceitunas y como algo de pescado. .... cambio mi dieta al mediodía. Este es mi secreto para tener esta voz maravillosa y ser el número uno.

5 Ahora cuenta a tus compañeros qué cosas podemos hacer según estos marcadores. Escríbelas y compara tus respuestas con las de ellos.

- siempre ....
- bastantes veces ....
- jamás ....
- una vez al mes ....
- todas las semanas ....
- rara vez ....
- por lo general ....
- cinco veces a la semana ....

suena bien

6 ¿Sabes jugar al bingo? Escucha con atención las palabras que vas a oír y marca en la ficha que te da tu profesor las que tú tengas.

CD1: 14

7 Completa esta tabla con dos palabras en cada línea, de acuerdo con los fonemas y la posición indicados.

Inicio de palabra	Interior de palabra	Inicio de palabra	Interior de palabra
/p/		/b/	
/t/		/d/	
/k/		/g/	

▶ EXPRESIONES Y CONSTRUCCIONES TEMPORALES

hace … que + cantidad desde hace	■ Para indicar la cantidad de tiempo transcurrido desde el inicio de la acción: *Hace tres años que no voy a la playa.* *Estudio en Puerto Rico desde hace dos meses.*
desde + fecha, periodo, época	■ Para indicar la fecha concreta en la que comienza la acción: *Trabajo en esta fábrica desde el 24 de junio.* *Vivo aquí desde este verano.*
ya no + presente	■ Para indicar que una acción deja de realizarse: *Ya no como más paella.*
todavía + presente	■ Para indicar que la acción se sigue realizando: *¿Todavía piensas salir?*
cuando + presente + presente si	*Cuando llueve vamos al cine.* *Si llueve vamos al cine.* En estos casos el valor condicional de **si** y el valor temporal de **cuando** son equivalentes.

Querida Brigitte:

Te escribo esta carta para decirte que he cambiado de dirección. Hace dos semanas que me he mudado a otro apartamento más grande y desde ayer tengo un nuevo número de teléfono (99 - 55 55 00). Todavía tengo mis cosas guardadas en cajas. Hay un gran desorden por toda la casa, aunque afortunadamente ya no escucho a mis antiguos vecinos del 4º.

Un abrazo,

David

8 Forma oraciones utilizando los marcadores anteriores.

1. No *(fregar, ellos)* los cacharros.
2. No *(quedar, yo)* con Marina para cenar.
3. *(Conocer, tú)* al nuevo entrenador.
4. No *(ir, nosotros)* al cine.
5. No *(montar, nosotros)* en bicicleta.
6. No *(ver, tú)* a Emma.
7. *(Estudiar, vosotros)* música.
8. *(Estar, ella)* en el mercado.
9. No *(salir, yo)* los fines de semana.
10. *(Trabajar, ellos)* en una pizzería.

9 Contesta a las siguientes preguntas. Utiliza los marcadores anteriores.

1. ¿Cuánto tiempo hace que estudias español?
2. ¿Desde cuándo vives en España?
3. ¿Hace mucho tiempo que no vas a una fiesta?
4. ¿Por qué duermes solamente tres horas?
5. ¿Con qué frecuencia lees el periódico?
6. ¿Ya no escuchas la radio?
7. ¿Cuántos días hace que no vas al supermercado?
8. ¿Desde cuándo no has ido al teatro?

10 Fíjate en las viñetas y construye una frase para cada una de ellas.

Ej.: 1. *Cuando hace mucho frío, nos ponemos un abrigo, una bufanda y unos guantes.*

Si hace mucho frío, nos ponemos un abrigo, una bufanda y unos guantes.

ámbito 2

11 Describe las acciones de los siguientes dibujos. Puedes utilizar estos verbos.

- hacer
- crecer
- leer
- granizar
- aburrir
- aclarar
- darse
- planchar
- estar agotada
- anochecer
- esperar
- cotillear
- quemar
- sacar
- tomar
- beber

- la cama
- una novela de terror
- un chapuzón
- la ropa
- a su novia
- en la ventana
- el cocido
- un diente
- pescado
- vino blanco

12 Elige a un personaje famoso. Después indica qué suele hacer y con qué frecuencia. Los demás compañeros tienen que adivinar de quién se trata.

♦ un buen deportista   ♦ el actor de cine que más te gusta   ♦ tu cantante favorito

toma nota

Se utiliza la coma (,):

- Para enumerar varias cosas, excepto si las dos últimas van unidas por la conjunción *y*: *Me he comprado un bolso de piel marrón, unos zapatos, un sombrero y unos guantes.*
- En las cartas se escribe coma entre el lugar y la fecha: *Jaén, 22 de mayo de 2007.*
- Después de una oración subordinada cuando es larga y va delante de la principal: *Cuando tres horas después llegamos con retraso al bar en el que estaban, todos nos miraron sorprendidos.*
- Antes y después de una explicación sobre algo o alguien: *Raquel, la hermana de Inma, está de vacaciones en Mallorca.*
- Cuando llamamos a alguien: *Juan, coge los cubiertos que están en el armario verde de la cocina.*

Se utiliza el punto (.) en los siguientes casos:

- Se escribe *punto y seguido* entre oraciones que tienen un sentido próximo: *Ayer llegó Javi de su viaje de fin de curso. Me dijo que estaba muy cansado.*
- El *punto y aparte* se utiliza cuando cambiamos de tema.
- El *punto final* indica el final de un texto.

13 Completa este texto con las comas y puntos necesarios.

¿Soy una persona generosa?

Siempre me gusta compartir mi vida con los demás no guardar las cosas para mí sola dedicar varias horas al día a escribir cartas y a hacer regalos a mis amigos cuando tengo una tarde libre siempre llamo a Laura mi hermana juntas vamos a nuestra cafetería preferida que está en la calle Luna allí tomamos una cerveza muy fría y una tapa de queso manchego a menudo me apetece contarle las cosas más interesantes que me ocurren durante el trabajo Laura me escucha con atención abre sus ojos como platos y me sonríe me siento feliz

El martes pasado me llamó Juan quiere mudarse de piso la semana que viene y necesita ayuda para meter sus cosas en cajas y llevar sus muebles a la nueva casa no le digo que la semana próxima es mi única semana de vacaciones en todo el año y voy a ayudarlo

ámbito 2

estar + gerundio	*llevar* + gerundio
■ Expresa una acción durativa y habitual (marcadores de frecuencia): Siempre *está bebiendo* cerveza. ■ Expresa la progresión de una acción: No bebas más porque *te estás emborrachando*. ■ Indica una acción que se realiza en el momento en el que se habla: ¿Qué haces? *Estoy escribiendo* una carta. La chica que *está almorzando* es mi hermana.	■ Expresa una acción que dura desde un punto del pasado hasta el momento en que hablo (marcadores de tiempo). Se construye con: - una cantidad de tiempo: *Llevo preparando* la cena toda la tarde. - desde + fecha: *Llevo corrigiendo* exámenes desde el viernes.

14. Sustituye el verbo en presente por las formas *estar* + gerundio o *llevar* + gerundio.

1. Tus hijos toman cervezas en el bar de la esquina desde el mediodía.
2. Ana siempre lee recetas de cocina porque le gusta mucho cocinar.
3. Desde los 11 años Miguel viaja solo en el tren.
4. Ahora lavo la ropa sucia porque no llueve.
5. Laura ordena los libros de su estantería.
6. Mi marido friega el suelo y yo lo encero.
7. Compro en esta tienda desde el año pasado.
8. Laura pasa la fregona porque se ha derramado un vaso de leche.
9. Ahora limpio los cristales porque están sucios.
10. Plancho para ver luego la televisión tranquilamente.
11. Cocino el salmón que Pedro me ha regalado.
12. Ellos friegan los cacharros mientras ellas hacen la compra.

15. Utiliza la forma *llevar* + gerundio para transformar las siguientes oraciones.

Ej.: *Comencé mis estudios en 1998. Ya han pasado x años > Llevo estudiando x años.*

1. Empecé a comer a las dos de la tarde. Ahora son las cuatro.
2. Comencé a pintar mi habitación esta mañana. Son ya las cinco.
3. Espero a Juan desde esta mañana. Juan no ha venido.
4. Comenzó a barrer hace tres horas. Todavía no ha terminado.
5. José cogió el avión ayer por la noche. Todavía no ha llegado a París.
6. Hace tres días que no para de llover.
7. Eva se puso a golpear la pared a las nueve. Ahora son las doce.
8. Llegué a España en Navidad. Ya estamos en mayo.
9. Desde el mes pasado vivo en mi nueva casa.
10. Son las 21.00 h y José se puso a trabajar a las 8.45 h de la mañana.
11. Teresa Gil comenzó a escribir su novela en 1997.
12. Pedro te está buscando desde anoche.

ámbito 2

16 Cuenta a tus compañeros qué están haciendo estos personajes.

17 Aquí tienes dos momentos diferentes en la vida de Juan Pulguita. Usa las perífrasis *estar* + gerundio o *llevar* + gerundio para contar qué ocurre ahora en su vida con relación al pasado.

1960
- pesca en el río Guadalquivir
- trabaja en una carnicería
- pinta cuadros
- vive en Jaén

AHORA
- vive en Jaén
- abre todos los días su pescadería a las 9.00 h.
- gana mucho dinero con sus cuadros
- los fines de semana va de pesca

18 Escucha lo que se dice de estas personas y relaciona a cada una con su nombre. Después escribe sobre sus gustos.

- Gael García Bernal
- Sting
- Plácido Domingo  
- Jorge Valdano
- Salman Rushdie   

Y tú, ¿compartes sus gustos?

toma nota

19 Rosa y Mario han escrito esta carta a Annika y han olvidado poner la fecha, el encabezamiento, la despedida y los puntos y comas. Ayúdalos a completar la carta.

Acabamos de recibir tu carta y queremos contestarte ahora mismo te escribimos para decirte que nuestro fin de semana en Granada está siendo estupendo llevamos dos noches sin dormir y ahora mismo estamos en una cafetería con nuestro amigo Benjamín estamos tomando un café con leche y unas tortas con nata.

Te echamos de menos pensamos en ti y te esperamos en esta ciudad entrañable.

A nuestra manera

Escucha lo que estos jóvenes españoles hacen en su tiempo libre. Después contesta si son verdaderas o falsas estas afirmaciones.

Nicolás Jiménez López
19 años, estudiante de primer curso de periodismo

Nicolás dice que:
- El fútbol es el deporte nacional en España.
- A él le gusta escuchar música solo.
- Una noche a la semana participa en un programa de jóvenes voluntarios.

Inma Martínez Ruiz
22 años, trabaja en una librería

Según Inma:
- En España los jóvenes no beben alcohol.
- Los jóvenes españoles se reúnen con los amigos para cenar los sábados.
- A ella y a sus amigos les gusta ir a bailar a una discoteca.

Lourdes Pérez Martínez
24 años, estudiante de historia

Lourdes:
- Trabaja toda la semana como camarera.
- No le gusta estar en contacto con la naturaleza.
- Le gusta ver en la televisión las películas de acción.

▶ En la actualidad, hay muchas maneras de disfrutar de nuestro tiempo de ocio. Aquí tienes algunas.

Actividades de aire libre y naturaleza

La lectura

Hacer parapente

Exposiciones y museos

▶ ¿Tú también practicas estas actividades? ¿Te gusta hacer otras cosas? ¿Cuáles?

Recapitulación

El juego de la Oca

SALIR

FIN

- VOSOTROS (CONCLUIR)
- SO...RE...I...IR (B / V)
- A NOSOTROS ... ENCANTA SALIR POR LAS NOCHES
- HACE TRES DÍAS NO VEO A MANUEL. ¿CORRECTO / INCORRECTO?
- ADELANTA 3 CASILLAS
- ELLAS (MAQUILLARSE)
- SIEMPRE ESTÁIS VIENDO LA TELEVISIÓN. ¿CORRECTO / INCORRECTO?
- ESTA MAÑANA ME HE LEVANTADO MUY TEMPRANO (...) TENGO MUCHAS COSAS QUE HACER ...
- EN UNA CARTA NOS DESPEDIMOS CON QUERIDA LAURA (SÍ / NO)
- SINÓNIMO DE *FÁCIL*
- RETROCEDE 5 CASILLAS
- ¿QUÉ HACES? A) ESTOY LLAMANDO POR TELÉFONO. B) LLEVO LLAMANDO POR TELÉFONO
- VIVO AQUÍ DESDE 3 MESES. ¿CORRECTO / INCORRECTO?
- HA...ILIDAD (B / V)
- EXPONER > EXPOSICIÓN AFIRMAR > ...., ABURRIR > ....
- ANTÓNIMO DE *TRANQUILO*
- VOSOTROS (AFEITARSE)
- VUELVE A LA CASILLA DEL PRINCIPIO
- ATRE...ERSE (B / V)
- TENEMOS INTENCIÓN DE VISITAR A TUS PADRES. ¿CORRECTO / INCORRECTO?
- PODEMOS EMPEZAR UNA CARTA CON ¿CÓMO ESTÁS? (SÍ / NO)
- ESTUDIO EN BOGOTÁ DESDE HACE 1999. ¿CORRECTO / INCORRECTO?
- RETROCEDE 8 CASILLAS
- AM...ICIÓN (B / V)
- YO (ENVEJECER)
- A MÍ ME FASCINA EL CINE EN BLANCO Y NEGRO. ¿CORRECTO / INCORRECTO?
- ELLA (APROBAR)
- 3 TURNOS SIN JUGAR
- LLEVO LLAMÁNDOTE POR TELÉFONO TODA LA TARDE ¿CORRECTO / INCORRECTO?

cuarenta y una **41**

3 ¿Alguna vez has conocido a algún famoso?

ámbito 1 — Ha sido un día estupendo

APRENDEREMOS A

- Expresar acciones en el pasado reciente
- Expresar acciones únicas en el pasado
- Hablar de la frecuencia de las acciones

ESTUDIAREMOS

- Pretérito perfecto: forma y usos. Marcadores temporales
- Indefinidos
- Pretérito indefinido: forma y usos. Marcadores temporales
- Pretérito perfecto / pretérito indefinido
- g/j, h/Ø
- Tipos de discurso: narración
- Profesiones: centros de trabajo
- Grupos consonánticos

ámbito 2 — Eran otros tiempos

APRENDEREMOS A

- Describir características y hechos en el pasado
- Hablar de actividades habituales en el pasado
- Hablar de la continuidad de las acciones
- Hablar del cambio o de la interrupción de actividades

ESTUDIAREMOS

- Pretérito imperfecto: forma y usos
- Imperfecto de cortesía
- Marcadores temporales
- *dejar de / volver a* + infinitivo; *seguir / continuar* + gerundio
- Preposiciones: ubicación en el tiempo
- Acentuación de los monosílabos
- Tipos de discurso: descripción
- El cuerpo humano
- Grupos consonánticos
- Edificios públicos

ámbito 1 Ha sido un día estupendo

1 Vas a oír a unas personas hablando de las cosas que han hecho últimamente. ¿Podrías relacionarlas con los bocadillos y decir qué profesión tienen?

A: Esta tarde he terminado los planos del nuevo edificio.
B: Hace un rato he defendido a un ladrón.
C: Hace una hora que he puesto una multa.
D: Esta mañana he explicado el pretérito perfecto.
E: Este mes he hecho tres mesas y tres sillas para una tienda.
F: Esta semana he tenido una guardia.

2 Ahora, relaciona estas y otras profesiones con los lugares de trabajo que te damos. Recuerda que algunas profesiones pueden ejercerse en un mismo lugar.

1. estadio
2. redacción
3. hospital
4. farmacia
5. iglesia
6. despacho de abogados
7. instituto
8. comisaría
9. hogar
10. oficina
11. centralita
12. estudio
13. comercio
14. carpintería
15. escenario
16. panadería
17. parque de bomberos
18. televisión

Ej.: estadio ⟶ *futbolista*

redacción / televisión ⟶ *periodista*

▶ PRETÉRITO PERFECTO

forma			uso	marcadores
yo	he		Contar acciones que tienen relación	ya / todavía no
tú	has	cantado	con el presente del hablante o que el	esta mañana
él	ha	+ bebido	hablante siente cercanas.	esta tarde
nosotros	hemos	vivido	*Esta mañana he ido a clase.*	este mes
vosotros	habéis		Hablar y hacer preguntas en las	alguna vez
ellos	han		que no se marca el tiempo y con	muchas veces
			las que se hace referencia a	hace una hora
participios irregulares			experiencias personales.	hace un rato
abrir: abierto	poner: puesto		*¿Has ido alguna vez a Cuba?*	
decir: dicho	romper: roto			
escribir: escrito	ver: visto			
hacer: hecho	volver: vuelto			
ir: ido	morir: muerto			

3 Imaginad qué han hecho los personajes del ejercicio 1 antes de lo que han dicho.

ámbito 1

4 Mira las siguientes viñetas y lee la agenda de la abogada Esther Pérez. Describe las cosas que ha realizado y las que no ha hecho. Utiliza los siguientes conectores: *pero, sin embargo…*

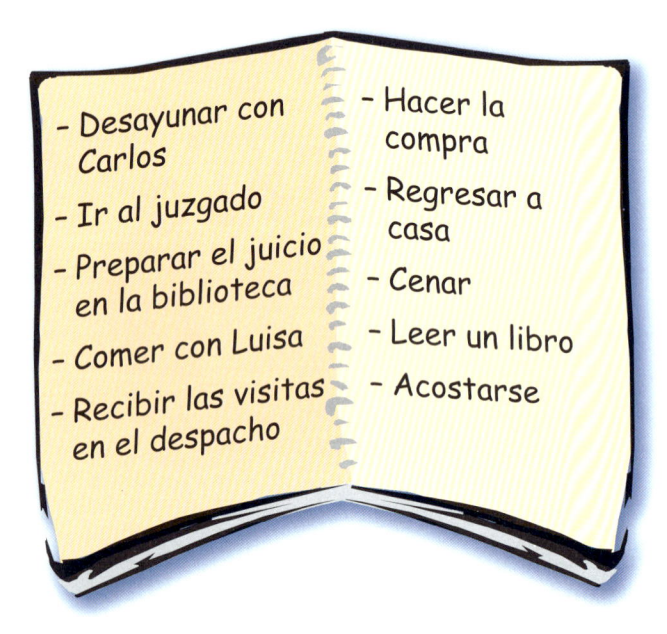

- Desayunar con Carlos
- Ir al juzgado
- Preparar el juicio en la biblioteca
- Comer con Luisa
- Recibir las visitas en el despacho
- Hacer la compra
- Regresar a casa
- Cenar
- Leer un libro
- Acostarse

Ej.: *Esta mañana ha ido al juzgado, pero no ha desayunado con Carlos.*

5 Y tú, ¿qué has hecho?

Esta semana . . . .
Ya . . . .
Este mes . . . .

6 ¿Te ha ocurrido o has realizado alguna de estas cosas? ¿Cuáles?

1. Perderte en una ciudad.
2. Romper algo importante.
3. Ver a un personaje famoso.
4. Participar en una película.
5. Escribir poemas.
6. Ir en globo.
7. Recibir una sorpresa maravillosa.

CE 5, 6, 7

7 Habla con tu compañero y comparad las cosas que habéis hecho. ¿Coinciden?

▶ Yo	▶ Mi compañero

44 cuarenta y cuatro

ámbito 1

8 Di en clase diez cosas interesantes que hayas hecho últimamente. Después, elige cinco y pregunta a tu compañero si ha hecho alguna de ellas y con qué frecuencia.

	▶ muchas veces	▶ alguna vez	▶ nunca
1.			
2.			
3.			
4.			
5.			

9 Busca en el siguiente dibujo diferentes profesionales y haz preguntas a tus compañeros. Pregunta y responde utilizando *algunos(as), ningún(a), algún* + sustantivo, *ningún* + sustantivo.

Ej.: *¿Hay en el dibujo algún médico? Sí, hay uno.*

suena bien

10 Identifica las palabras que escuches.

a) acto
b) apto

a) cuadro
b) cuatro

a) brazo
b) plazo

a) aptitud
b) actitud

a) prisa
b) brisa

a) prado
b) plato

a) habla
b) abra

a) plaga
b) Praga

a) sobre
b) sople

a) sabré
b) sable

11 Escucha y copia las frases que oigas.

1. ....
2. ....
3. ....
4. ....
5. ....
6. ....
7. ....
8. ....
9. ....
10. ....

12 Practica con tu compañero los siguientes trabalenguas. ¿Conoces tú alguno?

Doña Triqui tricotaba con el triqui triquitrón; pues el triqui triqui traque de la tricotosa tricotaba con un suave traque triqui y un dulce tricotrón.

Compré pocas copas, pocas copas compré, y como compré pocas copas, pocas copas pagué.

La perra ladra abracadabra, el hombre ladra cada palabra, ladra, ladra, abracadabra la palabra.

Un apto académico de apta actitud, con todo su academicismo, se acoge a la catalepsia para mostrarnos en el acto su escepticismo.

ámbito 1

13 Escucha algunos acontecimientos artísticos importantes del siglo XX en España y descubrirás la fecha en que estos se produjeron. Luego, relaciona las fotografías con las frases.

CD1: 20

1. En 1989… Dalí pintó *La persistencia de la memoria*.
2. En 1933… Cela ganó el Premio Nobel de Literatura.
3. En 1931… Gargallo esculpió *El profeta*.
4. En 1915… Gaudí construyó la *Sagrada Familia*.
5. En 1981… Manuel de Falla compuso *El amor brujo*.
6. A comienzos de siglo… Garci ganó un Oscar.

14 Imagina qué hicieron tus compañeros en estas fechas. Después, compruébalo.

1. En 1992 ……………………
2. El año pasado ……………………
3. El mes pasado ……………………
4. En mayo de 1994 ……………………
5. Ayer ……………………
6. El sábado por la tarde ……………………

15 Relaciona estos personajes con su ficha. Elige dos de ellos y redacta una pequeña biografía.

José Luis Garci
- Nace en 1904 en Figueras (Gerona).
- Estudia en la Escuela de Bellas Artes de Madrid.
- Comienza a trabajar en 1928 en París; allí conoce las vanguardias francesas.
- Expone en 1940 en Nueva York.
- Muere en 1989 en Figueras.

Salvador Dalí
- Nace en 1916 en Padrón (La Coruña).
- Publica su primera novela, *La familia de Pascual Duarte*, en 1942.
- Funda en 1956 la revista *Son Armadans*.
- Ingresa en 1957 en la Real Academia Española.
- Gana el Premio Nobel de Literatura en 1989.

Camilo José Cela
- Nace en Madrid en 1944.
- Estudia en la Escuela de Arte Dramático.
- Rueda su primera película en 1977.
- Gana un Oscar en 1981.
- Es candidato al Oscar en 1999.

Ahora, haz un breve relato sobre un personaje famoso de tu país.

16 Escribe el infinitivo de los siguientes verbos.

▶ **compuso**   ▶ **construyó**   ▶ **esculpió**   ▶ **ganó**

▶ PRETÉRITO INDEFINIDO

forma			uso	marcadores
	ar	er, ir	Sirve para contar sucesos del pasado	ayer
yo	-é	-í	que no tienen relación con el presente	el año pasado
tú	-aste	-iste	del hablante.	el mes pasado
él	-ó	-ió	*Se conocieron en 1992 y se casaron*	en el año…
nosotros	-amos	-imos	*dos años después.*	anteayer
vosotros	-asteis	-isteis	El indefinido se usa normalmente con	el otro día
ellos	-aron	-ieron	marcadores temporales. Si no los hay,	
irregulares			el contexto o el conocimiento que	
andar: **anduve**	estar: **estuve**		tenemos del mundo aclaran el momento	
poder: **pude**	poner: **puse**		en el que se realiza la acción.	
saber: **supe**	tener: **tuve**		*Los Beatles grabaron muchos discos.*	

46 cuarenta y seis

ámbito 1

17 Completa la siguiente ficha con los datos de tu compañero.

El día más importante de su vida .... porque ....
El día más feliz de su vida .... porque ....
El día más triste de su vida .... porque ....
El primer día de trabajo .... en ....
El primer viaje al extranjero .... y ....
El primer suspenso .... en ....

¿Deshojamos la margarita del tiempo?

El siglo XX ha terminado. Muchos y de diferente signo han sido los acontecimientos que se han producido a lo largo de estos cien años; sin embargo, todos ellos nos dan una buena idea de la velocidad y profundidad con que ha cambiado la humanidad en cien años, desde lo más cotidiano, el ordenador, a lo más revolucionario, la teoría de la relatividad. El siglo XX, en todas sus expresiones, ha sido un periodo de grandes cambios que permite establecer las pautas que se seguirán en el nuevo siglo. Según los investigadores, diez han sido los acontecimientos más importantes:

1. La teoría de la relatividad.
2. La Primera Guerra Mundial.
3. El *crack* de Wall Street en 1929.
4. El primer trasplante de corazón.
5. La Segunda Guerra Mundial.
6. La Declaración de los Derechos Humanos.
7. El cine sonoro.
8. La caída del Muro de Berlín.
9. La desaparición de la Unión Soviética.
10. Internet.

¿Cuáles son, según tú, las fechas más importantes del siglo XX?

toma nota

Se escriben con g:
- Las sílabas *geo-, gen-, ges-*: *geográfico, urgente, gestión*.
- Las palabras que empiezan por *leg-* (excepto *lejos* y *lejía*): *legendario*.
- Las terminaciones *-gio, -gía, gia*: *colegio, energía, nostalgia*.
- Los verbos acabados en *-gir, -ger* (excepto *tejer, crujir*): *coger, elegir*.

Se escriben con h:
- Las palabras que empiezan por los diptongos *hue-, hie-, hui-* y *hia-*: *huevo, hierba, huir, hiato*.
- Todos los tiempos del verbo *haber* y *hacer*.
- Las palabras que empiezan por *hidr-, hiper-, hipo-* y *hosp-*: *hidrógeno, hipertensión, hipopótamo, hospital*.

Se escriben con j:
- Todos los sustantivos terminados en *-aje*: *paisaje, aterrizaje*.
- Las formas de los verbos terminados en *-jear*: *cojear, callejear*.
- Las formas irregulares de verbos que no tienen *j* ni *g* en su infinitivo: *dije, conduje, traje*.

No llevan h:
- La preposición *a*: *Voy a comer*.
- La forma *abría*, imperfecto de *abrir*.
- El verbo *echar*: *Echamos azúcar al café*.
- Las palabras *ala, onda, asta* y *¡ay!* frente a *¡hala!, honda, hasta* y *hay*.

18 Completa las siguientes palabras con las letras que faltan.

(h, Ø) ...uevo
(g, j) tra...e
(g, j) conser...e
(h, Ø) ...ipermercado
(h, Ø) ...ielo

(g, j) vir...en
(h, Ø) ...uésped
(h, Ø) ...abierto
(g, j) hi...a
(h, Ø) ...uella

(g, j) equipa...e
(h, Ø) ...ostal
(h, Ø) ...ipérbole
(g, j) ...eranio
(h, Ø) ...abriremos

ámbito 1

19 En estas sopas de letras hay diez infinitivos que indican lo que hizo Manuel el sábado pasado y lo que ha hecho hoy. ¿Podrías formar frases?

▲ HOY ▲

1. Hoy .... en una hamburguesería.
2. Hoy .... en la biblioteca.
3. Esta mañana .... en su oficina.
4. Esta tarde .... a sus amigos.
5. Hace un rato .... la televisión.

▲ EL SÁBADO PASADO ▲

1. .... a las 8 de la mañana.
2. .... en el hipermercado.
3. .... música en el Auditorio.
4. .... por el Retiro.
5. .... el pelo.

20 ¿Recuerdas lo que hiciste la semana pasada? ¿Y lo que has hecho esta? Escríbelo.

▶ PRETÉRITO PERFECTO	▶ PRETÉRITO INDEFINIDO
Puede usarse con valor emocional con marcadores temporales de indefinido. De esta forma se acercan al presente del hablante hechos pasados que se quieren recordar. *Hace tres años que he terminado la carrera.* *Mi abuelo ha muerto el mes pasado.*	Puede utilizarse con marcadores temporales propios del pretérito perfecto para alejar un acontecimiento. *Este año estuve de vacaciones en Cancún.* *Esta mañana hablé con Javier.*

21 A continuación vas a oír siete mensajes de un contestador. Clasifícalos según el hablante los sienta cercanos o lejanos.

1. Esta mañana llamó el mecánico. Tienes que comprarte otro coche.
2. Cariño, no puedo salir esta tarde porque esta mañana tuve un juicio muy difícil y estoy cansadísima.
3. En mayo ha nacido la niña de María y todavía no le hemos comprado el regalo.
4. Esta mañana llamaron de la compañía telefónica. Van a cortarte el teléfono por impago.
5. Esta tarde perdí el bolso en el parque y con él las llaves. Llámame para poder entrar en casa.
6. La bruja de tu madre vino esta tarde. Llámala.
7. Hace tres meses que ha muerto el padre de Elena y todavía no la has llamado. Eres una impresentable.

▶ Relacionados con el presente del hablante	▶ Relacionados con el pasado del hablante

ámbito 1

22 La familia Pérez va todos los años de vacaciones a Málaga. Escribe una historia contando lo que esta familia hizo el año pasado y lo que ha hecho este año.

El año pasado
- ....
- ....
- ....
- ....
- ....

Este año
- ....
- ....
- ....
- ....
- ....

toma nota

23 Piensa en una historia real, completa el siguiente esquema y así, además de poder escribir una narración, podrás conocer su estructura.

1. Planteamiento

Acción: ¿Qué ha ocurrido?
- una aventura
- un accidente
- un viaje
- una fiesta

Espacio: Lugar. ¿Dónde ha ocurrido?
- una ciudad
- un país
- un lugar imaginario

Tiempo: ¿Cuándo han ocurrido los hechos?
- presente
- pasado
- futuro

Personajes: ¿A quién le ha ocurrido?
- a un amigo
- a ti mismo
- a un señor

2. Trama: Los hechos
- primero / en primer lugar
- a continuación
- después

3. Desenlace: El final
- por último
- finalmente
- al final

24 En grupos, escribid una historia a partir de los datos del esquema anterior; para ello, cada uno debe imaginar una parte del relato: la acción, el espacio, etc.

ámbito 2 Eran otros tiempos

1 Escribe el nombre de las partes del cuerpo humano que se señalan.

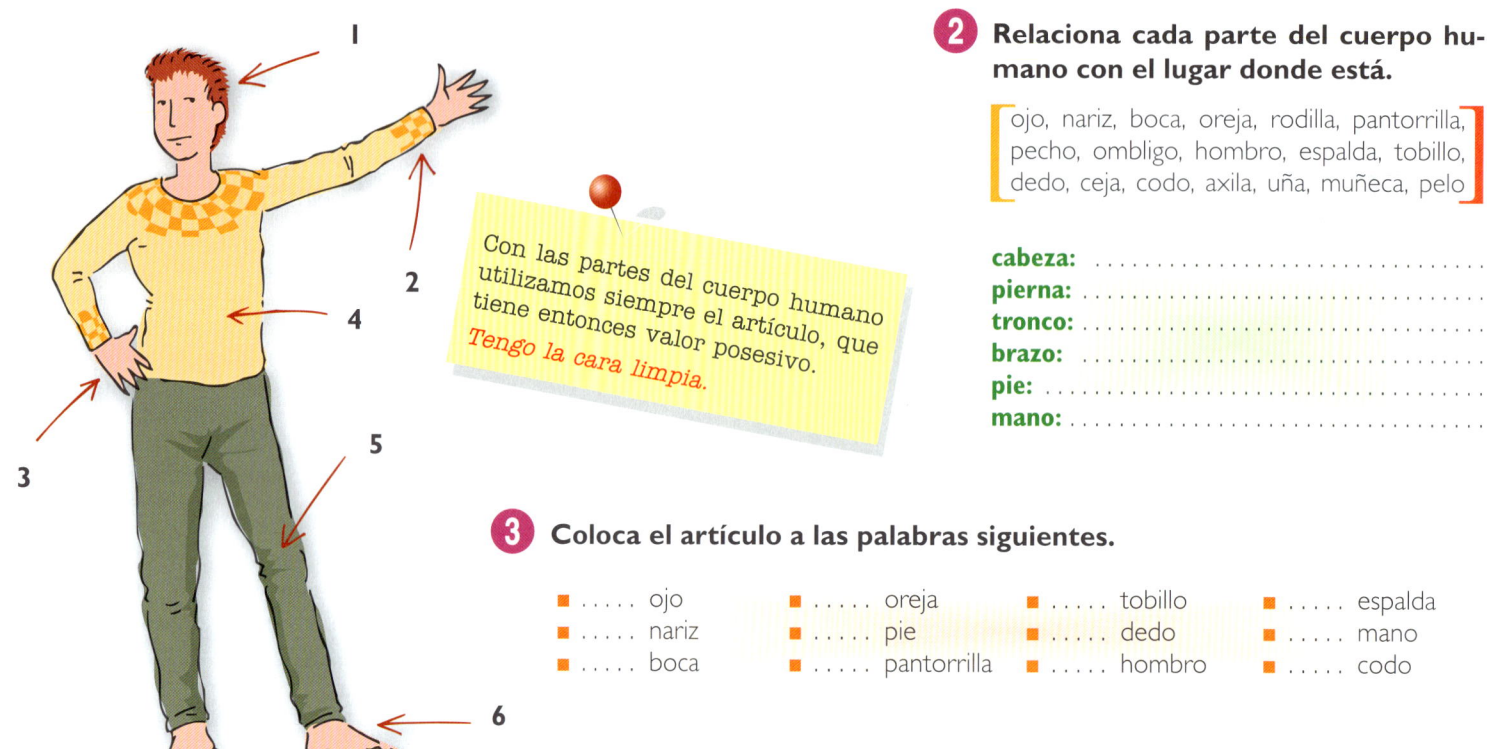

2 Relaciona cada parte del cuerpo humano con el lugar donde está.

[ojo, nariz, boca, oreja, rodilla, pantorrilla, pecho, ombligo, hombro, espalda, tobillo, dedo, ceja, codo, axila, uña, muñeca, pelo]

cabeza: ....
pierna: ....
tronco: ....
brazo: ....
pie: ....
mano: ....

Con las partes del cuerpo humano utilizamos siempre el artículo, que tiene entonces valor posesivo.
Tengo la cara limpia.

3 Coloca el artículo a las palabras siguientes.

- ..... ojo
- ..... nariz
- ..... boca
- ..... oreja
- ..... pie
- ..... pantorrilla
- ..... tobillo
- ..... dedo
- ..... hombro
- ..... espalda
- ..... mano
- ..... codo

4 Escucha a Elena describiendo los juegos y juguetes que más le gustaban cuando era pequeña y trata de identificarlos.
CD1: 22

PRETÉRITO IMPERFECTO

forma			uso
	-AR	-ER, -IR	Sirve para describir
yo	-aba	-ía	personas y cosas
tú	-abas	-ías	dentro de un
él	-aba	-ía	contexto de pasado.
nosotros	-ábamos	-íamos	*Cuando era joven*
vosotros	-abais	-íais	*tenía el pelo negro.*
ellos	-aban	-ían	
irregulares			
ir	*ser*	*ver*	
iba	era	veía	
ibas	eras	veías	
iba	era	veía	
íbamos	éramos	veíamos	
ibais	erais	veíais	
iban	eran	veían	

5 ¿Qué características físicas tenían los siguientes personajes?

1. F. Sinatra ....
2. Harpo ....
3. Toulouse-Lautrec ....
4. Rita Hayworth ....
5. Gandhi ....
6. Cervantes ....
7. Cyrano de Bergerac ....

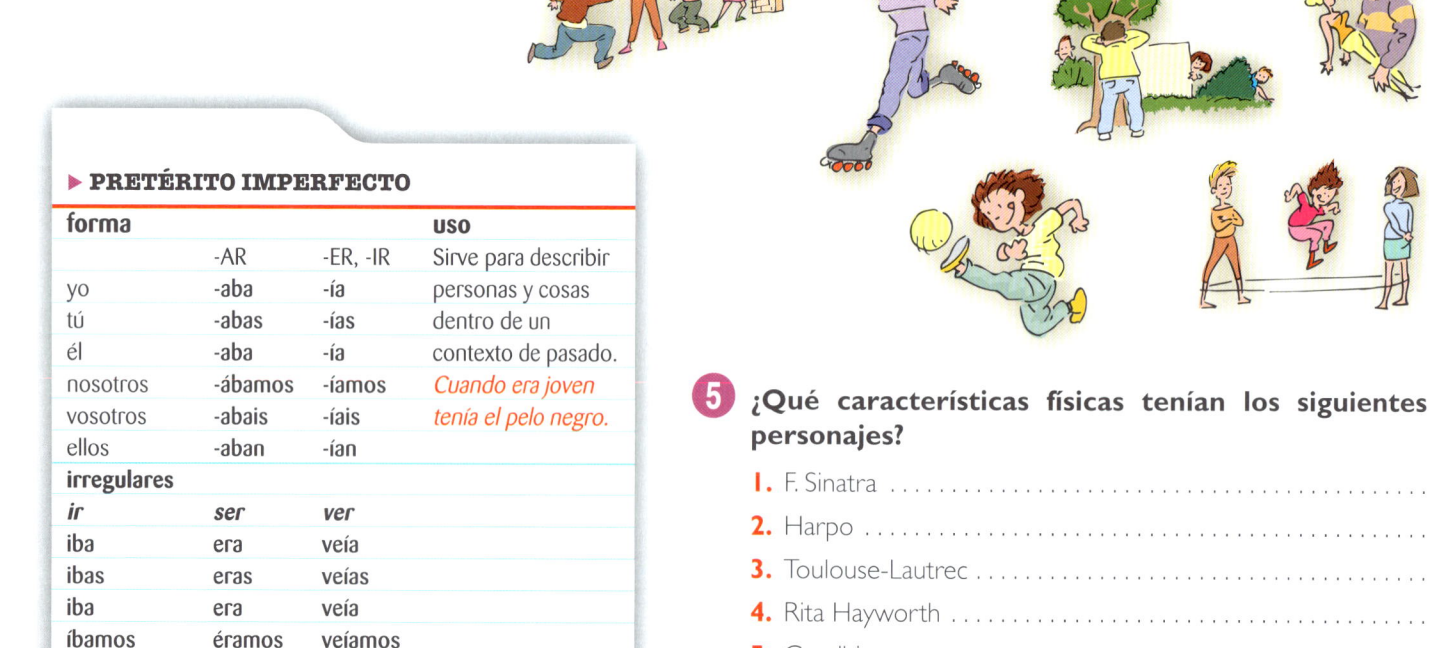

ámbito 2

6 Compara estos dos tipos de mujeres y describe cómo eran antes y cómo son ahora.

ANTES   AHORA

7 Escribe en una hoja cómo eras de pequeño y entrégasela a tu profesor.

Ahora describe cómo han cambiado tus compañeros.

Ej.: *Mark antes era rubio y ahora es moreno. Erika antes era tímida y ahora es muy abierta.*

suena bien

8 Vamos a seguir practicando la pronunciación de grupos consonánticos. Clasifica las palabras que vas a oír según tengan *br* / *pl*.

▶ br	▶ pl

9 Copia las frases que te dicta tu compañero; después díctaselas tú a él.

Alumno A

1. En la tercera planta están los complementos.
2. ....
3. He comprado un brazalete de plata.
4. ....
5. Me he dado un golpe en el hombro derecho.
6. ....
7. Teníamos hambre y nos comimos un plátano.
8. ....
9. Carlos se fracturó el brazo ayer.
10. ....

Alumno B

1. ....
2. Planteó el problema a Pablo de modo preciso.
3. ....
4. El labrador plantó muchas plantas.
5. ....
6. Con el telescopio vimos un nuevo planeta.
7. ....
8. El empresario dio la razón a sus empleados.
9. ....
10. Los labradores han presionado al gobierno.

10 Copia las palabras que te dictan tus compañeros.

ámbito 2

11 ¿Qué cambios aprecias en esta pareja después de pasar por la peluquería?

◄ ANTES ►   ◄ AHORA ►

► ANTES	► AHORA

12 Escribe la finalidad de los siguientes utensilios.

▶ **IMPERFECTO DE CORTESÍA**

También se utiliza el imperfecto para hacer más corteses las peticiones. Este uso sólo es posible con algunos verbos: *desear, poder, querer,* etc.
¿Podía decirme la hora?

13 Pide cortésmente las siguientes cosas a tu compañero.
1. Un lapicero ....
2. Un cigarro ....
3. Un bolígrafo ....
4. Cambio en monedas ....
5. Unos apuntes ....

▶ **PRETÉRITO IMPERFECTO**

	marcadores	
Sirve para describir costumbres y hábitos en el pasado.	todos los días	algunas veces
	a menudo	(casi) siempre
	frecuentemente	(casi) nunca
	muchas veces	antes
Cuando era pequeña, jugaba en la calle con mis amigos.	pocas veces	entonces
		en aquella época

14 Imagina cuál es la pregunta que se corresponde con las siguientes respuestas.

- Sí, enseguida le traigo la sal.
- Lo siento, no llevo reloj.
- Sí, quería la cuenta, por favor.
- No, no tengo fuego.
- Sí, quería unos zapatos del n.º 37.

Crea situaciones para contextualizar las frases anteriores con breves diálogos.

CE 2, 4

15 Compara la vida de Carmen cuando era pequeña con la de ahora.

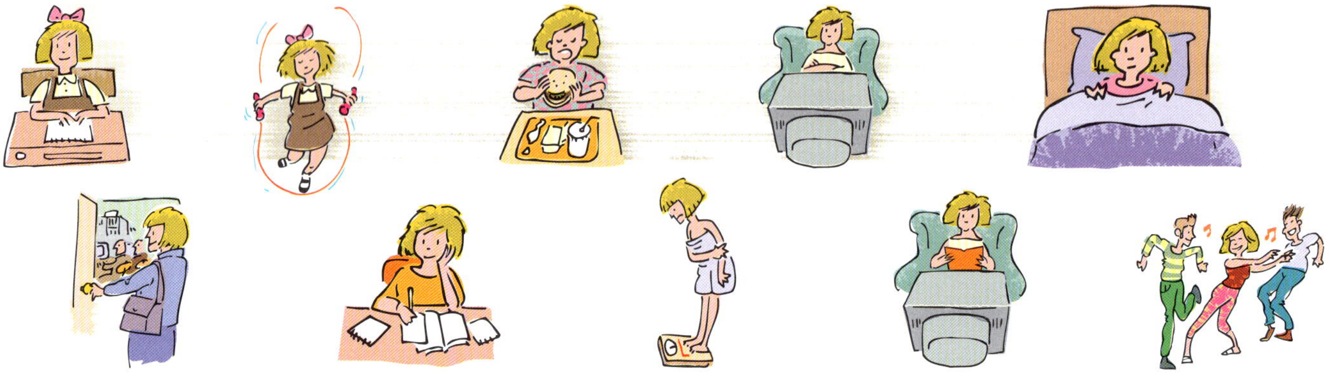

ámbito 2

16 Recuerda qué cosas hacías cuando eras pequeño y compáralas con las cosas que haces ahora.

[en el colegio / con tus padres / con tus amigos / los fines de semana]

- antes
- entonces
- en aquella época

17 ¿Qué cosas han cambiado en tu país? ¿Cómo era cuando eras pequeño? ¿Cómo es ahora?

toma nota

En español los monosílabos no se acentúan; solo llevan acento cuando queremos diferenciar palabras que tienen la misma forma, pero distinto valor gramatical. Estas palabras son:

él	pronombre	Él ha ido a Madrid.	**el**	artículo	El libro está en la mesa.
mí	pronombre	Ese regalo es para mí.	**mi**	adjetivo posesivo	Mi casa tiene tres ventanas.
té	sustantivo	Me gusta el té.	**te**	pronombre	¿Te gusta el cine?
dé	verbo dar	Dé la luz.	**de**	preposición	La ventana es de cristal.
tú	pronombre	Tú has comprado el pan.	**tu**	adjetivo posesivo	Tu pantalón está en la cama.
sé	verbos saber y ser	Sé tu nombre. Sé fiel.	**se**	pronombre átono	No se debe fumar en clase.
más	adverbio	Necesito más dinero.	**mas**	conjunción	Quiero un polo, mas es imposible.
sí	adverbio afirmativo	Sí, quiero.	**si**	conjunción	Si quieres, puedes venir.

18 El ordenador se ha vuelto loco y no ha acentuado muchos monosílabos que llevan tilde. ¿Podrías corregir los errores que aparecen en estas frases?

1. Tengo mas dinero, mas no te lo puedo prestar.
2. Los novios dijeron "si, quiero" ante el altar.
3. Sabes que se la verdad. Se sincero por una vez.
4. Este libro es para mi, porque estaba en mi bolso.
5. ¿Te gusta el te?
6. Ese jersey es de Rosa.
7. Tu contarás tu versión y el la suya.
8. El tendrá que darnos explicaciones sobre el asunto del dinero.
9. Me gusta mas el libro que la película.
10. La bebida típica de Inglaterra es el te.

19 Escribe una frase con cada uno de los siguientes monosílabos.

▼ SE / SÉ

▼ TE / TÉ

▼ TU / TÚ

ámbito 2

20 Escucha las siguientes conversaciones.
CD1: 24

ELENA: ¿Qué te ha pasado?

CARMEN: Pues una tontería. Iba a la estación a coger el tren, estaba lloviendo y me caí.

SONIA: ¿Por qué te fuiste de la fiesta?

MARTA: Me dolía la cabeza, tenía los ojos irritados y era muy tarde.

SARA: ¡Qué corte de pelo!

CLARA: Estaba cansada. Todos los días tenía que desenredarme el pelo. Tardaba horas en secármelo, así que decidí cortármelo.

Pretérito imperfecto: otros usos
Sirve para describir los contextos y las situaciones en que se enmarca una acción.
Era domingo y hacía un día muy bueno, por eso nos fuimos al parque.

Contesta a las siguientes preguntas.
- ¿Por qué se cayó Carmen?
- ¿Por qué se cortó el pelo Clara?
- ¿Por qué se fue de la fiesta Marta?

21 (CE 9,10) Observa las siguientes viñetas. Primero describe el escenario y después lo que sucedió.

▶ PREPOSICIONES QUE EXPRESAN TIEMPO

Tiempo exacto	**A:** *a* + art. + hora: *Salimos de casa a las diez.*
	a + art. + mañana, día, semana, año… siguiente: *Dormí poco y a la mañana siguiente tenía sueño.*
	estamos a + día: *Estamos a quince de enero.*
	EN: *en / estamos en* + mes, estación, año, el siglo, la época: *En verano vamos a Galicia; estamos en Navidad.*
Tiempo aproximado	**SOBRE** + hora: *El concierto empieza sobre las diez.*
	POR + época, estación: *Volveré a casa por Navidad / por primavera.*
	HACIA + horas, fecha, época: *El concierto empieza hacia las diez; Pintó el cuadro hacia 1950.*
Duración	**EN:** *Se leyó el libro en dos días.*
Origen temporal	**DESDE:** *No viene a trabajar desde el lunes.*
Límite temporal	**HASTA:** *Estuvimos hablando hasta las diez.*
Plazo	**PARA:** *El trabajo debe estar terminado para el lunes.*
Recorrido temporal	**DE … A:** *Los pedidos se hacen de lunes a viernes.*
	DESDE … HASTA: *El doctor pasa consulta desde las 8 hasta las 12.*
Frecuencia	**POR:** *Tengo clase dos veces por semana.*
	AL / A LA: *Veo a mis padres una vez al mes.*

■ **DESDE QUE | HASTA QUE + ORACIÓN.**
Desde que salí de mi país no sé nada de ellos. Todos estaban tranquilos hasta que oyeron la noticia por la radio.
■ Recorrido en el tiempo.
 Con días y horas: desde + art. … hasta + art.: *Trabajo desde las ocho hasta las tres.*
 de … a: *Trabajo de ocho a tres.*
■ Preposiciones + años.
 → 1999 sin art.: *Conoció a su marido en 1985. Vivió en Sevilla desde 1675 hasta 1680.*
 2000 → con art. (se acepta su uso en la lengua hablada, no así en la lengua escrita): *En Madrid, a 19 de febrero de 2002.*

ámbito 2

22 Completa las siguientes preguntas con las preposiciones necesarias y contéstalas.

1. ¿...... qué hora te levantas?
2. ¿...... cuándo estudias español?
3. ¿...... qué día estamos hoy?
4. ¿...... qué año naciste?
5. ¿...... qué mes estamos?
6. ¿...... cuándo vas a estudiar español?
7. ¿...... qué hora tienes clase?
8. ¿...... cuándo esperas poder regresar a tu país?
9. ¿...... qué hora sales los fines de semana?
10. ¿...... qué hora estás en clase?

23 Fíjate en las fotos de estos personajes famosos. Cuenta cinco cosas que han dejado de hacer por ser famosos, otras cinco que siguen haciendo, a pesar de la fama, y cinco cosas que han vuelto a hacer. Utiliza los siguientes grupos verbales.

Dejar de + infinitivo
Volver a + infinitivo
Seguir / continuar + gerundio

Dejó de pasear por la calle tranquilamente.

■ Melanie Griffith

■ Letizia Ortiz

■ Enrique Iglesias

toma nota

24 Vamos a describir a una persona. Para ello, elige primero al personaje (famoso o no, pero conocido por tus compañeros) y después completa el siguiente esquema.

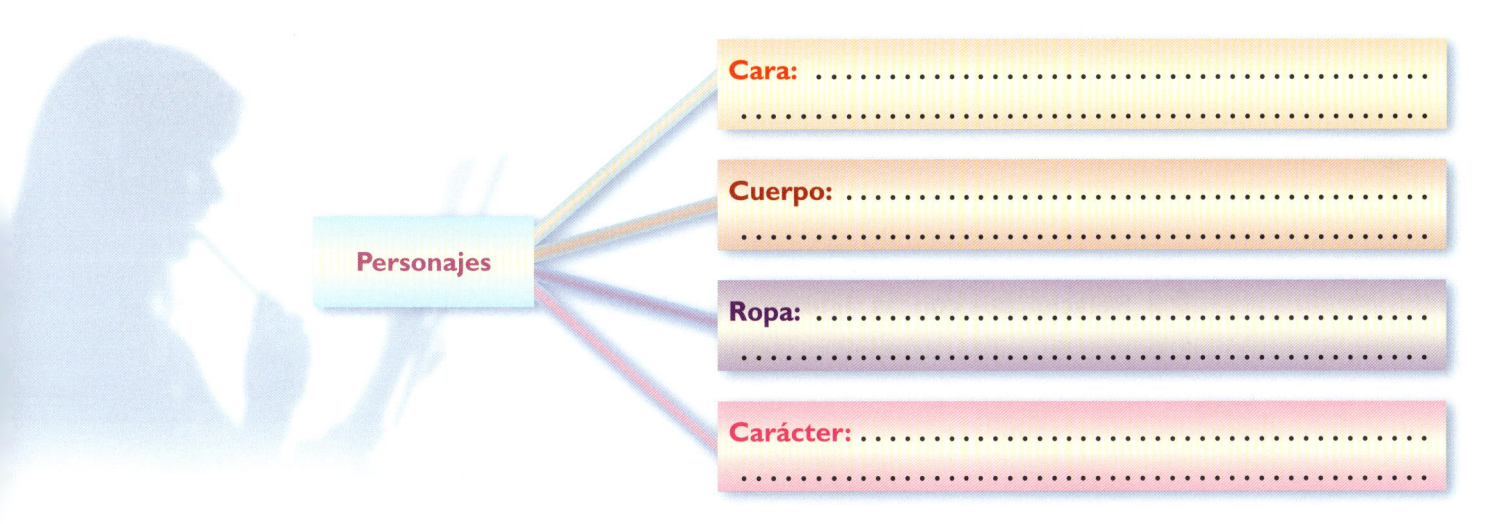

Personajes
- Cara: ....
- Cuerpo: ....
- Ropa: ....
- Carácter: ....

Una vez que hayas escrito la descripción, pásasela a tus compañeros. Ellos deben averiguar de quién se trata.

A nuestra manera

1 ¿Qué edificios puedes identificar en las siguientes fotos? ¿Sabes cuál es su función?

1 ....
2 ....
3 ....
4 ....
5 ....
6 ....

2 Relaciónalos con las siguientes palabras. ¿Conoces el nombre de alguno más?

EDUCACIÓN   ECONOMÍA   LEYES   SANIDAD   COMUNICACIÓN   GOBIERNO

Recapitulación

Si completas correctamente las siguientes frases y colocas en su sitio la letra correspondiente a la respuesta correcta, podrás adivinar el nombre de un director de cine muy famoso en España.

1. .... en Calzada de Calatrava .... 1949.
   o) He nacido / en
   p) Nació / en
   q) Nacía / por

2. De pequeño .... muy gordo y .... acomplejado.
   e) era / estaba
   f) es / está
   g) ha sido / estuvo

3. Vive en Madrid .... los diecisiete años.
   a) de
   c) por
   d) desde

4. Cuando .... joven .... en una compañía telefónica.
   r) era / trabajaba
   s) es / trabaja
   t) ha sido / trabajaba

5. Durante "La Movida" .... dúo con Fanny McNamara.
   o) formaba
   p) formaban
   q) ha formado

6. En los años ochenta .... su primera película.
   a) rodó
   b) rodaba
   c) ha rodado

7. Nunca .... en una escuela de cine porque se considera autodidacta.
   l) ha estudiado
   m) estudió
   n) estudiaba

8. .... películas de fama internacional.
   m) Ha dirigido
   n) Dirige
   ñ) Dirigió

9. Siempre .... los guiones de sus películas.
   o) ha escrito
   p) escribió
   q) escribía

10. En dos ocasiones .... nominado al Oscar.
    d) ha sido
    e) fue
    f) era

11. .... diciembre .... 1999 .... el premio al mejor director de cine europeo.
    ñ) En / por / ganó
    o) En / de / ganó
    p) En / de / ha ganado

12. .... 1987 presentó *Mujeres al borde de un ataque de nervios*.
    u) A
    v) En
    w) Desde

13. *Todo sobre mi madre* es la película con la que más premios ....
    a) ha ganado
    b) ganó
    c) gané

14. En el año 2000 .... un Oscar.
    q) ha ganado
    r) ganó
    s) gané

Su nombre es:

| 1 | 2 | 3 | 4 | 5 |

| 6 | 7 | 8 | 9 | 10 | 11 | 12 | 13 | 14 |

¿Qué le ha pasado?

4

ámbito 1 — En la comisaría

APRENDEREMOS A
- Describir situaciones y acciones habituales
- Narrar acontecimientos

ESTUDIAREMOS
- Verbos que expresan accidente
- Imperfecto: descripción
- Conectores: *entonces, cuando, luego, y…*
- Indefinido, pretérito perfecto / imperfecto
- *estaba* + gerundio
- *estaba a punto de* + infinitivo
- *iba* + gerundio
- *acababa de* + infinitivo
- *hecho / echo; haber / a ver; por qué / porque*
- Tipos de escrito: denuncias
- Ropa y complementos
- /r/, /r̄/, /l/

ámbito 2 — Vamos de excursión

APRENDEREMOS A
- Comenzar un relato y finalizarlo
- Relacionar y valorar hechos del pasado
- Emplear recursos para organizar y reaccionar ante un relato

ESTUDIAREMOS
- Pluscuamperfecto: forma y usos
- Síntesis de los cuatro tiempos verbales
- Conectores discursivos: causales y consecutivos
- Marcadores temporales: *de pronto, de repente, al cabo de, al* + infinitivo
- ¡*qué* + adjetivo!
- El superlativo
- Pronombres interrogativos y exclamativos
- *si no / sino; mediodía / medio día; adonde / a donde; también / tan bien*
- Tipos de escrito: denuncias
- Transportes
- /r/, /r̄/, /l/
- La prensa española

ámbito 1 En la comisaría

ASÍ ERA LA VIDA DE JUAN EL BAILARÍN:

Cuando era pequeño vivía con mis padres y mi hermana en un pueblecito de pescadores en la provincia de Gerona. Yo tenía dos años más que mi hermana y también era más alto y flacucho que ella. La vida allí transcurría feliz y sin ninguna prisa. Casi siempre, después de la escuela, me gustaba bailar escuchando los antiguos discos que mi padre guardaba en el armario de su despacho y, así, todos los días soñaba con ser un bailarín famoso y viajar por todas las ciudades del mundo. Un día del mes de julio, mientras celebrábamos las fiestas del pueblo, llegó una compañía de teatro y mi madre me llevó a verla. Su director se fijó en mi talento y desde entonces mi vida es el baile.

En la lección anterior has aprendido que el imperfecto de indicativo se usa para describir:

■ **Personas y cosas**
Yo tenía dos años más que mi hermana y también era más alto y flacucho que ella.

■ **Acciones habituales en el pasado**
Casi siempre, después de la escuela, me gustaba bailar con los antiguos discos que mi padre guardaba en el armario de su despacho.

■ **Situaciones o contextos en los que ocurren acciones**
Un día del mes de julio, mientras celebrábamos las fiestas del pueblo, llegó una compañía de teatro y mi madre me llevó a verla.

CE 1

1 Relaciona las columnas y forma frases; así conocerás algo más acerca de la vida de Juan el Bailarín. Indica el uso del imperfecto en cada oración.

1. El año pasado, mientras dormía…
2. En sus últimas vacaciones…
3. En 1992, cuando viajaba en su yate privado…
4. Ayer…
5. Cuando tenía cinco años…
6. En 1980…
7. De pequeño…

▶ era larguirucho…
▶ tenía muchas pecas…
▶ cuando visitaba las pirámides de Egipto…
▶ sufrió un grave accidente…
▶ llovía mucho…
▶ cuando todavía no era famoso
▶ entró un ladrón en su casa…

▶ recibió el premio al mejor bailarín del mundo en danza clásica.
▶ y odiaba las verduras.
▶ y perdió la memoria.
▶ y pelirrojo.
▶ y no pudo ofrecer su actuación en la Plaza Mayor de Madrid.
▶ conoció al amor de su vida.
▶ y le dio un gran susto.

1. ....
2. ....
3. ....
4. ....
5. ....
6. ....
7. ....

CE 2

2 Describe cómo eran y qué hacían normalmente las siguientes personas. Fíjate en el ejemplo.

Mi hermana pequeña era morena y estaba un poco delgaducha. Le gustaba ver la televisión y comer patatas fritas. Siempre estaba contenta cuando aparecía su programa favorito. Eran unos dibujos animados que contaban las aventuras de diferentes animales.

1. El mejor amigo de tu infancia.
2. Tu primer novio / novia.
3. Tu profesor de gimnasia.
4. Los vecinos de tus padres.
5. Tu cantante favorito cuando tenías 15 años.
6. El compañero de pupitre.

cincuenta y nueve 59

ámbito 1

3 Escucha el relato de lo que hacían en el pasado estos personajes. Después, relaciona cada relato con el dibujo correspondiente.

CD1: 25

Ahora, escribe en este recuadro cuatro verbos relacionados con las acciones que realizaban. A continuación, con ayuda de tu compañero, reconstruye cada historia.

80 años	30 años	8 años
1.		
2.		
3.		
4.		

4 Observa los dibujos y describe las situaciones o contextos en los que tienen lugar estas acciones.

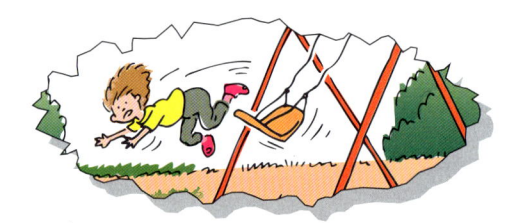

Rocío ....
.... y se cayó.

Felipe ....
.... y se durmió.

Ramón ....
.... y por eso perdió el autobús.

....
.... y al final se enamoraron.

5 Une cada una de estas definiciones con el término correspondiente.

1. Lugar en el que se reúnen las personas que cambian o aprueban las leyes por las que se rige un país.
2. Sede de un órgano político cuya tarea principal consiste en dictar las leyes de un país.
3. Lugar donde se pueden solicitar datos sobre un determinado asunto.
4. Edificio donde trabajan el alcalde y los concejales, para gobernar un pueblo o una ciudad.
5. Lugar donde encontramos información sobre los monumentos, costumbres y actividades culturales de un lugar determinado.
6. Lugar en el que se celebran juicios.
7. Residencia en la que tiene su sede la representación diplomática del Gobierno de un país en otro extranjero.
8. Oficina o conjunto de oficinas que están bajo la autoridad de un comisario.
9. Lugar en el que se establece con su estado mayor el jefe de un ejército o de una gran unidad.

- Embajada
- Senado
- Parlamento
- Oficina de información
- Oficina de turismo
- Comisaría
- Juzgado
- Cuartel General
- Ayuntamiento

ámbito 1

6 En parejas, describid en pasado cómo eran estos personajes y qué acciones habituales realizaban.

Roberto

Margarita

Mariano

suena bien

En esta lección vas a aprender la diferencia entre *rr* / *r* y *r* / *l*.

La *r* tiene dos sonidos, uno suave y otro fuerte. Con el sonido suave la lengua vibra muy poco *(pero)*, y con el sonido fuerte la lengua produce una vibración más intensa *(perro, enriquecerse)*.

Escribimos *r*:
- entre vocales cuando el sonido es suave: *cara, muro*.
- al final de una sílaba: *árbol, comer*.
- al principio de palabra (sonido fuerte): *rama, Rocío*.
- después de *l, n* y *s* (sonido fuerte): *alrededor, Enrique, Israel*.

Escribimos *rr*:
- entre vocales cuando el sonido es fuerte: *jarrón, correr*.

7 Repite cada palabra que escuches y escribe después *rr*, *r* o *l*.

ti…o / ca…eta / co…o / pe…a / co…o / ca…eta / pe…a / sie…a / ba…o / pe…o / gue…a / mu…o / aho…o / bu…o / made…a / hon…ar / pa…o / …adio / …ico / …oto / …osa / ….osa / …ima / …ima / pe…o / pe…o / pa…a / pa…a / ba…a / ba…a / ce…o / ce…o / …avo / …abo / po…o / po…a / en…iquecer

8 Haz lo mismo que en el ejercicio anterior, pero ahora coloca *r* o *l*.

a…ma / f…ío / c…ea… / co…to / p…ega… / a…ma / sali… / a…to / esc…ibi… / fa…so / p…eferi… / p…ace… / ca…nava… / lib…e / fe…vo… / p…anta / t…ío / p…ega…ia / t…amposo / pueb…o / sa…tamontes / a…busto / t…epa… / temb…a… / b…asa / b…isa

9 Vamos a jugar con algunas de estas sílabas: *la, le, li, lo, lu, rra, rre, rri, rro, rru, ra, re, ri, ro, ru*. Para ello, sigue las indicaciones de tu profesor.

sesenta y una

ámbito 1

Hay verbos que, por su propio significado, suelen ir en pretérito perfecto / indefinido (los verbos que expresan acontecimientos únicos) o en imperfecto (los verbos que se utilizan en las descripciones):

*Ayer **explotó** una bombona de butano en un barrio de Madrid* (acontecimiento único).

*Antes siempre **llevaba** faldas largas* (descripción).

10 Clasifica estos verbos según se utilicen generalmente para narrar o describir.

doler la cabeza / estropearse / nacer / parecerse a / estar triste / morir / tropezarse / vestir de negro / conocer a alguien / romper / cortarse un dedo / tener fiebre

▶ narrar	▶ describir

Escribe una frase con cada uno de ellos e imagina su contexto.

1. ....
2. ....
3. ....
4. ....
5. ....
6. ....
7. ....
8. ....
9. ....
10. ....
11. ....
12. ....

A veces, estos verbos que expresan acontecimientos únicos pueden ir en imperfecto; en ese caso, expresan una acción habitual. De igual forma, los verbos que se utilizan normalmente para describir pueden ir en indefinido; de esta manera, la acción se presenta como un hecho importante dentro del relato y no como simple contexto:

*Cuando éramos pequeños, siempre en las fiestas de cumpleaños **explotábamos** todos los globos* (acción habitual).

*La semana pasada **llevé** falda larga al trabajo* (acontecimiento único).

CE 5 **11** Completa las siguientes frases con el tiempo de pasado necesario.

1. Juan *(estar)* ...... durmiendo la siesta y, de repente, *(romperse)* ...... el sillón.
2. Juan no *(tener)* ...... mucha fiebre y, por eso, *(estar)* ...... montando en bicicleta toda la tarde.
3. Como Luisa *(llevar)* ...... unos zapatos de tacón muy alto, *(tropezar)* ...... y *(hacerse)* ...... daño en el tobillo.
4. El mes pasado Luisa *(llevar)* ...... unos pendientes verdes al trabajo.
5. Ana no *(venir)* ...... a mi fiesta de cumpleaños porque *(estar)* ...... deprimida y de mal humor.
6. Cuando Ana *(venir)* ...... por la carretera de La Coruña, *(pincharse)* ...... la rueda del coche.
7. Ayer, al salir de casa, *(caerse, yo)* ......
8. Mientras Luis *(caerse)* ...... a la piscina, Juan *(tomar)* ...... un refresco tan tranquilo.
9. Paula *(estar)* ...... casada un año y cinco meses.
10. Paula *(estar)* ...... casada y, de pronto, *(conocer)* ...... al hombre de su vida.

ámbito 1

12 Estamos en una comisaría. Escucha estas denuncias y contesta a las preguntas que realiza el comisario.

- ¿Cuántas tarjetas de crédito llevaba?
- ¿Con qué le apuntó?
- ¿Qué hizo el ladrón después de robarle?
- ¿Qué documentación llevaba en su bolso?
- ¿Los ladrones llevaban una pistola?
- ¿La ayudó alguna persona?
- ¿Cuántas personas eran?
- ¿Sólo le robaron el carné de identidad?
- ¿Recuerda cómo era el ladrón?

¿Qué otras preguntas consideras interesantes para descubrir a los ladrones?

13 Debate. Lee estas noticias con atención.

> El sábado por la noche, la policía detuvo en el barrio malagueño de Los Pajaritos a tres jóvenes que no querían abandonar un bar. Los vecinos del barrio se quejaban de los ruidos que continuamente se producían en el local de copas Ven, Ven hasta altas horas de la madrugada. Los tres jóvenes tuvieron que ser evacuados a la fuerza por la policía. Una de las vecinas afirmó: "Es insoportable pasar un fin de semana en casa. La música y el ruido de las motos nos impiden dormir por la noche".

> Ha sido condenado a cinco años de cárcel un hombre que hace tres años robó un par de pantalones. Cuando cometió el delito, M. L. M. tenía dos hijos pequeños y se encontraba en paro. Estas son las declaraciones de M. L. M. a Radio Veloz: "Tuve que robar los pantalones para venderlos y dar de comer a mis hijos".

> Según las últimas encuestas, el 80% de las empresas consultadas vierten sus residuos en los ríos y en el mar. Los ecologistas dan la voz de alarma y reclaman a las autoridades duras sanciones para los responsables de estas empresas.

Ahora da tu opinión sobre estos temas utilizando las siguientes fórmulas: *en mi opinión, yo creo que, opino que, estoy a favor porque, estoy en contra porque*, etc.

1. Los jueces deben valorar los motivos por los que roba un ladrón antes de condenarlo.
2. Todos los bares tienen que cerrar a las once de la noche para que los vecinos puedan dormir.
3. Hay que castigar a los responsables de las empresas que vierten sus residuos al mar con fuertes sanciones económicas.

toma nota

Debes conocer bien las diferencias entre:

a) **porque / por qué**
- **porque** es una conjunción que indica causa: *No voy al cine porque estoy cansado.*
- **por qué** se utiliza para preguntar (equivale a "por qué razón"): *¿Por qué vienes tan tarde?*

b) **hecho / echo**
- **hecho** es el participio del verbo *hacer*: *He hecho mi cama esta mañana.*
- **echo** es el presente de indicativo del verbo *echar*: *Echo dos cucharadas de azúcar al café.*

c) **haber / a ver**
- **haber** es el infinitivo del verbo *haber*. Aparece con los verbos *poder, soler* y *deber (de)*: *Debe de haber un libro azul en ese cajón.*
- **a ver** es una frase hecha que procede de *ir a* + infinitivo (vamos a ver): *A ver si vienes más temprano.*

14 Completa las siguientes frases con la forma correcta.

1. Juan, *(haber / a ver)* ...... si me ayudas.
2. Luis ha *(hecho / echo)* ...... el Camino de Santiago.
3. No me pongo la chaqueta *(porque / por qué)* ...... hace mucho calor.
4. En mi maleta siempre *(echo / hecho)* ...... un paraguas.
5. Tienes que *(a ver / haber)* ...... terminado tus deberes antes de las cinco.
6. ¿*(Por qué / porque)* ...... te has comprado un chándal de invierno?
7. *(Haber / a ver)* ...... si te comportas correctamente.
8. Me voy directo a la cama *(porque / por qué)* ...... tengo sueño.
9. Debo de *(haber / a ver)* ...... puesto mis llaves en la mochila amarilla.
10. Nunca *(hecho / echo)* ...... vinagre a las ensaladas.
11. Puede *(haber / a ver)* ...... alguien que conozca la verdad.

ámbito 1

15 Describe estas viñetas utilizando la forma *estar* + gerundio.

> **Pretérito imperfecto**
> Para describir la situación en la que se realiza la acción, se utiliza el imperfecto del verbo *estar* + gerundio:
> Aquel día **estaba durmiendo** y sonó el teléfono.

Para describir el contexto en el que tiene lugar una acción, podemos utilizar también en imperfecto los siguientes verbos: **estar a punto de / estar para** + infinitivo indica el inicio de una acción. **ir / andar** + gerundio indica el desarrollo de una acción. **dejar de / acabar de** + infinitivo indica el final de una acción.	Estos verbos pueden servir de marco a otros que expresan accidente, como *cortarse, romperse, caerse, tropezar, asustarse, atropellar, darse un golpe*...: *Estaba para salir cuando tropecé en el pasillo.* *Iba pensando en mis cosas y me di un golpe con una papelera.* *Acababa de cruzar el río cuando se rompió el puente.*

16 Completa las siguientes frases con el tiempo adecuado, según indiquen acción o descripción.

1. Ana *(buscar)* ...... un libro en una librería y *(encontrarse)* ...... con una compañera del trabajo.
2. Yo *(cerrar)* ...... la puerta cuando *(sonar)* ...... el timbre.
3. Cuando Luisa *(declarar)* ...... en la comisaría, el comisario *(recibir)* ...... una llamada urgente.
4. Los dos coches blancos *(chocarse)* ...... cuando *(llegar)* ...... la policía.
5. Ellos *(acostarse)* ...... cuando *(recibir)* ...... la visita inesperada de su mejor amigo.
6. La policía *(detener)* ...... al ladrón, pero el ladrón *(escaparse)* ......
7. Ayer por la mañana, mientras *(arreglar, yo)* ...... el tejado, la escalera *(romperse)* ...... y *(hacerse)* ...... daño en el tobillo.
8. Esta mañana mis vecinos *(resbalarse)* ...... en el portal porque otro vecino *(fregar)* ...... el suelo y todo *(estar)* ...... mojado.
9. Yo *(comer)* ...... unos bombones y, de repente, *(tropezar)* ...... y *(mancharse)* ...... mi traje nuevo.
10. Luis *(salir)* ...... cuando *(marearse)* ...... y *(caerse)* ...... al suelo.

ámbito 1

17 Mira las siguientes viñetas y cuenta qué le ocurrió a Juan Malasuerte en diferentes momentos de su vida.

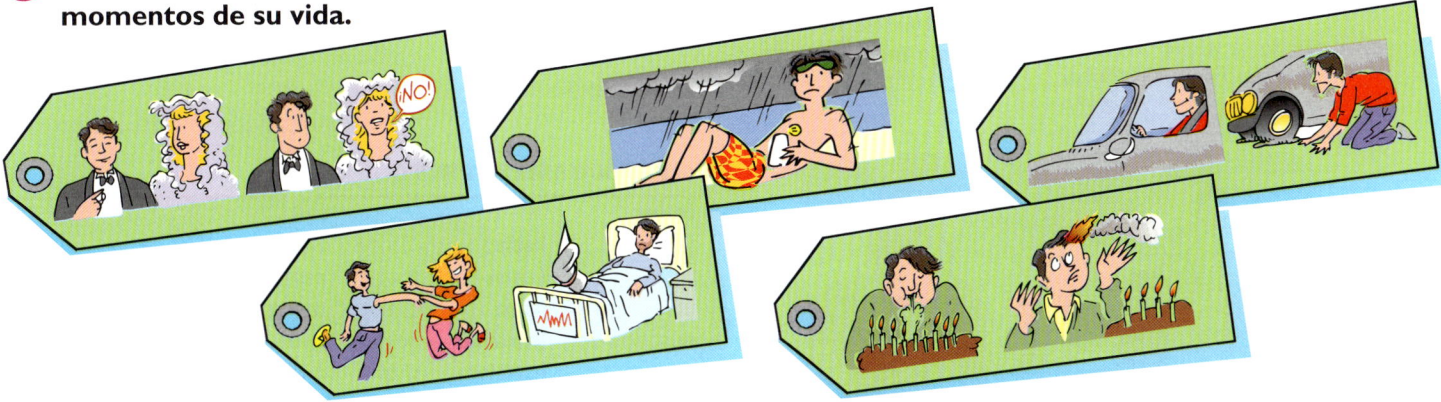

1. ¿Conoces a alguna persona a la que le haya sucedido algo parecido? Si es así, cuéntanos qué pasó y cómo fue.

2. Ahora, en parejas, pensad en otras desgracias que le hayan ocurrido a Juan Malasuerte a lo largo de su vida y escribidlas.

1. .... 6. ....
2. .... 7. ....
3. .... 8. ....
4. .... 9. ....
5. .... 10. ....

3. ¿Eres supersticioso? ¿Piensas que hay personas que realmente tienen mala suerte? Vamos a comentar algunas de estas supersticiones (buenas y malas).

- Ponerse una prenda de ropa al revés anuncia que me regalarán algo.
- Levantarse con el pie derecho es señal de buena suerte durante todo el día.
- Martes y 13 en España es un mal día.
- Nunca hay que pasar por debajo de una escalera porque no te casas.
- Derramar la sal anuncia desastres en nuestra vida.
- Romper un espejo nos trae siete años de mala suerte.
- Echar arroz a los recién casados es señal de prosperidad en el matrimonio.

¿En tu país también existen estas supersticiones? Cuenta a tus compañeros otras que conozcas.

toma nota

18 Lee la siguiente noticia.

> 27 de octubre de 2005
> En la avenida Juan XII dos hombres robaron todo el dinero a M. J. R. El joven, que es estudiante de medicina, paseaba con su novia por este céntrico lugar. "No sé qué ha pasado. Todo ha sido muy rápido. Dos hombres de unos cuarenta años me han pedido todo mi dinero mientras me amenazaban con una pistola." Esto afirmó el joven antes de poner la correspondiente denuncia en la comisaría más próxima.

Imagina que tú eres M. J. R. y quieres poner una denuncia. Para ello tienes que rellenar este cuestionario.

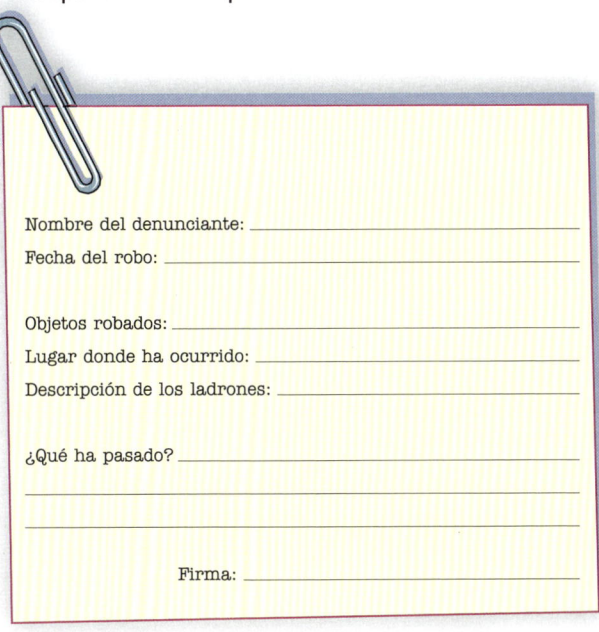

Nombre del denunciante: _____
Fecha del robo: _____

Objetos robados: _____
Lugar donde ha ocurrido: _____
Descripción de los ladrones: _____

¿Qué ha pasado? _____
_____
_____

Firma: _____

ámbito 2 Vamos de excursión

¿Por qué no te vi ayer en la fiesta de cumpleaños de Vicente?

Porque cuando llegué ya se había ido todo el mundo.

▶ **PLUSCUAMPERFECTO**

forma			uso
yo	había		Sirve para hablar de una acción
tú	habías		pasada, anterior a otra acción
él	había	cant**ado**	pasada:
nosotros	habíamos	+ beb**ido**	*Ayer, cuando llegamos al cine,*
vosotros	habíais	viv**ido**	*la película ya había empezado.*
ellos	habían		

1 Contesta a las siguientes preguntas utilizando el pretérito pluscuamperfecto cuando sea necesario.

1. **A:** ¿Por qué decidiste ir a Barcelona la semana pasada y no a Córdoba?
   B: *(Decidir)* ...... ir a Barcelona porque ya *(visitar)* ...... Córdoba.
2. **A:** ¿Por qué Ricky Martin no ha venido a cantar a Madrid?
   B: Ricky Martin no ha venido a cantar a Madrid porque *(actuar)* ...... aquí las Navidades pasadas.
3. **A:** ¿Fuiste de marcha el sábado?
   B: Sí, como *(cenar)* ...... temprano y en cinco minutos *(recoger)* ...... la cocina, *(decidir)* ...... salir y tomar una copa.
4. **A:** ¿Por qué estabas tan cansada anoche?
   B: Anoche *(estar)* ...... tan cansada porque antes de venir a tu fiesta de cumpleaños *(ir a bailar)* ...... a la discoteca Ritmo.
5. **A:** ¿Sabes si Beatriz tomó el avión del mediodía?
   B: Creo que sí, porque cuando *(llegar, yo)* ...... al apartamento ya *(hacer, ella)* ...... el equipaje y *(marcharse, ella)* ......

2 Lee estos textos y escribe en qué "orden real" suceden los "acontecimientos".

1 Pedro y Raúl se encontraron en el teatro el domingo por la tarde. Raúl estaba muy triste y le contó a Pedro que su novia lo había abandonado y se había ido a vivir a Alicante con su hermana pequeña.

2 Mis padres viajaron por primera vez a la península de Yucatán en 1997. En otras ocasiones habían viajado a otros países hispanoamericanos. Durante su viaje a la península mexicana visitaron numerosas ruinas mayas y compraron algunos regalos para toda la familia. En el viaje de regreso a Madrid mi padre tomó algunos tranquilizantes para dormir, pues en el vuelo de ida había pasado mucho miedo en el avión.

3 Ayer Vicente estaba muy feliz y llamó a Jorge por teléfono para decirle que su hermana Marta había ganado el Premio Nacional de Pintura "Zurbarán". Antes de obtener este reconocimiento, Marta ya había participado en otros certámenes nacionales e internacionales, pero nunca le habían otorgado un premio tan importante.

4 Noelia decidió ir a la playa el martes por la tarde. Al día siguiente preparó su bolsa y salió de casa muy temprano. Condujo durante seis horas y, ¡por fin!, llegó a la playa de la que le había hablado Marcos el fin de semana anterior. Noelia estaba muy contenta porque hacía buen tiempo, el agua no estaba demasiado fría y había poca gente. Después de dar un paseo por la orilla, se puso el bañador que se había comprado el martes por la mañana en la tienda de su mejor amiga.

CE 3 **3** Con ayuda del diccionario define cada uno de estos medios de transporte.

tranvía / metro / tractor / barco / moto / cohete / coche / camión / bicicleta / taxi / furgoneta / trineo / carro

ámbito 2

4 Mira los dibujos y cuenta lo que les ocurre a estas personas. Utiliza el pretérito pluscuamperfecto.

Antes de salir, Lucas…

Cuando Juan llegó al campin…

Antonio no viajó a Bilbao el jueves porque…

Isabel cambió de planes y se fue a la montaña, pues…

5 Escucha la conversación telefónica y contesta.
CD1: 29

1. ¿Por qué viajaba María a Barcelona?
2. ¿A qué hora salía el avión?
3. ¿Por qué María no había dormido nada la noche anterior?
4. ¿Durante cuánto tiempo se quedó dormida María?
5. ¿Qué ocurrió cuando María se despertó?

María se siente mal porque ha perdido el avión y reacciona diciendo: *¡Qué horror!* En español hay otras formas para indicar sorpresa. Clasifica en el cuadro las siguientes expresiones.

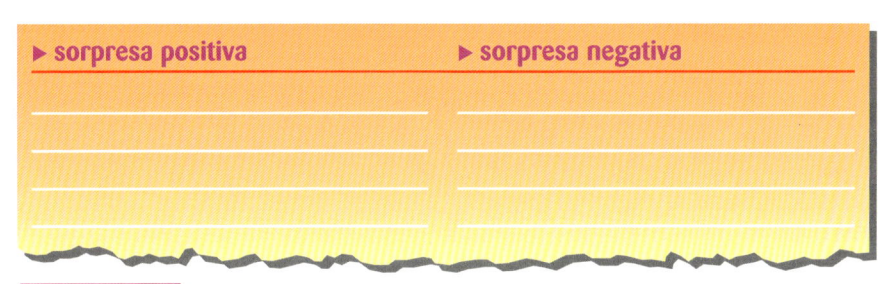

▶ sorpresa positiva	▶ sorpresa negativa

¡es terrible! / ¡qué maravilla!
¡es espantoso! / ¡qué espanto!
¡Dios mío! / ¡qué horror! / ¡es horroroso!
¡estupendo! / ¡genial! / ¡es horrible!
¡bien! / ¡qué rabia! / ¡qué mal!

suena bien

6 Escucha estos trabalenguas, porque después los tendrás que leer tú.
CD1: 30

El perro de San Roque
no tiene rabo,
porque Ramón Ramírez
se lo ha robado.

Pepe Porra picó a un perro
con una lima de hierro
por enredar en su gorra,
y el perro mordió su mano
diciéndole muy ufano:
Pica, pica, Pepe Porra.

Doña Cuchíbrica
se cortó un débrico
con la cuchíbrica
del zapatébrico,
y el zapatébrico
se la curóbrico
con mantequíbrica de lo
mejóbrico.

Cocodrilo acocodrilado cría
cocodrilos acocodrilados, que el
cocodrilo que no cría cocodrilos
acocodrilados cría cocodrilos
no acocodrilados.

El grano en el granero no grana.
Si el grano que no grana en el granero granara,
el granero tendría más grano.

7 Presta atención y escribe las palabras que escuches.
CD1: 31

ámbito 2

▶ **EXPRESIÓN DE LA CAUSA**

Expresar la causa por la que se realiza la acción	**porque** + indicativo	Se usa siempre detrás de la oración principal: *Fui a Kenia **porque** quería hacer un safari.*
	como + indicativo	Se usa siempre delante de la oración principal: ***Como** quería hacer un safari, fui a Kenia.*
	por + infinitivo	Se usa delante o detrás de la oración principal: *Lo despidieron **por** llegar tarde.* ***Por** ser tan tímido, se quedó sin su regalo.*
Dar explicaciones Poner excusas	**es que** + indicativo	Se usa al comienzo de la oración: *Siento llegar tarde; **es que** había mucho tráfico.*

8 Escribe la causa de las siguientes acciones.

1. No han hecho la cama esta mañana.
2. Vais por la autopista a más de 120 kilómetros por hora.
3. Daniel camina y no coge el coche para ir al trabajo.
4. Durante una semana sólo he comido verdura.
5. Nos acostamos a las diez de la noche.
6. Cojan un paraguas.
7. Tomé tres tazas de café.
8. Miráis el reloj cada cinco minutos.
9. Recogemos la ropa que está tendida.
10. Llamó a Juan por teléfono.
11. Compraron un saco de dormir.
12. Perdieron el barco.

▶ **EXPRESIÓN DE LA CONSECUENCIA**

así que + indicativo:	*No había nadie en el aeropuerto, **así que** me fui.*
por eso + indicativo:	*Estaba muy cansada del viaje, **por eso** cogió un taxi.*
entonces + indicativo:	*Me ofrecieron muchos destinos en la agencia de viajes; no sabía qué elegir, **entonces** cogí lo primero que vi.*

9 Expresa una consecuencia a partir de las siguientes situaciones.

1. No había nadie en el apartamento ....
2. Tenía mucha sed ....
3. El supermercado estaba abarrotado ....
4. Ayer me aburrí en la fiesta ....
5. No tengo sueño ....
6. El conductor del autobús número 5 ha olvidado parar ....
7. Tomaré un mes de vacaciones en enero ....
8. El avión se movía mucho ....
9. Esta mañana no hemos tenido clase de gramática ....
10. No encontré las llaves en mi bolso ....
11. Un coche se saltó un semáforo en rojo ....
12. He suspendido el examen del carné de conducir ....
13. Mis vecinos no paran de gritar y discutir ....
14. Han subido el precio de la gasolina ....
15. Mi perro ha desaparecido ....

10 ¿Cuáles son, en tu opinión, las causas y consecuencias de estas afirmaciones?

causas		consecuencias
....	◀ En el siglo XXI el ordenador será el mejor amigo del hombre ▶	....
....	◀ En las grandes ciudades es difícil respirar aire puro ▶	....
....	◀ Cada vez nacen menos niños ▶	....

ámbito 2

11 Lee las ofertas turísticas que te proponen estas agencias.

A TODO RITMO
Ven con nosotros a un crucero por el Mediterráneo en el buque *Corazón*. Durante cuatro días disfrutarás de todas las actividades programadas en este hotel flotante: juegos en la piscina, sauna, jacuzzi, etc.
Salimos del puerto de Barcelona y hacemos escala en Palma de Mallorca, Túnez, Nápoles, Pompeya, isla de Capri y Niza. Un guía nos espera en cada uno de estos lugares. La entrada a los museos es gratuita.
Para más información: Real Crucero, Tfno.: 91 766 78 92.

MAR EN FAMILIA
Este verano coge la hamaca y el pareo.
¿Quieres relajarte y tumbarte en la playa?
La agencia Calor organiza vacaciones tranquilas para grupos de amigos y familias.
El alojamiento (con el desayuno incluido) tendrá lugar en cabañas a orillas del mar. Le garantizamos unos días de relax y reposo total.
Llámenos: 953 87 98 32.

¿TE GUSTA LA AVENTURA?
Viajamos al centro de África. El mundo de los animales salvajes te espera. Viaje en avión (ida y vuelta) y alojamiento en tiendas de campaña desde 318,54 € al día.
Te esperamos. Tfno.: 897 39 50 13.

1. ¿Te interesa alguna de estas propuestas? Justifica tu respuesta.
2. ¿Has viajado a alguno de estos destinos o conoces a alguien que haya realizado un viaje de este tipo? Coméntalo.

toma nota

Debes conocer bien la diferencia entre:

a) si no / sino

- **si no** está formado por la conjunción condicional y un adverbio de negación: *Si no quieres comer más, no comas.*

- **sino** sirve para contraponer a un concepto negativo otro afirmativo. Siempre tiene que ir precedido de un elemento: *No quiero que te vayas, sino que te quedes.*

b) mediodía / medio día

- **mediodía** es un nombre que se refiere a un momento del día (las 12 h): *Nos vemos a mediodía en el parque.*

- **medio día** está formado por un adjetivo y un nombre y significa "la mitad del día": *Durante los fines de semana sólo trabajo medio día.*

c) adonde / a donde (con verbos de movimiento)

- **adonde** se escribe junto cuando tiene antecedente (sustantivo + adonde + verbo): *El lugar adonde vamos no está muy lejos.*

- **a donde** se escribe separado cuando no lleva el antecedente expreso (verbo + a donde): *Beatriz siempre va a donde quiere Gonzalo.*

d) también / tan bien

- **también** sirve para afirmar la repetición de una acción: *Yo también he facturado mis maletas.*

- **tan bien** sirve para comparar y calificar una acción. Significa "muy bien, estupendamente": *Cocinas tan bien que siempre me chupo los dedos.*

12 Completa estas oraciones con la forma correcta.

1. Además de la arquitectura *(también / tan bien)* ...... me gustan la pintura y la escultura.
2. *(Si no / Sino)* ...... estoy en tu casa a *(mediodía / medio día)* ......, no me esperes.
3. Siempre voy *(adonde / a donde)* ...... me manda mi jefe.
4. Dibujas *(tan bien / también)* ...... que tus cuadros parecen reales.
5. Aquella es la casa *(adonde / a donde)* ...... vamos.
6. Siempre salgo de la facultad a *(medio día / mediodía)* ......
7. Tú trabajas *(medio día / mediodía)* ...... y yo tengo jornada completa.
8. No me gusta la soledad, *(sino / si no)* ...... el bullicio.
9. *(A donde / Adonde)* ...... voy de vacaciones no hay demasiados hoteles.
10. *(Si no / Sino)* ...... venís a mi fiesta de cumpleaños me enfadaré con vosotras.

ámbito 2

▶ EL SUPERLATIVO

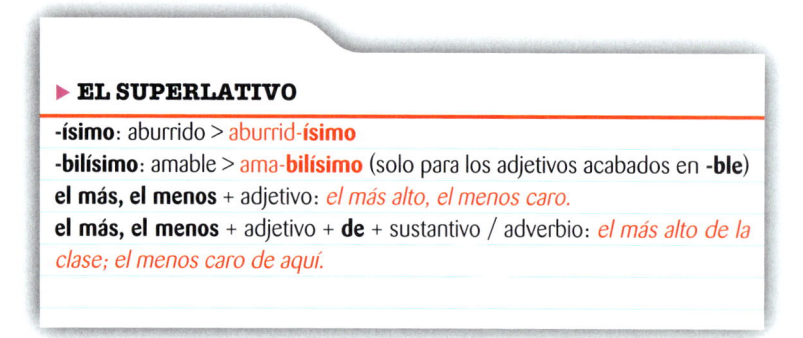

-**ísimo**: aburrido > aburrid-**ísimo**
-**bilísimo**: amable > ama-**bilísimo** (solo para los adjetivos acabados en -**ble**)
el más, el menos + adjetivo: *el más alto, el menos caro.*
el más, el menos + adjetivo + **de** + sustantivo / adverbio: *el más alto de la clase; el menos caro de aquí.*

Superlativos irregulares
muy bueno > **óptimo**
muy malo > **pésimo**
muy pequeño > **mínimo**
muy grande > **máximo**

13. Construye oraciones utilizando, en grado superlativo, un adjetivo de los que te proponemos.

divertido / interesante / grande / elegante / lleno / listo / viejo / sucio / frío / vacío / feo / simpático / joven / limpio / atractivo / amplio

- mi cantante favorito
- el director de mi escuela
- mis últimas vacaciones en la playa
- los perros de mi vecino
- el parque de mi barrio
- el novio de mi mejor amiga
- los bares de mi ciudad
- las calles de mi país a las doce de la noche
- mi mejor amiga
- el invierno de mi país

1. Escribe la forma superlativa de los adjetivos que no hayas utilizado.

2. ¿Qué les ocurre a los adjetivos acabados en -*io*? ¿Y a los acabados en -*ío*?

14. Completa estas oraciones con un superlativo. Utiliza alguno de los adjetivos propuestos.

Ej.: *Cuando era pequeña, Luisa era una niña muy triste, pero ahora es la más simpática (de sus hermanas).*

generoso / alto / atlético / inteligente / limpio / feliz / delgado / atractivo / desafortunado / famoso

1. Vicente era un hombre tacaño, y de repente se convirtió en ....
2. Anoche lavé mi coche, y ahora es ....
3. Mi hija tiene 15 años y mide 1,70 m. Es ....
4. Cuando Mario sale a la calle todo el mundo lo mira. Es ....
5. Después de hacer muchos abdominales Alicia es ....
6. Beatriz nunca tiene suerte en la vida y cree que es ....
7. Con un solo disco en el mercado, Javier Soto se ha convertido súbitamente en ....
8. Sin esperarlo, Ana ha aprobado los exámenes. Es ....
9. Antonia estudiaba poco, pero al final llegó a ser ....
10. Carolina tiene 19 años y pesa 50 kg; por eso dice siempre que ella es ....

ámbito 2

15 Observa los dibujos. Describe a estas personas según cada contexto utilizando el superlativo absoluto o el superlativo relativo.

interrogativos

qué (pregunta por personas y cosas):
 ¿Qué es tu hermana? Es profesora de gimnasia.

quién(es) (pregunta por personas):
 ¿Quién quiere un café?

cuánto(s), cuánta(s) (pregunta por la cantidad de personas y cosas):
 ¿Cuántos españoles conoces?

dónde (pregunta por el lugar):
 ¿Dónde vives?

cómo (pregunta por el modo, la forma):
 ¿Cómo preparas el arroz?

exclamativos

qué:
 ¡Qué grande está Lucas!

quién(es):
 ¡Quién estuviera en París ahora!

cuánto(s), cuánta(s):
 ¡Cuánta gente había en el cine!

16 Completa el estribillo con los interrogativos adecuados.

¿Y …… es él?
¿En …… lugar se enamoró de ti?
¿De …… es?
¿A …… dedica el tiempo libre?

Pregúntale
por …… ha robado un trozo de mi vida.
Es un ladrón, que me ha robado todo.
José Luis Perales, ¿Y cómo es él?

qué
cómo
qué
dónde
qué

17 Tienes que entrevistar a estos personajes. Prepara las preguntas que les vas a hacer.

atleta   escritor   profesora   periodista

toma nota

18 Tu vecina Claudia Smith quiere poner una denuncia porque ayer sufrió un robo, pero tiene dificultades para redactarla. ¿Puedes ayudarla?

Anoche, 12 de abril de 2001, sufrí un robo en el cine Plaza. Dos hombres rubios y altos se sentaban a mi lado y me habían amenazado. Yo tuve miedo y grité. Cuando una señora vino a ayudarme ellos ya desaparecieron. Me robaron el bolso y un regalo que compré por la tarde.

Nombre del denunciante: _____
Fecha del robo: _____

Objetos robados: _____
Lugar donde ha ocurrido: _____
Descripción de los ladrones: _____

¿Qué ha pasado? _____
_____
_____

Firma: _____

setenta y una **71**

A nuestra manera

Lee este texto.

LA PRENSA ESPAÑOLA ES EL MEDIO MÁS CREÍBLE Y FORMATIVO

La prensa española es el medio de mayor credibilidad y el que más contribuye a la formación de la opinión pública. Ésta es una de las principales conclusiones del estudio *Influencia de los medios de comunicación en la opinión pública española 1997-1998,* elaborado por Ibérica de Comunicación, Análisis e Información (Ibecom). Según este informe, el 72% de la sociedad española confía más en los medios de comunicación que en la Justicia, porque los medios de comunicación vigilan la actividad política y denuncian las situaciones anómalas. Además, la sociedad española prefiere la prensa como el medio informativo de mayor credibilidad y formación.

En este informe encontramos interesantes conclusiones:

Con relación a los periódicos españoles más leídos, el 34% de las personas consultadas considera que *El País* es el diario más influyente, mientras que el 33% asegura que lo es *El Mundo.*

Los suplementos dominicales de la prensa diaria «que más gustan por su contenido y calidad» son los siguientes: *El País Semanal* (39%), *La Revista de El Mundo* (37%), *Magazine* (27%), *Blanco y Negro* (29%) y *El Dominical* (26%).

Entre los diez suplementos semanales más valorados por las personas consultadas se encuentran *Crónica, La Esfera de los Libros, Salud* y *Motor & Viajes,* todos ellos de *El Mundo.*

El Mundo ocupa en Internet, con el 48%, el primer puesto entre los «mejores diarios y páginas web consultados». A continuación figuran *El País Electrónico* (42%), *La Vanguardia* (31%), *El Periódico* (27%), *ABC Electrónico* (26%), *La Estrella Digital* (23%) y *Reuters* (21%).

Ahora responde a estas preguntas.

1. ¿Por qué la sociedad española confía en los medios de comunicación?
2. ¿Cuáles son los diarios españoles más influyentes?
3. ¿Qué periódico es el más consultado en Internet?
4. ¿Recuerdas el título de alguno de los suplementos dominicales que más gustan a los lectores?

Además de los periódicos y diarios dominicales que aparecen en el informe anterior, en España la prensa deportiva ocupa un lugar destacado. *As* y *Marca* son los diarios más vendidos.

En cuanto a las revistas, la prensa del corazón o "prensa rosa" tiene una importante tirada semanal. Las más demandadas son:

✔ *Pronto:* 789.112
✔ *Hola:* 638.432   ✔ *Lecturas:* 334.850
✔ *Diez minutos:* 292.462
✔ *Semana:* 265.537

Entre las revistas de información general más leídas por los españoles se encuentran:

Época y Tiempo.

Recapitulación

Relaciona cada fecha con su acontecimiento. Después cuenta a tus compañeros qué ocurrió en cada uno de ellos.

- Elecciones municipales democráticas — 1. 1492
- Juan Carlos I, rey de España — 2. 1979
- Real Academia Española — 3. 1988
- *Gramática castellana*, Antonio de Nebrija — 4. 1975
- Mujer en las Fuerzas Armadas — 5. 1714
- Guerra Civil española — 6. 1605
- Felipe González, presidente del Gobierno español — 7. 1848
- *Guernica*, Pablo Picasso — 8. 1936
- Santiago Ramón y Cajal, Premio Nobel de Medicina — 9. 1992
- Exposición Universal de Sevilla — 10. 1981
- Primera parte de *El Quijote*, Miguel de Cervantes — 11. 1906
- Línea ferroviaria en España: Barcelona-Mataró — 12. 1982

¿Qué pasó?

5

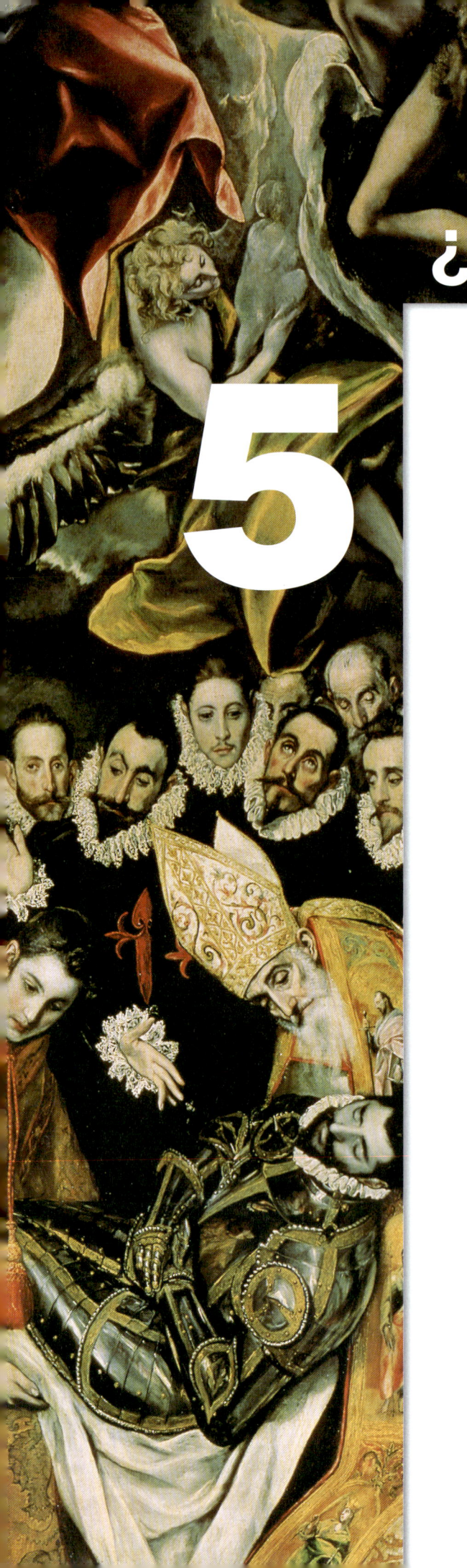

ámbito 1 — Se volvió a casar

APRENDEREMOS A

- Relacionar acontecimientos del pasado
- Hablar de una situación anterior a un momento del pasado
- Hablar de la causa o la consecuencia de un suceso
- Organizar un relato

ESTUDIAREMOS

- Verbos de cambio
- Preposiciones de localización espacial
- Verbos con preposición
- La expresión del recorrido en el tiempo
- y/ll; x/s
- Narración: el género biográfico
- Verbos y expresiones para contar una biografía
- Contraste entre /θ/ y /s/

ámbito 2 — Sucesos, noticias, detectives por un día

APRENDEREMOS A

- Relacionar acontecimientos del pasado
- Organizar de forma discursiva un relato

ESTUDIAREMOS

- Imperfecto / indefinido, pretérito perfecto, pluscuamperfecto
- Presente histórico
- y/ll; x/s
- Descripción / narración
- Sucesos, misterios, crímenes y robos
- /x/
- La conversación en España

ámbito 1 Se volvió a casar

1 Observa estas fotos. ¿Qué cambios se han producido en él y ella?

▶ **VERBOS DE CAMBIO**

- **ponerse** + adjetivo; expresa aspecto físico o estado de ánimo:
    Agustín se puso triste.
- **convertirse en** + sustantivo; expresa una transformación importante:
    Me he convertido en una persona diferente.
- **hacerse** + sustantivo de profesión, ideología, actitud o estado:
    Tu prometido se ha hecho periodista / budista.
    Lo vieron en la ceremonia y se hizo el despistado.

- **volverse** + adjetivo de carácter:
    Se ha vuelto bastante antipático.
    El significado de estos verbos cambia sin el pronombre *se* (*poner, convertir, hacer* y *volver*).

- **llegar a ser** + sustantivo; expresa un cambio gradual:
    Llegó a ser el líder del grupo.
    Llegó a ser director de la empresa.

---

2 Utiliza las siguientes palabras para construir oraciones que expresen cambio.

Ej.: *mujer → convertirse en.*
Desde hoy mi prometida se ha convertido en mi mujer. Nos hemos casado.

1. Pareja → llegar a ser
   Aunque esa chica no lo quiera, …… su ……
2. Famosa → hacerse
   Charo Morales …… por un programa de televisión.
3. Excéntrico → volverse
   …… cuando alcanzó la fama.
4. Elegante → ponerse
   La modelo …… para la fiesta en la embajada.
5. Líder → convertirse en
   Juan …… de una secta satánica.
6. Artista → llegar a ser
   …… por sus cualidades interpretativas.
7. Escritor → hacerse
   …… después de trabajar muchos años como periodista.
8. Reservado → volverse
   Javier …… cuando se separó.
9. Directora → llegar a ser
   María …… de la revista *Tal Cual*.
10. Guapo → ponerse
    Luis …… para conseguir un ascenso en su trabajo.
11. Experta en joyas → hacerse
    La condesa …… desde la venta de sus pulseras y anillos de brillantes.

ámbito 1

3 Construye frases que expliquen los cambios ocurridos en la vida de estas personas.

ANTES

1. Juan estaba muy delgado.
2. Eva compartía todo con los demás.
3. Luisa quería ser jefa.
4. Andrés era ateo.
5. Silvia confiaba en todos y creía cualquier cosa que le contaban.
6. Pedro no tenía trabajo, ni coche, ni casa. Compró un billete de lotería.
7. Felipe componía versos, escribía novelas, aunque nadie leía sus escritos. Él no perdía la esperanza.

AHORA

1. Juan está gordo.
2. Eva lo guarda todo para sí misma.
3. Han nombrado a Luisa directora del Departamento.
4. Andrés va todos los domingos a misa.
5. Silvia es muy desconfiada y no cree en nada ni en nadie.
6. Pedro vive en una mansión y conduce un coche muy lujoso.
7. La prensa, la radio, la televisión..., todos quieren entrevistar a Felipe y preguntarle por su próxima novela.

4 Relaciona estos datos sobre Bill Gates.

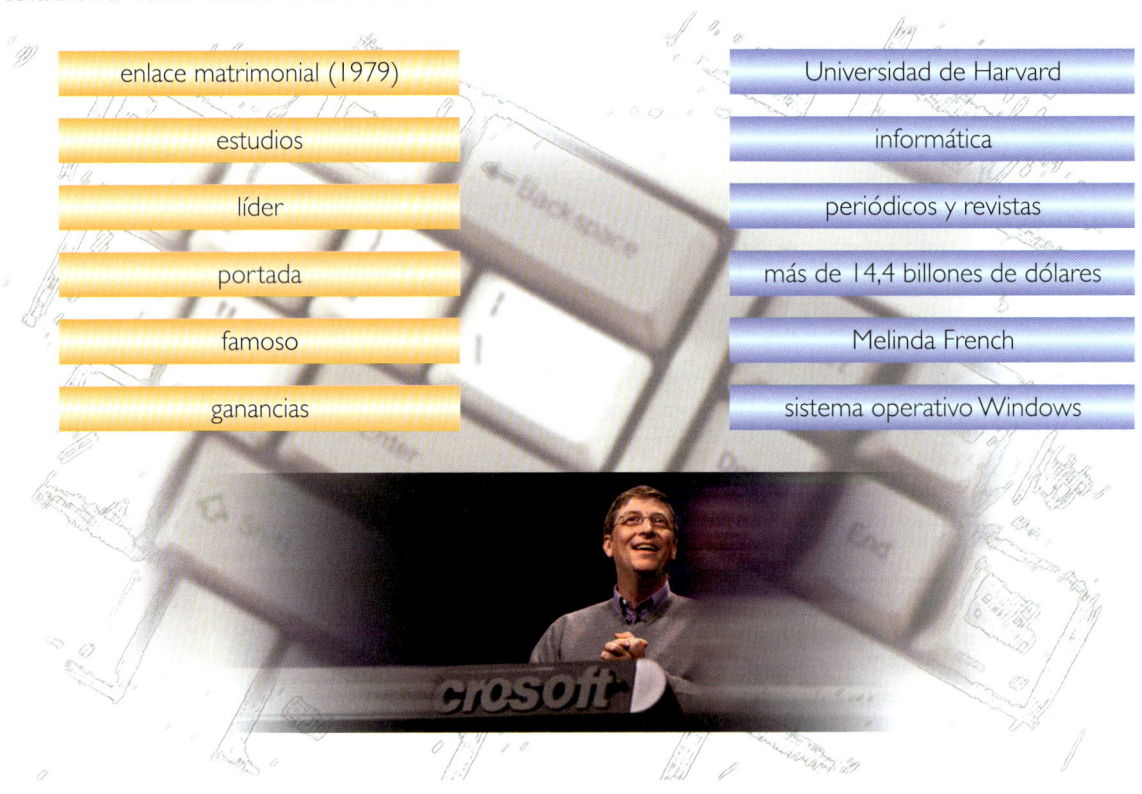

enlace matrimonial (1979)	Universidad de Harvard
estudios	informática
líder	periódicos y revistas
portada	más de 14,4 billones de dólares
famoso	Melinda French
ganancias	sistema operativo Windows

5 Construye una frase con cada una de las parejas de datos anteriores utilizando los verbos *hacer, llegar a ser, convertirse, casarse con, conseguir* y *hacerse*.

Ej.: 1. *En 1979 se casó con Melinda French.*

2. ....
3. ....
4. ....
5. ....
6. ....

ámbito 1

6 Observa estos dibujos y utiliza estos verbos para describir las situaciones.

1. Volver / volverse.
   Ej.: *Volvió cansado del trabajo / Se volvió loco.*
2. Hacer / hacerse.
3. Poner / ponerse.
4. Convertirse.
5. Llegar a ser.

En cuanto a ti, ¿qué cambios se han producido en tu vida? ¿Has llegado a conseguir lo que deseabas? Si no, tal vez puedes contar lo que le ha sucedido a algún amigo.

suena bien

> El fonema /θ/ se articula situando la lengua ligeramente entre los dientes, mientras que para /s/ la punta de la lengua se apoya en los alvéolos (parte posterior de los dientes).

7 Escribe c, z o s por orden de audición.
CD2: 1

1. …umo
2. …umo
3. ca…a
4. ca…a
5. ma…a
6. ma…a
7. ha…es
8. a…es
9. lo…a
10. lo…a
11. …ima
12. …ima

8 Dicta una palabra de cada pareja a tu compañero.

cierva / sierva	azada / asada
maceta / meseta	os / hoz
pes / pez	seseo / ceceo
heces / eses	poso / pozo

9 Escucha y completa las frases.
CD2: 2

1. ……… la fama por medio de su trabajo y como ……… de una serie de ………
2. Hemos ……… a la ……… de mano y al ……… de la ……… Marina.
3. Los ……… largos dan ……… para la ……… ………
4. La ……… ……… no ha hablado de la ……… ……… del ……… y la ……… modelo.

setenta y siete 77

ámbito 1

10 Relaciona estas dos columnas.

Vivieron su romance *en* Madrid.	Punto de llegada.
Hemos estado de vacaciones *por* toda Europa.	Dirección a un lugar determinado.
La semana próxima iremos *a* Moscú.	Punto de partida.
Te envío esta postal *desde* Praga.	Movimiento; localización aproximada.
Viajamos en tren *hasta* Berlín.	Dirección.
A la mañana siguiente se dirigieron *hacia* Florencia, ajenos a los sucesos.	Recorrido espacial marcando el principio y el fin.
El viaje fue muy bueno, pero *desde* Londres *hasta* Escocia tuvimos problemas por la lluvia.	Punto en el espacio.
Conocí a mi marido cuando volaba *de* Atenas *a* Estambul.	Recorrido espacial marcando el principio y el fin.

11 Escucha la entrevista que ha concedido la modelo y actriz Valle Alcántara para el programa *Pensamos en ti* y contesta a las preguntas.

CD2: 3

1. ¿Dónde ha ido Valle Alcántara para rodar su última película?
2. ¿Por qué lugares ha viajado la actriz y modelo?
3. El periodista habla de una posible boda por el rito zulú. ¿Dónde se celebró el supuesto enlace?
4. ¿Cuál es la "solución" de Valle para que los periodistas no descubran su futura boda?
5. Además de viajar a México con Pierre, ¿qué otro lugar han visitado juntos?
6. ¿Cuándo le regaló Pierre un anillo de brillantes?
7. ¿En qué momento sufrió la artista el accidente de automóvil?
8. Concedió varias entrevistas cuando se recuperaba de este. ¿Desde qué lugar?

acordarse de
enamorarse de
ocuparse de
alegrarse de
encargarse de
olvidarse de
confiar en
pensar en
pasar por
casarse con
extrañarse de
entrevistarse con
creer en
fijarse en
salir con
dedicarse a
invitar a
enfadarse con
aficionarse a
empeñarse en

CE 4,5

12 Completa con las preposiciones adecuadas y relaciona cada frase con su viñeta. Después, ordena cronológicamente la historia.

1. Se enamora ...... una compañera de clase.
2. Se divorcia ...... su segunda mujer.
3. Después de unos años se separa ...... ella.
4. Se fija ...... otra chica y se casan ...... la Iglesia Mayor.
5. Se casa ...... ella en los juzgados de El Escorial.
6. Se convierte ...... un famoso abogado.
7. Alcanza la fama como abogado, pero desconfía ...... todos.
8. Hasta su muerte se dedica ...... su profesión por completo.
9. Pasa ...... la facultad de Derecho.

ámbito 1

13 Eres un multimillonario famoso y quieres publicar tus memorias. Hoy tienes una primera cita con el editor. Cuéntale, en pasado, los acontecimientos más importantes de tu vida.

- vivir en…
- viajar por…
- marcharse para…
- ir a…
- estudiar en…
- creer en…
- fijarse en…
- salir con…
- enamorarse de…
- casarse con…
- separarse de…
- divorciarse de…
- enfadarse con…
- encargarse de…
- volver a…
- empeñarse en…

14 Ordenad y contad la historia de Carlos Oñanguiru.

Nació en San Sebastián

Llegó a ser un gran cocinero

toma nota

Se escriben con **y**:
- Las palabras que terminan en /i/ átona precedida por otra vocal: *ley, rey*. También se mantiene en el plural.
- Las formas verbales que lleven ese sonido y cuyos infinitivos no contengan *y* ni *ll*: *cayó (caer), oyeron (oír)*.
- Las palabras que contengan la sílaba *-yec-*: *proyecto, trayectoria*.

Se escriben con **ll**:
- Las palabras que empiezan por *fa-, fo-*: *fallo, folleto*.
- Las palabras que terminan en *-alla, -ello, -ella, -illa, -illo* (excepto *playa* y *raya*): *castillo, cabello*.
- Las palabras que empiezan por *lla-, lle-, llo-, llu-* (excepto *yate, yegua* y *yema*): *llover, lluvia, llevar*.

Se escriben con **x**:
- Las palabras que empiezan por *ex-* seguido de vocal (excepto *ese, esencia, esófago* y *esotérico*): *exacto, examinar*.
- Delante de las sílabas *-pla, -ple, -pli, -plo, -pre, -pri, -pro* (excepto *espliego, esplendor* y sus derivados): *explicar, exprimir, expresar*.
- Las palabras que empiezan por el prefijo latino *extra-* ("fuera de") y por el prefijo latino *ex-* ("que ya no es"): *extranjero, extraordinario, expatriado*.

Se escriben con **s**:
- Las palabras que empiezan por *estra-* y que no tienen origen latino: *estratega, estrangular*.
- Delante de las consonantes *b, d, f, g, l, m* y *q* (excepto *exfoliar, exquisito* y derivados): *esquiar, desde, esgrima*.

15 ¿Jugamos al "Un, dos, tres"? Formad parejas y contestad a las preguntas que os formule vuestro profesor.

16 Corrige los errores del siguiente texto.

Alexandra caza en Estremadura
- Alexandra y su padre, el rey Enrico, aterrizaron el viernes en el aeropuerto de Cáceres y se trasladaron en varios automóviles que los yevaron a la finca El Expliego. No es la primera vez que Alexandra y Enrico yevan a sus familias al Expliego y hacen prollectos de salida al estranjero.
- En esta época la finca estaba en todo su explendor otoñal a pesar de la persistente yuvia que calló durante todo el fin de semana.
- A última hora del sábado se reunieron con ellos el espresidente del Gobierno, Manuel Correa, y su esposa, Maite Cabeyo.

setenta y nueve

ámbito 1

▶ EXPRESAR RECORRIDO EN EL TIEMPO

hacía ... que	Hacía tiempo que no veía a Juan sin corbata.
hacía + cantidad de tiempo	No concedía entrevistas hacía tres años.
desde hacía	No había ido al cine desde hacía dos semanas.
durante	Durante los últimos meses no había conseguido concentrarse en su trabajo.
durante / desde + fecha (año, mes, estación...)	Durante la primavera hubo muchas bodas. Desde hoy he alcanzado mi mayoría de edad.

▶ TAMBIÉN EXPRESAN RECORRIDO EN EL TIEMPO LOS VERBOS

durar + cantidad de tiempo	La despedida de soltero duró toda la noche.
tardar + cantidad de tiempo + en + infinitivo	Tardó pocos años en conseguir el divorcio.
llevar + cantidad de tiempo + gerundio	Llevaba un montón de años trabajando aquí.
llevar + cantidad de tiempo + sin + infinitivo	Llevaban tres años sin salir.
CI + llevar + cantidad de tiempo + infinitivo	Le llevó cinco años terminar la carrera.

> Los actos, acontecimientos, eventos, hechos → *duran*.
> Las personas, animales o cosas → *tardan*.

17 Transforma las frases con alguna de las formas para expresar recorrido en el tiempo que acabamos de estudiar.

Ej.: *Empieza su carrera en 1978 y la termina en 1983.*
   Tardó cinco años en terminar la carrera de abogado / Le llevó cinco años terminar la carrera...

1. Sale con una compañera de clase entre 1979 y 1981.
   ....
2. Comienzan a preparar los trámites de su boda en mayo de 1981 y se casan en junio del mismo año.
   ....
3. Se casan en 1981 y se separan en 1988.
   ....
4. Trabaja en varios casos importantes en el año 1989 y se hace famoso.
   ....
5. Su boda religiosa empieza a las 18:00 y termina a las 18:45.
   ....
6. El caso que le da mayor fama empieza el 15 de mayo de 1990 y termina el 15 de junio del año siguiente.
   ....
7. Se divorcia en 1992. Unos meses antes comienzan los problemas en su matrimonio.
   ....
8. Muere en el año 2025. Un año antes se jubila.
   ....

18 Corrige todos los errores de esta noticia.

Muere Feliciano Fidalgo, uno de los grandes talentos del periodismo actual. Vivió cuarenta años de intenso trabajo entre Madrid y París. Feliciano había llegado **en** la capital francesa **desde** los años cincuenta. **Fue** un chico de Tremor (León) al que su padre se empeñó en dar estudios. Primero Astorga; luego, el bachiller en la Salle de Valladolid. Y por fin, Madrid. Iba para ingeniero, pero lo dejó al primer año: su estancia **duraba** un curso.
Pero era periodista antes de serlo: y acertó con el cambio. **Con** estos años siguió una desastrosa carrera militar en la que se convirtió **de** alférez de artillería. Al final lo **habían degradado.** No sabía mandar. Tardó todavía varios **momentos** en encontrar su verdadera profesión. Se fue a París con la promesa de la revista *SP* de publicarle sus colaboraciones. Durante este periodo desconfiaba de todo el mundo y no **supo** francés. Durmió **a** la calle.
Pero Feliciano siempre decía que la razón de su marcha a París era conocer a Samuel Beckett, el autor de *Esperando a Godot*. Cuando llegó, pasó por Éditions du Minuit y después **había pedido** audiencia con el editor. Cuando **bajó de** las escaleras con un "no" por respuesta, le gritaron: escriba unas líneas y yo se las haré llegar. Feliciano y Beckett quedaron una semana después **a** La Closserie des Lilas, el bar favorito de Hemingway.
Se preocupaba en trabajar y así se convirtió, en aquel París de los sesenta, en el corresponsal de *Ya* y la Agencia Logos. Y aprendió **de** burlar a la censura. En la capital francesa **había hecho** corresponsal desde **el trabajo a la casa**, o sea, todo el día. Cuando Feliciano **había vuelto** a Madrid, en 1985, *El País* **fue** el diario europeo más admirado en Francia y él **había llegando siendo** un periodista famoso. ■

ámbito 1

19 **La prensa rosa.**

- ¿Cuánto tiempo hace que no lees un reportaje de la prensa rosa?
- ¿En algún momento de tu vida has leído con regularidad este tipo de revistas?
- ¿Qué opinión te merecen?

El género biográfico.

- Cuando un libro te ha gustado mucho, ¿cuánto tiempo has tardado en leerlo? ¿Te interesa el género biográfico?
- ¿Qué libro de este género te ha llevado más tiempo leer o al final has tenido que dejar?
- Finalmente, pensad en un personaje histórico al que admiréis u odiéis, y explicad al resto de la clase quién es y por qué lo admiráis u odiáis.

toma nota

La narración: el género biográfico.

Lugar y fecha de nacimiento: ....
Familia: ....
Estudios: ....
Trabajo: ....
Acontecimientos importantes: ....
Viajes: ....
Lugar y fecha de muerte: ....

Eva Perón, Argentina, 1919-1952.

Eva fue, como sus otros cuatro hermanos, hija ilegítima de Juan Duarte y Juana Ibarguren. Creció en la pobreza y huyó a Buenos Aires a los 16 años, donde tuvo pocos e irrelevantes papeles como actriz. Cuando conoció a Perón, con quien se casó en 1945, se convirtió en la más carismática figura política femenina. Durante el primer periodo de presidencia de su marido (1946-1952), ejerció extraoficialmente de ministra de Sanidad. Creó una fundación con su nombre, desde la que repartía los fondos públicos directamente a los más necesitados. En 1949 fundó el Partido Peronista femenino. Murió el 26 de julio de 1952 a causa de un cáncer. Tras la caída del peronismo, su cadáver fue secuestrado; apareció en Milán en 1971. En 1974, el cuerpo fue trasladado definitivamente a Buenos Aires.

---

20 **Elige uno de los siguientes personajes y escribe una pequeña biografía sobre él. Cuidado, porque en cada personaje hay un dato equivocado.**

Ernesto "Che" Guevara
Argentina (1928)
Familia argentina de clase alta
Estudios de medicina interrumpidos para recorrer América Latina haciendo autostop
Necesidad de revolución
Se une a Fidel Castro (1955)
Se marcha de Cuba (1965)
Muerte (1982)

Ingrid Bergman
Suecia (1915)
Llegada a EE. UU.
Casablanca (1942)
Encadenados (junto a Cary Grant)
Romance con Roberto Rossellini
Dura lucha contra el cáncer (últimos años de su vida)
Asesinato (1967)

Antonio Gaudí
España (1852)
Viaja a EE. UU.
Carrera de arquitecto
Gusto por el gótico
Parque Güell (finales de 1880)
La *Sagrada Familia* (encargo en 1883; no terminada)
Muerte (1926)

ochenta y una **81**

ámbito 2 Sucesos, noticias, detectives por un día

1 Completa las siguientes noticias con la forma adecuada del pasado.

La policía no tiene ninguna pista sobre el autor del asesinato del famoso guitarrista Agustín Jiménez

Según fuentes policiales, el suceso (ocurrir) ……… el domingo por la noche a las 21.45 h en el aparcamiento del edificio donde (vivir) ……… el fallecido. Agustín Jiménez (pasar) ……… la mañana del domingo con su hermana en la sierra de Madrid y no (parecer) ……… estar preocupado por nada. Todo (suceder) ……… cuando Agustín (estar) ……… aparcando su coche y dos hombres (acercarse) ……… a él y lo (atacar) ……… por la espalda. Una vecina, que (estar) ……… paseando al perro, (declarar) ……… a la policía que los dos hombres (lanzar) ……… fuertes insultos contra Agustín antes de asesinarlo. La policía piensa que estos dos hombres son las mismas personas que dos horas antes (cometer) ……… un atraco en el piso número 12 del edificio en el que (vivir) ……… el famoso guitarrista. ■

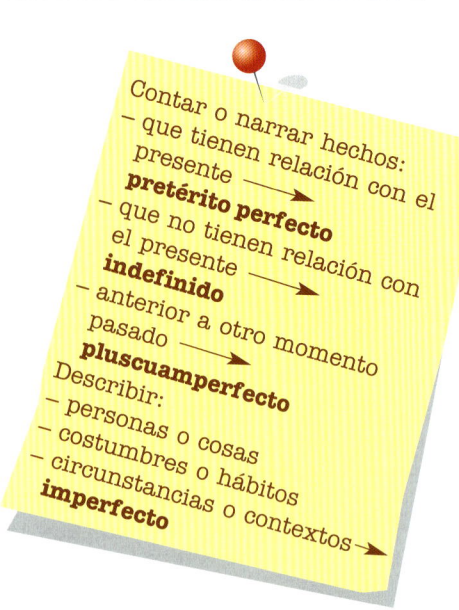

> Contar o narrar hechos:
> – que tienen relación con el presente → **pretérito perfecto**
> – que no tienen relación con el presente → **indefinido**
> – anterior a otro momento pasado → **pluscuamperfecto**
> Describir:
> – personas o cosas
> – costumbres o hábitos
> – circunstancias o contextos → **imperfecto**

Un hombre sufre una agresión a manos de su mejor amigo

Un hombre de 50 años, R. A. H., (golpear) ……… ayer por la noche a su compañero de trabajo, E. S. R., en la calle Lugo, según (informar) ……… a este periódico fuentes del Servicio de Asistencia Municipal Urgente (SAMUR). Los hechos (ocurrir) ……… sobre las 21.20 h enfrente del hotel Casablanca. Unas horas antes, los dos amigos (celebrar) ……… en un bar de esa misma calle el aumento de sueldo del agredido. Después de beber unas cervezas, los dos hombres (salir) ……… del bar entre risas y bromas y, sorprendentemente, R. A. H. (agredir) ……… a su compañero en la cabeza con una lata de cerveza. Cuando una ambulancia (acudir) ……… al lugar (encontrar) ……… a la víctima en la calle sobre un banco. Su estado (ser) ……… muy grave, por lo que rápidamente los miembros del SAMUR lo (trasladar) ……… al hospital. El último parte médico de esta mañana (revelar) ……… que el herido está mejor y que pronto volverá a casa. ■

2 En los textos anteriores aparecen las palabras *insultos, ocurrir, atraco, agredir*. Busca en cada serie las dos palabras que no pertenecen al grupo y márcalas con un círculo.

A: insulto • improperio • conversación • desprecio • ofensa • halago • desaire • injuria
B: ocurrir • suceder • hallar • acontecer • tener lugar • pasar • expresar • acaecer
C: atraco • exposición • asalto • estafa • robo • ruina • violación • hurto
D: agredir • cambiar • violar • insultar • atacar • asaltar • hurtar • atracar

3 Completa el diario del detective Manuel Pereiro.

> Llegué temprano a la joyería y no ……… Llamé al timbre varias veces, miré los dos escaparates y no vi ninguna luz encendida. Mi amigo Pepe me había llamado la noche anterior para decirme que ……… y que ……… Como no contestaba nadie, entonces decidí ir al bar de enfrente para tomar un café caliente con unas tostadas. En el bar ……… y solamente ……… Mientras ………, observé que una mujer ……… Esta mujer ……… y una chaqueta a juego con la falda de color verde. La mujer llamó al timbre y un hombre abrió la puerta. En ese momento pensé que esa mujer ……… o una persona conocida por Pepe, y que Pepe le había abierto la puerta. La luz ……… y la puerta ……… Todo esto me empezó a resultar extraño y decidí pagar la cuenta y dirigirme a la joyería. Antes de salir del bar llamé por teléfono a la comisaría para informarme sobre otros asuntos que tenía pendientes. Cuando salí a la calle, vi que un hombre y la misma mujer que yo había visto antes entraban en un taxi. No pude reconocer al hombre porque ……… y ……… las gafas. Por los pelos no pude ver sus caras.

[había cinco personas / era una amiga / había nadie / estaba mirando el periódico / hacía mucho frío / seguía apagada / estaba lloviendo / llevaba una falda larga / estaba preocupado / continuaba cerrada / tenía sucias / quería contarme algunas cosas / llamaba a la puerta de la joyería de Pepe Cominos]

ámbito 2

4 ¿Dónde estaban esta mañana entre las 11.00 y las 12.00 h? Imagina que eres el detective Manuel Pereiro y descubre quién es el asesino del conocido joyero Pepe Cominos. El cadáver ha aparecido esta mañana en su joyería a las 11.45 h. Estos son los sospechosos.

Marta de Miguel. Mujer de Pepe Cominos. Desde hace varios meses su marido quiere separarse de ella, pero Marta no acepta la decisión de su marido. Esta mañana, a las 9.00 h, los vecinos han escuchado una pelea muy fuerte entre ellos. A las 9.30 h Pepe Cominos ha salido rápidamente del apartamento y, quince minutos después, ha salido su mujer.

Juan Moreno. La persona que limpia la joyería. Juan Moreno quiere celebrar su 25 aniversario de casado y desea dar una sorpresa a su mujer: un viaje a Isla Margarita. Ayer pidió una semana de vacaciones a su jefe, pero Pepe Cominos dijo que en la joyería había mucho trabajo y que no podía concederle una semana de vacaciones hasta dentro de dos meses. Esta mañana Juan Moreno estaba muy enfadado y lo vieron salir de la joyería a las 11.00 h con una bolsa de deporte.

César Cominos. Hermano de Pepe Cominos. Es dueño de la mitad de la joyería. Los dos hermanos saben que, si algún día le ocurre algo malo a alguno de ellos, el otro heredará todo el negocio. César no tiene buena relación con Pepe y esta mañana lo vieron en la puerta de la joyería esperando a su hermano.

Micaela González. Amante de Pepe Cominos. Micaela González ya no es la amante de Pepe. Pepe Cominos la ha abandonado por otra mujer. Micaela le había dicho ayer a su amiga Tere que estaba dispuesta a matar a Pepe Cominos si algún día la abandonaba. Esta mañana Tere ha llamado a Micaela a las 9.30 h para consolarla y Micaela no ha cogido el teléfono. Ha insistido varias veces y, por fin, Micaela ha contestado a las 11.30 h.

1. Escribe las respuestas de cada uno de los sospechosos.

	MARTA DE MIGUEL	JUAN MORENO	CÉSAR COMINOS	MICAELA GONZÁLEZ
¿HOY HAS VISTO A PEPE?				
¿DÓNDE ESTABAS A LA HORA DE SU ASESINATO?				
¿QUIÉN ESTABA CONTIGO?				
¿CÓMO ERA TU RELACIÓN ACTUAL CON ÉL?				
¿POR QUÉ ESTÁS TAN NERVIOSO?				
¿CUÁNDO FUE LA ÚLTIMA VEZ QUE VISTE A PEPE CON VIDA?				

2. Escribe la crónica periodística contando quién es el asesino y cómo ocurrieron los hechos.

suena bien

> Se escribe *j* delante de cualquier vocal (*ja, je, ji, jo, ju*) y *g* delante de las vocales *e, i* (*ge, gi*). Todas estas grafías representan el mismo sonido en español [x]. Esta consonante se articula en la parte posterior de la boca y no se pronuncia con aspiración; por ejemplo, *caja, oleaje, jinete, joven, justo, general, gimotear.*

5 Repite las palabras que vas a escuchar.

CD2: 4

6 Clasifica las palabras que vas a escuchar según aparezca el sonido [x] en posición inicial o en interior de palabra.

CD2: 5

▶ Inicio de palabra	▶ Interior de palabra

ochenta y tres

ámbito 2

7 Completa estas noticias ayudándote de los dibujos que aparecen al lado. Utiliza para cada verbo una forma adecuada del pasado.

Carolina, luchadora

En 1992 Carolina del Pino .... Hasta llegar a ese reconocimiento mundial, su vida .... Como la mayoría de las campesinas de su país .... a la ciudad para trabajar como sirvienta. Desde que murieron sus padres y sus hermanos, Carolina .... denunciando el genocidio cometido contra las mujeres de su país. En los últimos años, Carolina .... a los niños de su país y .... como enfermera en una organización de ayuda para las personas necesitadas. ■

Una tromba de agua y viento destroza árboles y farolas y desborda el río Guadarrama

Una fuerte tromba de agua, granizo y viento .... ayer sobre la capital entre las 19.20 y las 21.30 h. En algunas zonas, el viento .... árboles y farolas, y arrastró algunos coches que .... La carretera N-V tuvo que ser cortada durante 20 minutos. El río Guadarrama .... e inundó algunos túneles y garajes. ■

Detenidas varias personas en pleno robo

La Guardia Civil .... ayer en Valdemoro a dos hombres y a una mujer cuando intentaban robar en un apartamento de la avenida del Mediterráneo. Los atracadores .... y accedían a ellos cuando estaban vacíos. Luego .... y desvalijaban los domicilios en menos de media hora. Con anterioridad a estos robos, las tres personas detenidas .... por robar en una tienda de motocicletas. ■

8 Aquí tienes el relato de algunas noticias que dieron ayer por televisión. Después de escuchar la grabación, completa estos textos con las palabras que faltan.

Actualidad
PERIÓDICO DE LA MAÑANA. 7

Desde hoy el piano de Miguel Catedrales pertenece a Mercedes Bermejo

Mercedes Bermejo, cantante de ópera, es la nueva .... del piano que una vez .... al músico gallego Miguel Catedrales. La madre de Miguel se lo .... cuando aún era un niño, pero lo tuvo que vender cuando las estrecheces económicas .... a la familia. Años más tarde, el pianista .... a un detective para recuperar el piano, y hace una semana que se lo ha vendido a Mercedes Bermejo. La nueva propietaria ha declarado a nuestra redacción que se siente muy feliz y que una parte del dinero que .... por el piano irá a una asociación musical para niños sin ....

Premio para un queso español

Un queso de oveja que .... hace cuatro meses en la empresa española La Vaca Que Sonríe ha ganado el Campeonato del Mundo en la categoría de quesos .... Esta marca de quesos ya .... un segundo premio en otro certamen .... que se celebró el año pasado en Nîmes (Francia). El queso ganador se elaboró en la factoría de Fresno de Ribera (Zamora) y su director dio las gracias al jurado por la concesión del premio e .... a todos los asistentes a degustar el queso ganador.

Nada que declarar

El 30 de julio, Carlos de Vitoria llegó en una avioneta .... al aeropuerto de Sevilla. Carlos aseguró que no .... nada que .... Cambió de opinión cuando el oficial de aduanas inspeccionó el aeroplano. Entonces .... que llevaba una diadema con esmeraldas y diamantes que .... a su abuela María Elisa. "Quizás .... un error", aseguró ayer, tres años más tarde, después de ser declarado culpable de ....

ámbito 2

9 Lee los siguientes titulares y, con ayuda de tu compañero, inventa los hechos y las circunstancias en las que estos ocurrieron. Intenta seguir, cuando sea posible, este esquema:

¿Cuándo fue? ◆ ¿Dónde estaban? ◆ ¿Qué ocurrió?
¿Qué tiempo hacía? ◆ ¿Cómo iban vestidos? ◆ ¿Quién había allí?

Perpetrado un atentado terrorista en el centro comercial Las Nieves
Anoche…

Desaparición de Amalia Fuentes, hija del multimillonario Ramón Fuentes
Ayer…

Medalla de oro para el equipo de baloncesto Lorca Club
El jueves por la noche…

Boda inesperada de la diseñadora Virginia Valle y su secretario personal
El 1 de enero de 2006…

Lleno total de los hoteles de la costa mediterránea
En las últimas vacaciones de Semana Santa…

Robo a mano armada en un banco del céntrico barrio Los Arroyos
Esta mañana…

toma nota

10 Completa el texto con *ll* o *y*.

Ya ha …egado la …uvia de estre…as.

Todos esperábamos con emoción el nuevo espectáculo que el Circo del Arte ha traído a nuestro pequeño pueblo. Los pa…asos …evan trajes con ra…as de colores, los leones siguen el tra…ecto que les marcan sus domadores, las cebras ra…adas divierten a los niños, los caba…os y las …eguas …enan el escenario, mientras los tramo…istas o…en los aplausos del público. En lo alto del trapecio están los re…es del circo, con sus ma…as amari…as y sus ani…os de colores …amativos. El director del espectáculo anuncia la …egada de los artistas a la pista. A…í entran los pa…asos, ca…éndose y moviendo sus ojos para hacer reír a los niños. Todavía hay gente en la ca…e que intenta saltar la va…a porque la taqui…a está cerrada y no ha podido comprar su entrada.

11 Escucha estas palabras y escribe *s* / *x*.

1. e…trangular
2. e…acto
3. e…plicación
4. e…quema
5. e… marido
6. e…logan
7. e…istir
8. e…coger
9. e…amen
10. e…tratosfera
11. e…plosión
12. e…tranatural
13. e…fera
14. e…traordinario
15. e…moquin
16. e…ageración
17. e… presidente
18. e…a
19. e…traoficial
20. e…guince
21. é…ito
22. e…trafalario
23. e…igir
24. e…queleto
25. e…presar
26. e…belto
27. e…agerado
28. e…oterismo
29. e…plotar
30. e…primidor
31. e…mero
32. e…forzarse

ámbito 2

> Utilizamos el presente de indicativo para:
>
> – Hablar de acciones presentes: **Soy norteamericano y trabajo en Bilbao.**
>
> – Expresar acciones habituales: **Siempre voy al cine los sábados por la tarde.**
>
> – Ofrecer, pedir y sugerir: **¿Quieres un té? ¿Me dejas tu bolso blanco? ¿Por qué no me llamas esta noche?**
>
> – Expresar verdades absolutas: **La Tierra gira alrededor del Sol.**
>
> – Referirnos a acciones pasadas (presente conversacional): **La veo el mes pasado y no me cuenta nada.**
>
> El presente también se utiliza para referirnos a hechos históricos: **En 1492 los Reyes Católicos conquistan Granada.**

CE 10, 12

12 Escribe en pasado, con tus propias palabras, esta maravillosa noticia que Neil A. Armstrong cuenta a sus hijos treinta años después.

El 16 de julio despega la histórica nave *Apolo XI*. Una vez en la órbita lunar, Edwin E. Aldrin y Neil A. Armstrong se trasladan al módulo lunar. Michael Collins permanece en la órbita lunar pilotando el módulo de control después de la separación. Collins desciende a la Luna y se posa sobre su superficie el 20 de julio. Horas más tarde, Armstrong baja por una escalerilla con su traje espacial y pone el pie sobre la Luna. Sus primeras palabras son: "Este es un pequeño paso para un hombre, pero un gran salto para la humanidad". Pronto lo sigue Aldrin y ambos astronautas caminan más de dos horas por la Luna. Allí recogen 21 kilogramos de muestras del suelo, toman fotografías y colocan un artefacto para detectar y medir el viento solar. Armstrong y Aldrin clavan en el suelo una bandera de Estados Unidos y hablan por radio con el presidente Richard Nixon, que está en la Casa Blanca. Los dos astronautas comprueban que no es difícil caminar y correr con una gravedad seis veces menor que la de la superficie de la Tierra. Mientras tanto, en Estados Unidos millones de personas siguen en directo la retransmisión del acontecimiento por vía satélite. Una vez que los astronautas vuelven al módulo lunar, se quitan los trajes espaciales y descansan unas horas antes de despegar. Abandonan la Luna en vuelo vertical y dejan en la superficie lunar la parte inferior del módulo lunar, que actúa como plataforma de lanzamiento. El regreso del *Apolo XI* se realiza sin contratiempos y la nave ameriza en el océano Pacífico, cerca de Hawai, donde es recuperada el 24 de julio. Ante la posibilidad de que organismos lunares contaminaran la Tierra, los astronautas se visten con trajes de aislamiento biológico antes de salir de la nave y son sometidos a una cuarentena.

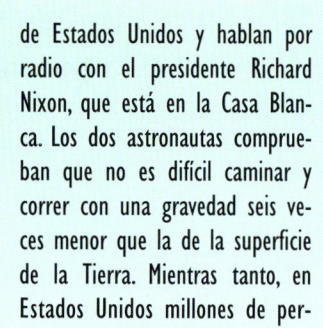

Ahora contesta a estas preguntas.

1. ¿En qué fecha despega la histórica nave *Apolo XI*?
2. ¿Qué dice Neil A. Armstrong cuando pisa la Luna?
3. ¿Qué hacen los dos astronautas durante las dos horas que recorren la Luna?
4. ¿Cómo se realiza el regreso del *Apolo XI*?
5. ¿Qué precauciones toman los astronautas para no contaminar la Tierra?

ámbito 2

CE 11 CD2: 8

13 ¿Conoces estas palabras? Relaciónalas con su imagen y sonido.

atasco ▲ ambulancia ▲ coche de policía ▲ búho ▲ sirena ▲ cerrojo ▲ persona silbando
lima ▲ perro ▲ barrotes ▲ cancela de una cárcel ▲ trueno ▲ claxon

1. Vamos a escribir entre todos el argumento de una película en la que también pueden aparecer algunos sonidos. El argumento es el siguiente.

- Chico bueno y pobre. Vive en una gran ciudad.
  Sonidos: ....
- El protagonista roba para alimentar a su familia. Un día es descubierto y trata de escapar. En la huida atropella a un hombre.
  Sonidos: ....
- El joven va a la cárcel. La cárcel está en una isla.
  Sonidos: ....
- Es una prisión de máxima seguridad. Es imposible escapar.
  Sonidos: ....
- El preso consigue una lima y poco a poco va cortando los barrotes de su celda. Cada vez que se acerca alguien, deja de trabajar.
  Sonidos: ....
- Por fin, una noche de tormenta, consigue escapar.
  Sonidos: ....

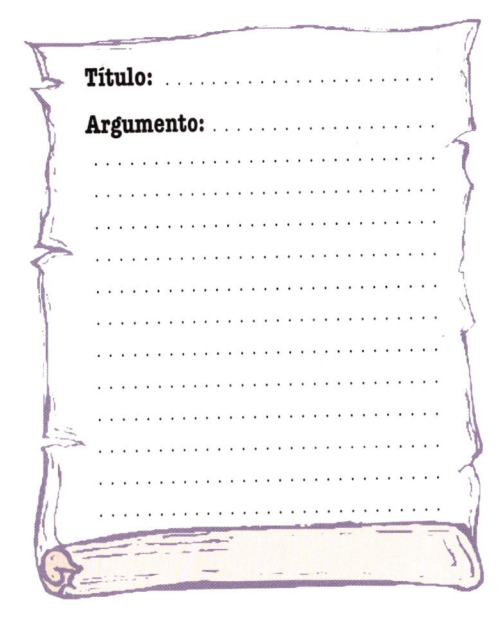

Título: ....
Argumento: ....
....
....
....
....
....
....
....
....
....
....
....
....

2. Relaciona entre sí los sonidos que vas a escuchar.

CD2: 9

lima ▲ ambulancia ▲ cierre de una cancela ▲ barrote ▲ cierre de un cerrojo ▲ sirena
coches que frenan ▲ objeto metálico que cae al suelo ▲ claxon
cierre de una puerta que chirría ▲ perros ladrando ▲ el viento ▲ ruido del mar
atasco ▲ silbido ▲ pasos en la tierra ▲ un búho

toma nota

▶ describir	▶ contar

Ahora completa este cuadro con los verbos que has utilizado para describir y contar los hechos del relato.

CE 13

14 Completa el texto con los tiempos adecuados del pasado y continúa la historia.

Cuando (tener, nosotros) .... doce años, Joaquín y yo (visitar) .... una casa abandonada que (estar) .... a las afueras de nuestro pueblo. Todo el mundo (decir) .... que en aquella casa (escucharse) .... ruidos extraños y que en su jardín (vagar) .... un viejo fantasma que (vivir) .... en el siglo pasado. Todo (suceder) .... una noche del 28 de diciembre cuando ....
....

ochenta y siete **87**

A nuestra manera

1 Lee con atención la carta que Marcus ha escrito a su amigo Michael.

> Querido Michael:
>
> Llevo viviendo en España cuatro meses y hay muchas cosas que me han sorprendido. La semana pasada fui al mercado y un señor mayor me dijo: ¡Qué caras están las patatas!, y yo ya había visto el precio. ¿No te parece extraño? ¿A lo mejor pensaba que yo no sabía leer?
>
> Otro día, en el autobús, mientras estaba comprando el billete, un chico me preguntó adónde me dirigía. Yo le respondí que iba a visitar a un amigo que vivía en Valencia. Entonces él me dijo que era una casualidad enorme porque él había hecho el servicio militar allí y conocía muy bien la ciudad. Al final, y después de una larga conversación, me recomendó que fuera a comer a Casa Pepe, un mesón en el que se comía muy bien y que era baratísimo.
>
> ¡Ah!, por cierto, me he mudado de casa. He visto muchos pisos y en las agencias siempre me preguntaban si era extranjero y me comentaban que hablaba muy bien español.
>
> Volviendo a lo "extraños" que son los españoles, te cuento lo que me ha sucedido esta mañana. He subido en el ascensor con una mujer joven, de unos treinta años, yo no la había visto antes, y me ha estado explicando que cuando ella era pequeña hacía más frío que ahora, y que sus padres, que son de León, recuerdan navidades con un metro de nieve y... ¡No sé qué más!
>
> No puedo entender por qué siempre necesitan hablar con una persona que no conocen. ¿Puede ser una costumbre típica de los españoles?
>
> La semana próxima vuelvo a Alemania y me alojaré en casa de mis padres. Llámame y te contaré muchas cosas más que me han llamado la atención sobre este país.
>
> Recibe un fuerte abrazo de tu amigo,
>
> Marcus.

2 **Comprensión del texto.**
1. ¿Cuánto tiempo lleva viviendo Marcus en España?
2. ¿Qué le dice a Marcus el señor que estaba en el mercado?
3. ¿Por qué Marcus va a Valencia?
4. ¿Qué le decían a Marcus en todas las agencias que visitaba para buscar una nueva casa?
5. ¿Qué le ha sucedido a Marcus esta mañana?

Y tú, ¿qué opinas?

¿También piensas que los españoles hablan en cualquier situación, incluso con personas que no conocen?

¿Crees que es una costumbre típica de los españoles? ¿Existe también en otras culturas?

Cuenta al resto de tus compañeros si has vivido alguna vez una experiencia parecida a la de Marcus.

Recapitulación

INVENTOS DEL SIGLO XX
¡CÓMO HEMOS CAMBIADO!

De dos en dos. Mirad las siguientes fotografías e intentad emparejarlas. A continuación, elegid dos parejas de objetos y describídselas a vuestros compañeros sin mencionar su nombre: explicad cómo es cada objeto, para qué sirve, quién lo utiliza, cómo se utiliza, a qué época pertenece, qué cambios ha experimentado, qué consecuencias han traído consigo esos cambios...

ochenta y nueve **89**

Mirando al futuro

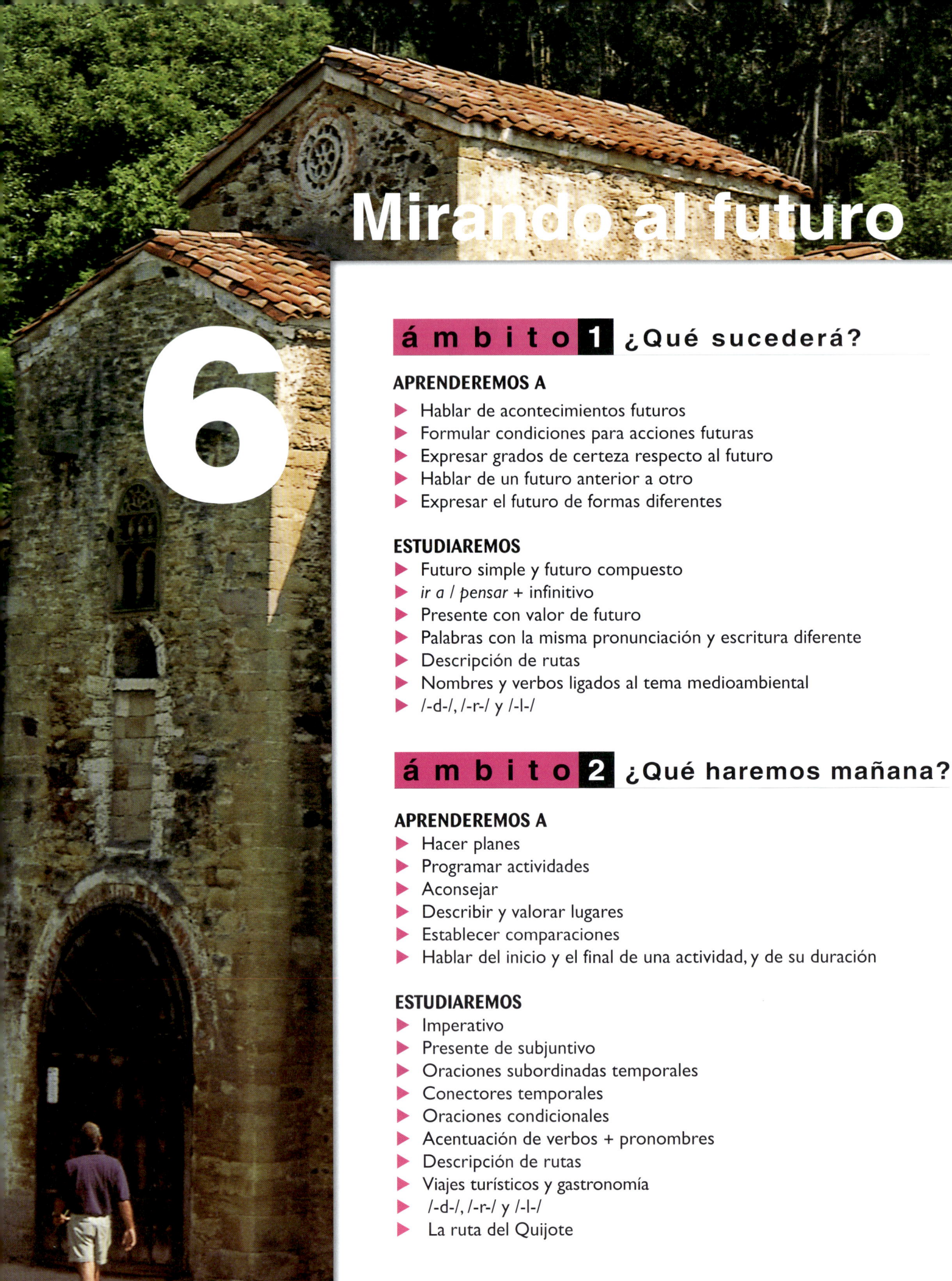

6

ámbito 1 ¿Qué sucederá?

APRENDEREMOS A
- Hablar de acontecimientos futuros
- Formular condiciones para acciones futuras
- Expresar grados de certeza respecto al futuro
- Hablar de un futuro anterior a otro
- Expresar el futuro de formas diferentes

ESTUDIAREMOS
- Futuro simple y futuro compuesto
- *ir a / pensar* + infinitivo
- Presente con valor de futuro
- Palabras con la misma pronunciación y escritura diferente
- Descripción de rutas
- Nombres y verbos ligados al tema medioambiental
- /-d-/, /-r-/ y /-l-/

ámbito 2 ¿Qué haremos mañana?

APRENDEREMOS A
- Hacer planes
- Programar actividades
- Aconsejar
- Describir y valorar lugares
- Establecer comparaciones
- Hablar del inicio y el final de una actividad, y de su duración

ESTUDIAREMOS
- Imperativo
- Presente de subjuntivo
- Oraciones subordinadas temporales
- Conectores temporales
- Oraciones condicionales
- Acentuación de verbos + pronombres
- Descripción de rutas
- Viajes turísticos y gastronomía
- /-d-/, /-r-/ y /-l-/
- La ruta del Quijote

ámbito 1 ¿Qué sucederá?

1 Lee estos titulares y descubre algunos de los problemas y soluciones medioambientales de la sociedad actual.

▶ TITULARES, 13 de agosto de 2006

Los afectados por el ruido del aeropuerto de Barajas llevarán sus quejas ante el Ministerio.

Si no hay acuerdo entre los gobiernos, la UE tomará medidas para evitar el progresivo deterioro del medio ambiente.

Según los científicos, para el año 2050 habrán desaparecido más de doscientas especies a causa de la contaminación.

Los coches emitirán menos humos porque los fabricantes utilizarán nuevas tecnologías.

Afirma la ministra de Medio Ambiente: "Si puedo, voy a limpiar todos los residuos de Doñana antes de repoblar el entorno".

En Alemania, los grupos ecologistas obtendrán buenos resultados en las próximas elecciones.

Un objetivo general de nuestra sociedad para el año 2030: la separación de las basuras para reciclar vidrio, cristal, cartón y papel.

Astrónomos de 25 países alertan sobre la contaminación atmosférica.

Señala todas las palabras que desconozcas relacionadas con el medio ambiente y pregunta por su significado a tu profesor.

2 Eres el presidente de un partido ecologista y debes redactar las condiciones y consecuencias relacionadas con la protección del medio ambiente. Comienza con la estructura: *si* + presente de indicativo + futuro...

Ej.: *Si algún día soy el presidente de un partido ecologista, centraré mis esfuerzos en proteger la naturaleza; si protejo la naturaleza, habrá más bosques y campos; si hay más bosques y campos, los animales...*

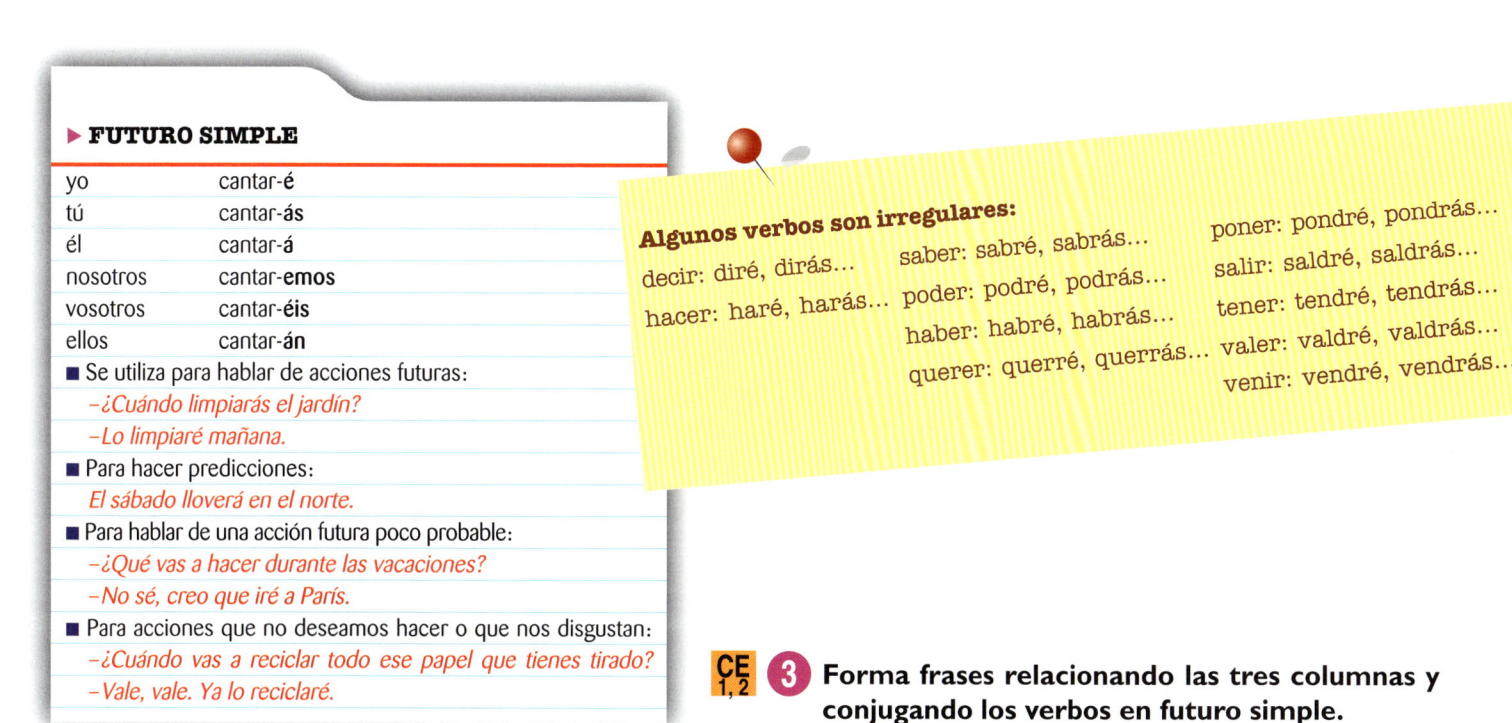

▶ **FUTURO SIMPLE**

yo	cantar-**é**
tú	cantar-**ás**
él	cantar-**á**
nosotros	cantar-**emos**
vosotros	cantar-**éis**
ellos	cantar-**án**

■ Se utiliza para hablar de acciones futuras:
 –¿Cuándo limpiarás el jardín?
 –Lo limpiaré mañana.

■ Para hacer predicciones:
 El sábado lloverá en el norte.

■ Para hablar de una acción futura poco probable:
 –¿Qué vas a hacer durante las vacaciones?
 –No sé, creo que iré a París.

■ Para acciones que no deseamos hacer o que nos disgustan:
 –¿Cuándo vas a reciclar todo ese papel que tienes tirado?
 –Vale, vale. Ya lo reciclaré.

Algunos verbos son irregulares:
decir: diré, dirás...
hacer: haré, harás...
saber: sabré, sabrás...
poder: podré, podrás...
haber: habré, habrás...
querer: querré, querrás...
poner: pondré, pondrás...
salir: saldré, saldrás...
tener: tendré, tendrás...
valer: valdré, valdrás...
venir: vendré, vendrás...

3 Forma frases relacionando las tres columnas y conjugando los verbos en futuro simple.

1. La Comunidad de Madrid
2. Los filtros de carbono
3. El Ayuntamiento de Segovia
4. La planta potabilizadora
5. Los agentes forestales
6. Miembros de ADENA

▶ limpiar
▶ talar
▶ potabilizar
▶ purificar
▶ reciclar
▶ repoblar

▶ las aguas residuales de la ciudad.
▶ 8.000 toneladas de cartón el año que viene.
▶ de eucaliptos los bosques próximos a la ciudad.
▶ los pinos afectados por la plaga.
▶ de vertidos tóxicos las orillas del Ebro.
▶ los humos de la antigua fábrica de cristal.

ámbito 1

4 Relaciona las palabras o expresiones con su significado y después construye una oración utilizando el futuro simple.

1. Conjunto de cosas que sobran o se tiran porque no son útiles.
2. Disciplina que estudia la relación de los seres vivos con el medio en el que viven.
3. Conjunto de gases y polvo que despiden los materiales cuando se queman.
4. Cosa o sustancia que resulta de la descomposición o destrucción de una cosa.
5. Gas de color azul pálido que se forma en las capas altas de la atmósfera y que protege a la Tierra de las radiaciones ultravioletas.
6. Transformar o aprovechar una cosa para un nuevo uso o destino.
7. Destrucción o degradación del medio ambiente o de una parte de él.
8. Plantar árboles en un lugar del que habían desaparecido.
9. Vegetales comestibles que no han sido tratados con pesticidas.

a) ozono
b) reciclar
c) contaminación
d) basura
e) repoblar
f) humos
g) ecología
h) agricultura biológica
i) residuos

▶ **FUTURO SIMPLE**

Como ya sabes, el futuro simple se utiliza también para expresar duda y probabilidad en el presente:
Esa central térmica produce una gran cantidad de energía; contaminará muchísimo.

▶ **FUTURO COMPUESTO**

forma
verbo *haber* (futuro simple) + participio
usos
– Acción futura anterior a otra futura:
Cuando recibas esta carta, yo ya me habré ido.
– Duda y probabilidad en el pasado cercano:
La puerta está abierta; ¿quién habrá venido?

---

5 Completa las siguientes oraciones utilizando el futuro.

1. La semana que viene el grupo de voluntarios *(hacer)* .... la limpieza de los residuos tóxicos.
2. A las nueve ya *(comenzar)* .... la conferencia sobre ecología y sociedad.
3. La presión en el medio ambiente *(aumentar)* .... en las próximas décadas.
4. Antes de diciembre *(terminar)* .... la conferencia sobre temas medioambientales.
5. El domingo *(venir)* .... al campo con nosotros.
6. El próximo mes ya *(preparar)* .... la campaña publicitaria para acabar con los incendios.
7. Próximamente *(viajar)* .... a Nueva York como secretario de Greenpeace.
8. Cuando vengas, ya *(quemar)* .... todos esos cartones.
9. *(Decir)* .... mañana qué planes tiene.
10. *(Saber)* .... los resultados el día 10 del mes que viene.

6 Son las diez y Marina no ha llegado todavía. ¿Dónde estará?

ámbito 1

7 Expresa tu opinión.

1. ¿Con cuál o cuáles de las siguientes afirmaciones estás de acuerdo? Coméntalo con tu compañero.

a. Los incendios forestales incrementarán la desertización en España.
b. La utilización del transporte público reducirá la contaminación ambiental.
c. No tirar basura en la montaña conservará el entorno.
d. Prohibir la caza salvará las especies protegidas.
e. El uso de la energía nuclear contribuirá a disminuir la contaminación atmosférica.
f. No hacer fuego en el campo reducirá el riesgo de incendios.

2. ¿En qué habéis coincidido? ¿Qué afirmación ha suscitado más polémica?

8 Observa estas fotografías. ¿Qué crees que les deparará el futuro a sus protagonistas?

suena bien

En esta lección vamos a estudiar /-d-/, /-r-/ y /-l-/ en posición intervocálica.

9 Escucha y completa con el sonido que falta.
CD2: 10

1. ca … a	4. co … a	7. cu … a	10. ce … o	13. pi … a
2. ca … a	5. ce … a	8. co … a	11. ce … o	14. pi … a
3. ca … a	6. co … a	9. ce … a	12. ce … o	15. pi … a

10 Escucha las siguientes frases y completa.
CD2: 11

1. Comenzarán la ……… de los árboles en enero.
2. Tirar una ……… usada a la basura es contaminante.
3. Llegar a un nivel de contaminación en la atmósfera del ……… por ciento hoy es ciencia-ficción.
4. Habrá que actuar con ……… ……… acabar con los problemas medioambientales actuales.
5. Según la nueva ley, ……… una de las empresas deberá ……… en sus acciones.
6. Los países pobres "están a la ………" en cuanto a la adopción de medidas ……… proteger el medio ambiente.
7. La repoblación de ciertas zonas del Amazonas será una ……… de salud para el planeta.
8. Si continúa el viento, también arderá la ……… oeste de la montaña.
9. Algunos defienden el medio ambiente por estar a la ………
10. Iré al bosque para coger unas ………

11 Busca en la sopa de letras nueve palabras con los sonidos que estamos estudiando.

R	S	C	P	L	M	R	F	R	P
A	B	E	H	C	L	A	R	A	F
R	L	W	A	K	J	Z	L	V	U
O	Q	S	R	M	S	A	B	C	D
C	T	P	O	Ñ	I	R	A	A	D
A	A	D	O	M	D	L	L	R	S
R	N	P	A	F	A	H	I	V	Y
A	A	M	A	S	I	G	Z	H	W
O	O	R	I	B	S	E	D	A	E
A	R	E	C	F	I	A	F	A	S

noventa y tres **93**

ámbito 1

▶ EXPRESAR FUTURO

ir a + infinitivo	*pensar* + infinitivo
Se utiliza para:	Expresa una intención o un deseo de hacer algo en el futuro:
– Expresar decisión y voluntad de hacer algo en el futuro:	*Pienso decirle que no estoy de acuerdo con él.*
Voy a dejar de fumar la semana que viene.	
– Hablar de planes y proyectos:	**presente**
El año que viene voy a reciclar todo el papel que pueda.	Se utiliza para hablar de una acción futura que sentimos muy cercana:
– Hablar de una acción futura con idea de seguridad:	*María llega esta tarde y se va el domingo.*
¿Qué vas a hacer estas vacaciones?	
Voy a repoblar con pinos un bosque de mi pueblo.	

12 CD2: 12 Escucha las declaraciones, relacionadas con el medio ambiente, de un portavoz de Greenpeace, del concejal de Medio Ambiente de Madrid y del director ejecutivo de Greenpeace Internacional.

1. Contesta a las siguientes preguntas.

a. ¿A qué problema general se refiere el portavoz de Greenpeace?
¿A qué central en particular se refiere?
¿Qué sucederá en el futuro según él?

b. ¿Qué acciones va a emprender el concejal de Medio Ambiente?
¿Cuál es la razón de su actitud?

c. ¿Cuál es el problema que hay que evitar relacionado con el medio ambiente?
¿Qué harán para defenderla?
¿Con qué palabras destaca la importancia del tema?

2. Escucha de nuevo. Anota todos los casos de *ir a* + infinitivo que oigas y señala de qué uso se trata.

13 Lee el siguiente texto y contesta a las preguntas.

«Este mes de julio llega el último monzón del siglo XX. La sentencia del Tribunal Supremo que ha permitido que siga adelante la construcción de la presa significa que 30 de los 245 pueblos del valle van a quedar sumergidos este año. Sus habitantes no tienen dónde ir. Han declarado que no van a moverse cuando las aguas del embalse de Sardar Sarovar les arrebaten sus tierras y sus hogares. Todo el mundo, tanto si está a favor de la presa como si la aborrece, tanto si la quiere como si no, debe comprender el precio que se paga por ella. Es preciso tener el valor de mirar cuando se salden las deudas y cuando se cuadren los libros.
Nuestras deudas. Nuestros libros. No los suyos.
Pensamos estar allí.»

Arundhati Roy, *El gran bien común.*

1. ¿Qué pasa el próximo mes de julio?

2. ¿Qué va a suceder con algunos de los pueblos del valle cuando construyan la presa?

3. ¿Qué harán sus habitantes?

4. Imagina que eres la autora del artículo. Expresa tus intenciones usando la estructura *pensar* + infinitivo.

CE 13 **14** Responde utilizando las estructuras que te proponemos.

1. ¿Qué planes tienes para el próximo verano? (*Ir a* + infinitivo).

2. ¿Qué harás cuando pertenezcas a Greenpeace? (*Pensar* + infinitivo).

3. Todos tenemos "firmes propósitos". ¿Cuál es el tuyo? (*Pensar* + infinitivo).

4. ¿Utilizarás todos los días el transporte público? (*Ir a* + infinitivo).

5. Acabas de crear una ONG. ¿Puedes explicarnos tus proyectos? (*Ir a* + infinitivo).

6. El ayuntamiento ha organizado unas jornadas ecológicas. ¿Cómo vas a colaborar tú? (*Pensar* + infinitivo).

7. ¿Qué haces la semana que viene? (Presente).

8. ¿A qué hora irás mañana a la reunión de nuestra asociación? (*Pensar* + infinitivo).

ámbito 1

15 Vais a crear una **ONG**. Explicad vuestros objetivos y elaborad una declaración de principios en la que aparezcan las medidas que vais a tomar.

El Gobierno va a subvencionar algunas ONG de nueva creación. Convencedlo de que la vuestra es importante para la sociedad.

16 ¿Qué vais a hacer vosotros para contribuir a mejorar el medio ambiente? Utilizad alguna de las estructuras que hemos estudiado: *ir a* + infinitivo, *pensar* + infinitivo o presente.

toma nota

> **Palabras con la misma pronunciación y escritura diferente**
>
> Hay palabras en español que se pronuncian igual, pero que se escriben de manera diferente. Este es el caso de se **cayó** (verbo *caerse*) y se **calló** (verbo *callarse*).
>
> Existen otras palabras cuya pronunciación es parecida, aunque su escritura es también distinta, como **ahí** (indica lugar), **hay** (verbo *haber*) y **¡ay!** (exclamación que expresa dolor o daño).

17 Describe las siguientes viñetas.

Otras palabras con la misma pronunciación y escritura diferente

ola (onda del agua) / hola (saludo)
ora (verbo *orar*; conjunción) / hora (parte del día)
baca (portaequipajes de un coche) / vaca (animal)
cabo (accidente geográfico; grado militar) / cavo (verbo *cavar*)
hierba (planta en general) / hierva (verbo *hervir*)
tubo (pieza hueca y cilíndrica) / tuvo (verbo *tener*)
haya (árbol; verbo *haber*) / halla (verbo *hallar*)
baya (fruta) / vaya (verbo *ir*) / valla (obstáculo)

18 Completa el siguiente texto con alguna de las palabras anteriores.

Ahora que estoy de vacaciones en la playa me encanta ver las .... a cualquier .... del día. Me levanto temprano y cargo mis cosas en la .... del coche. .... donde .... siempre llevo mi hamaca y un libro. Aparco el coche al lado de la moto de Rodríguez, un ...., compañero del ejército. ¡El pobre no .... suerte y ahora trabaja en una fábrica de ....!
Cuando llego, ... un poco para poner mi sombrilla y leo. Si me canso, me tumbo en la .... a ver las .... pastando. Eso sólo puedes permitírtelo si pasas tus vacaciones en Galicia.
Es bonito veranear aquí. Todo el mundo te dice .... cuando te ve por la calle y para esto no .... que conocerlos de nada. No me importa que no .... muchas comodidades. Yo mismo preparo mi comida con lo que pesco. No es que .... siempre pescado: lo congelo y así tengo comida guardada.
A veces, la falta de fruta fresca la compenso con unas .... silvestres que cojo en un bosque cercano, aunque, como es propiedad privada, tengo que saltarme alguna ....

ámbito 1

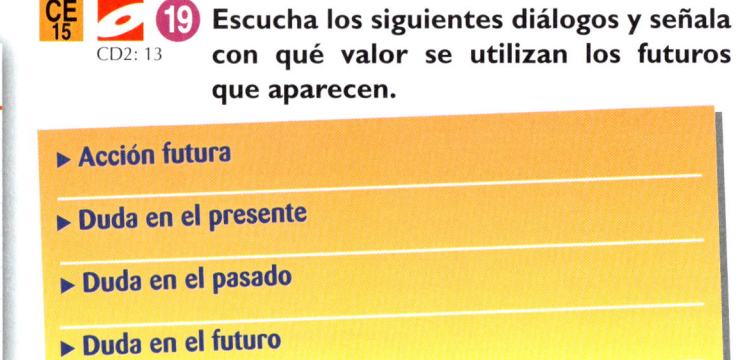

> ▶ **FUTURO SIMPLE: VALORES**
>
> Acción futura
> *Mañana comenzará la huelga de transportes.*
> Probabilidad en el presente
> 1. *Tendrá algún problema.*
> 2. *Supongo / imagino / creo que estará en la facultad.*
> Probabilidad en el futuro
> *Supongo / imagino / creo que llegará al amanecer.*

19 Escucha los siguientes diálogos y señala con qué valor se utilizan los futuros que aparecen.

- ▶ Acción futura
- ▶ Duda en el presente
- ▶ Duda en el pasado
- ▶ Duda en el futuro

20 El inspector Gutiérrez está investigando la vida de la Sra. Solís, esposa del magnate del petróleo José Sarmiento. Después de una semana, hoy, 10 de agosto, ha perdido su rastro, pero ha conseguido colarse en su habitación. Esto es lo que ha encontrado.

17/8 para Santo Domingo

Le invitamos a la inauguración de nuestra tienda de modas que tendrá lugar el día 10 de agosto

«Reunión de accionistas:
15/8; 9 h mañana. Sede Central»

*Te espero esta tarde para hablar.
Rebeca*

10/8:
Cita con R. K. en su apartamento

15/8:
Comer con R. K. (ultimar detalles)
17/8:
Banco (12 €)

CLUB DEPORTIVO
VALEDERO PARA EL MES DE AGOSTO

1. ¿Qué crees que está haciendo ahora la Sra. Solís?
2. ¿Qué crees que hará la próxima semana?
3. ¿Qué sabes que hará la próxima semana?

ámbito 1

21 Imagina que damos un gran salto en el tiempo: estamos en el año 2120. ¿Qué cambios crees que se habrán producido? Piensa por ejemplo en…

- la alimentación
- el ocio y la diversión
- las comunicaciones
- la medicina
- el transporte
- las relaciones familiares
- la educación
- el medio ambiente

¿Cómo será la vida en la Tierra? ¿Seguiremos hablando de la protección medioambiental o habremos mejorado tanto que no habrá necesidad de ello? Escribe tus respuestas.

toma nota

22 Fijaos en el mapa y leed la información que aparece junto a él. Elegid al menos cuatro lugares y elaborad vuestra propia ruta.

1. **Caión.** Se asienta sobre una península tan pequeña que en su superficie solo caben una plaza rectangular y unos pocos edificios.

2. **Malpica de Bergantiños.** Una interesante excursión consiste en caminar hasta la ermita de San Adrián. Si aún quedan fuerzas, hay que animarse a continuar hasta la punta del cabo. Desde aquí se domina una buena panorámica de las islas Sisargas, relevante espacio natural.

3. **Ponteceso.** Muy cerca de Ponteceso se encuentra la playa de Balarés, formada por un interesante conjunto de dunas que el viento hace avanzar continuamente.

4. **Laxe.** Una enorme playa de más de un kilómetro y medio se extiende desafiando a los vientos.

5. **Muxía.** En el Santuario de Nuestra Señora de la Barca, lugar de peregrinación cada vez más ligado al Camino de Santiago, destaca su retablo construido entre 1719 y 1720.

6. **Fisterra.** Muy cerca se sitúa el cabo del mismo nombre. Este lugar continúa envuelto en un aura de misterio que contagia por igual a los peregrinos y a los turistas que acuden a contemplar las inolvidables puestas de sol sobre el océano.

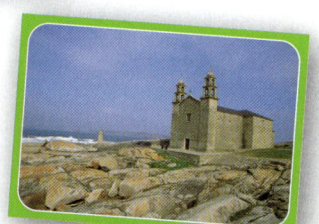

Estaca de Bares

Puerto pesquero de Camelle

Corcubión

Santuario de Nuestra Señora da Barca (Muxía)

Iglesia de San Marcos (Corcubión)

Fisterra

noventa y siete **97**

ámbito 2 ¿Qué haremos mañana?

1 El programa *Saber viajar* ha proporcionado varios consejos que debemos seguir antes de salir de vacaciones. Tu amigo te cuenta los que recuerda.

1. *(Hacer, tú)* .... las maletas con antelación.
2. No *(decir)* .... a mucha gente que sales de viaje.
3. *(Dejar)* .... la llave del buzón a algún conocido para que saque periódicamente tu correo.
4. No *(bajar)* .... totalmente tus persianas. Dará la impresión de que hay alguien.
5. *(Desconectar)* .... todos los aparatos eléctricos.
6. *(Cortar)* .... la luz y el agua.

▶ IMPERATIVO

regular afirmativo

tú	mir-a	cog-e	escrib-e
usted	mir-e	coj-a	escrib-a
vosotros	mir-ad	cog-ed	escrib-id
ustedes	mir-en	coj-an	escrib-an

regular negativo

tú	no mir-es	no coj-as	no escrib-as
usted	no mir-e	no coj-a	no escrib-a
vosotros	no mir-éis	no coj-áis	no escrib-áis
ustedes	no mir-en	no coj-an	no escrib-an

irregulares

- Los verbos que son irregulares en presente de indicativo tienen las mismas irregularidades en imperativo.
- Los verbos *decir, ir, hacer, poner, oír, tener* y *salir* son irregulares en la 2.ª persona del singular (tú): di, ve, haz, pon, oye, ten, sal.

uso con pronombres

1. La forma afirmativa lleva los pronombres detrás del verbo y forma una sola palabra. Al añadir sílabas se forman palabras esdrújulas o sobresdrújulas, que siempre llevan acento gráfico:

   mira - mírala   coge - cógela
   escriba - escríbalos   manda - mándamelos

   La forma negativa lleva los pronombres delante del verbo:
   no lo mires   no se lo digas   no os sentéis

2. Cuando hay un pronombre complemento directo y otro complemento indirecto, se coloca primero el indirecto y después el directo:

   dínoslo   lávatelos   díselo

3. Con los verbos pronominales, la 2.ª persona del plural (vosotros) pierde la *-d*:

   sentaos   marchaos   levantaos

▶ PRESENTE DE SUBJUNTIVO

regular

yo	am-e	tem-a	part-a
tú	am-es	tem-as	part-as
él	am-e	tem-a	part-a
nosotros	am-emos	tem-amos	part-amos
vosotros	am-éis	tem-áis	part-áis
ellos	am-en	tem-an	part-an

irregulares

- Los verbos con irregularidad consonántica en el presente de indicativo presentan la misma irregularidad en presente de subjuntivo, aunque en este caso se extiende a todas las personas.
- Los verbos con irregularidades vocálicas en presente de indicativo tienen, en general, las mismas irregularidades en subjuntivo (E > IE, O > UE, U > UE); en algunos casos, estas irregularidades se extienden a todas las personas (E > I, U > UY).

2 Completa el siguiente anuncio con los verbos adecuados.

Me gusta que (reírse) .... Me gusta que (evadirse) .... Me gusta que (leer) .... un libro. Me gusta que (descansar) .... Me gusta que (disfrutar) .... de los tuyos. Me gusta que (relajarse) .... Me gusta que (probar) .... nuevas experiencias. Me gusta que (renovar) .... energías.
POR ESO, NO TE ABURRAS: HAZ TURISMO RURAL.

ámbito 2

3 ¿Qué conoces de estas ilustraciones?

suena bien

4 Vamos a practicar los sonidos que escuchamos en el ámbito anterior: [-d-], [-r-] y [-l-]. Lee el siguiente texto en voz alta.

Ada trabaja en una agencia de viajes. Está cansada de que todo el mundo le pida una pila de cosas. Algunos quieren ir a una cala, a un hotel que no sea caro y que esté de moda, ¡tendrán cara! Otros clientes de medio pelo piden que sea una cura mágica y que la cuenta no sume muchos ceros. También encuentra muchos pirados, se les cala enseguida; si cede con ellos, lo lleva claro. Con los que las cosas van como la seda son con los que tienen pelas. Los viajes más caros y que más molan son para ellos.

5 Señala las palabras que escuches.

CD2: 14

1. ara
   hada
   ala

2. cero
   cedo
   celo

3. moda
   mora
   mola

4. lira
   lida
   lila

5. muro
   mulo
   mudo

6. pero
   pelo
   pedo

7. hora
   oda
   ola

6 Juego de las palabras encadenadas. Uno de vosotros va a decir una palabra que contenga *d, r* o *l*, y otro compañero encadenará la última sílaba de esa palabra con otra que, a su vez, contenga estos sonidos. Por ejemplo: *cada-dala-lara-raro…*

7 Numera estas palabras según el orden en que las escuches.

CD2: 15

- poro
- boda
- todo
- toro

- polo
- coro
- boro
- bolo

- podo
- sola
- queda
- soda

ámbito 2

▶ LAS ORACIONES TEMPORALES

Expresan el momento en el que sucede la acción expresada por el verbo principal:

v. princ.	conector temporal	v. subordinado
■ presente / pasado	cuando	indicativo: *Me acosté en cuanto llegué a casa.*
	en cuanto	
+	desde que +	
■ futuro	cada vez que	subjuntivo: *Iremos de excursión cuando venga Elena.*
	hasta que	

v. princ.	conector temporal	v. subordinado
■ presente / pasado / futuro	+ antes de que + después de que	subjuntivo: *Llegaron a casa antes de que me fuera.*

Si el sujeto del v. princ. es el mismo que el sujeto del v. subor., el v. subor. va en infinitivo:

antes de			*Hablé con el jefe antes de irme.*
después de	+	infinitivo	*Nos iremos después de volver del trabajo.*
al			*Vimos a tu hermano al salir de la escuela.*

---

8 Un grupo de estudiantes de español visita Andalucía. Escucha al guía y adivina dónde están y qué van a hacer hoy.

- ¿En qué ciudad están? ....
- ¿Qué van a visitar? ....
- ¿A qué hora abren? ....
- ¿Dónde llegarán cuando suban la cuesta de Gomérez? ....
- ¿Qué pueden hacer hasta que abran? ....
- ¿En qué momento dará el guía una breve explicación? ....
- ¿Qué harán antes de comer? ....
- Al terminar de comer, ¿se quedarán en los jardines? ....
- ¿Cuáles son las recomendaciones gastronómicas del guía? ....

Conectores temporales

cuando	sucesión y simultaneidad
mientras	simultaneidad
cada vez que	distribución y repetición
hasta que	límite final
desde que	límite inicial
en cuanto	sucesión inmediata
antes de que	anterioridad
después de que	posterioridad

9 Fíjate bien en los dibujos. ¿Qué conector crees que representan?

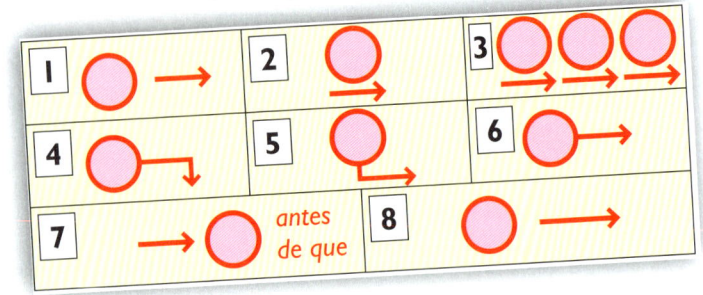

10 Tus amigos están planeando su próximo viaje a Valencia. Completa con los conectores temporales adecuados.

(Sucesión) .... lleguemos a Valencia, necesitaremos una buena guía. (Simultaneidad) .... preparamos el viaje, podemos decidir si vamos en tren o en autobús y (distribución y repetición) .... nos reunamos, podremos preparar el recorrido por la ciudad. (Anterioridad) .... salgamos, ya habremos elegido el hotel donde vamos a dormir. No importa que sea caro. (Sucesión inmediata) .... lleguemos, iremos a él; (anterioridad) .... se haga de noche y (posterioridad) .... dejemos las cosas, saldremos para Valencia.

ámbito 2

11 Aquí tienes más información sobre este viaje a Valencia. Sugiéreles algunas ideas para que su viaje salga bien.

Ej.: *Antes de salir comprad la Guía X.*

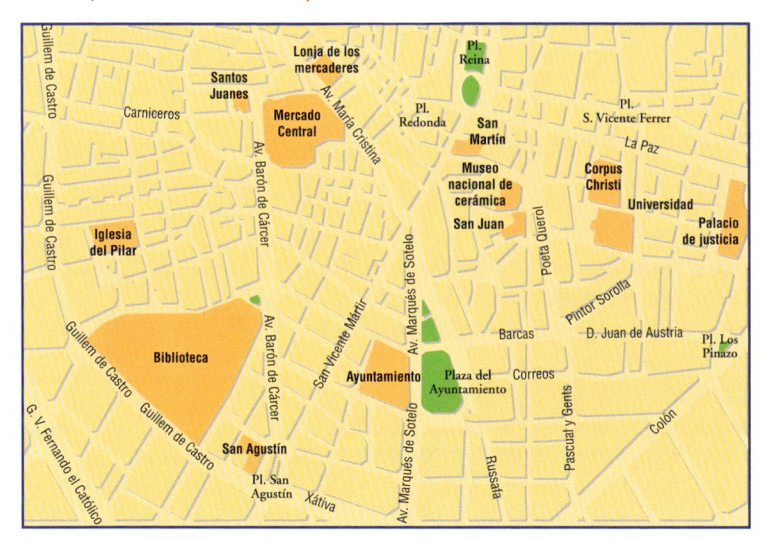

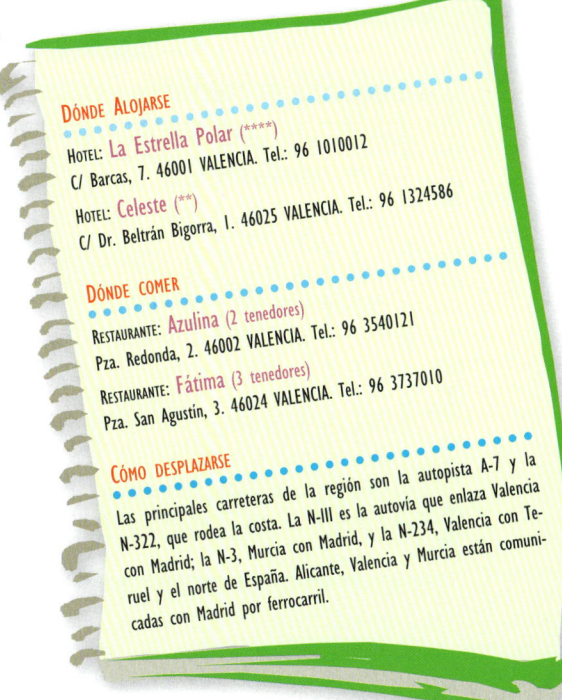

DÓNDE ALOJARSE

HOTEL: La Estrella Polar (****)
C/ Barcas, 7. 46001 VALENCIA. Tel.: 96 1010012

HOTEL: Celeste (**)
C/ Dr. Beltrán Bigorra, 1. 46025 VALENCIA. Tel.: 96 1324586

DÓNDE COMER

RESTAURANTE: Azulina (2 tenedores)
Pza. Redonda, 2. 46002 VALENCIA. Tel.: 96 3540121

RESTAURANTE: Fátima (3 tenedores)
Pza. San Agustín, 3. 46024 VALENCIA. Tel.: 96 3737010

CÓMO DESPLAZARSE

Las principales carreteras de la región son la autopista A-7 y la N-322, que rodea la costa. La N-III es la autovía que enlaza Valencia con Madrid; la N-3, Murcia con Madrid, y la N-234, Valencia con Teruel y el norte de España. Alicante, Valencia y Murcia están comunicadas con Madrid por ferrocarril.

Expresar gustos

Me gusta..., me encanta...
No me gusta nada..., odio..., detesto...
Prefiero...

12 Opiniones para todos los gustos. Elige una de las posibilidades y justifica tu elección estableciendo comparaciones.

Ej.: *Me gusta más el hotel de la derecha que el de la izquierda porque siempre paso mis vacaciones en el mar. Es un hotel pequeño.*

toma nota

Acentuación en verbos + pronombres

Cuando añadimos los pronombres personales *(me, te, se, nos, os, le, lo, la, les, los y las)* a los verbos, podemos tener palabras con tilde o acento gráfico en la penúltima sílaba (palabras esdrújulas) o en la que va delante de esta (palabras sobresdrújulas):

dámelo (esdrújula), *mándamelo* (sobresdrújula)

Si el verbo lleva tilde, esta puede desaparecer al añadir el pronombre:

propón / proponlo

13 Transforma estas frases sustituyendo las palabras en cursiva por pronombres.

1. Aproveche *esta gran oportunidad*.
2. Contad *esto a vuestros amigos*.
3. Pon *alas a tus pies*.
4. Sube *la maleta* al tren.
5. Hágase *la prueba* inmediatamente.

ciento una **101**

▶ ORACIONES CONDICIONALES

Expresan una condición para que se cumpla la acción del verbo principal.

- **Condición en el pasado.**
  si + pasado + pasado:
  Si hacía buen tiempo, íbamos a la playa.
  cuando + pasado + pasado:
  Cuando hacía buen tiempo, íbamos a la playa.

- **Condición para que se cumpla una acción atemporal.**
  si + presente + presente:
  Si llueve, cojo el paraguas.
  cuando + presente + presente:
  Cuando llueve, cojo el paraguas.

- **Condición en el futuro.** *si* + presente + futuro: *Si tengo dinero, iré a París.*
- **Condición para una orden.** *si* + presente + imperativo: *Si llegas pronto, prepara la comida.*

En estos casos, el conector *cuando* expresa al mismo tiempo la condición y el momento:
Cuando hacía sol, bajábamos a la playa. → *Si hacía sol, bajábamos a la playa.*
↘ *En los momentos en que hacía sol, bajábamos a la playa.*

CE 11, 12, 13

14 Turismo alternativo. ¿En qué condiciones elegirías cada una de estas opciones?

Ej.: *Si tengo mucho dinero, viajaré a la Antártida.*

Convivencia con tribus indígenas

Desde hace más de doce años la antropóloga estadounidense Irma Turtle introduce a pequeños grupos de viajeros de todo el mundo en las costumbres y tradiciones de pueblos nómadas o tribus indígenas. Desde el Sahara con los tuaregs hasta Níger con el pueblo wodaabe. El precio por persona es de unos 3.305 € para viajes que duran entre 14 y 18 días.

La Antártida en diciembre

Adventure Network International (ANI) organiza sus viajes sólo en los meses de noviembre y diciembre en la Antártida. Desde 1985 prepara expediciones de tres semanas con trineos de perros y motos de nieve. Este año incluye vuelos en avioneta y globos aerostáticos sobre el monte Winson y las montañas Ellsworth.

Estancia en un monasterio

La agencia Otros Mundos organiza estancias de una semana en el monasterio de Yuclo. Atención, solo admiten hombres. Precios a convenir con el padre prior. Si buscas un sitio donde relajarte y escapar del ruido y la contaminación, este es el lugar ideal. Incluye excursiones a la sierra de Pinares.

ámbito 2

15 Indica tus preferencias.

- Vacaciones tradicionales o vacaciones alternativas
- Al mar o a la montaña
- Solo o en pareja
- Temporada alta o temporada baja

16 Imaginad que habéis hecho un viaje recientemente. Reconstruidlo entre todos por orden cronológico siguiendo el esquema.

1. Los datos fundamentales:
- ¿cuándo?
- ¿cómo?
- ¿dónde?
- ¿por qué?

2. Los hechos uno a uno:
- ir al aeropuerto
- ir al hotel
- intentar ducharse (problemas con el agua caliente)
- salir a dar un paseo, etc.

3. El relato de los hechos:
- ir al aeropuerto:
A las siete llegamos al aeropuerto y a las ocho nos montamos en el avión. En cuanto despegó nos dieron el desayuno.

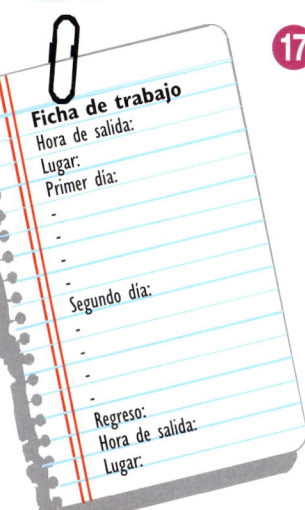

Ficha de trabajo
Hora de salida:
Lugar:
Primer día:
-
-
-
Segundo día:
-
-
-
Regreso:
Hora de salida:
Lugar:

17 En grupos, describid a cada uno de los tipos de turistas que aparecen en las viñetas.

- ¿Cómo es?
- ¿Qué le gusta hacer?
- ¿Dónde se aloja?
- ¿Cómo viaja?

Ahora, preparad unas vacaciones "relámpago" para cada uno de los turistas anteriores. Para la planificación del viaje tened en cuenta las condiciones que pueden presentarse: *Si hace frío, hará…; si tiene dinero…*

toma nota

18 Con los datos y el plano que te proporcionamos, describe lo más detalladamente posible la ruta verde por los sotos[1] y cerros[2] de **Alcalá de Henares**.

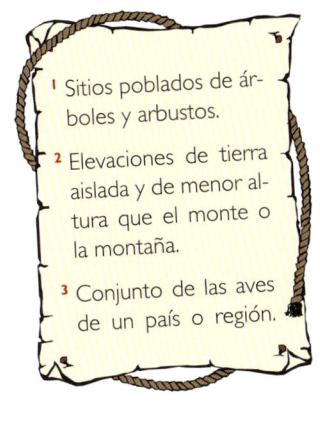

[1] Sitios poblados de árboles y arbustos.

[2] Elevaciones de tierra aislada y de menor altura que el monte o la montaña.

[3] Conjunto de las aves de un país o región.

Datos prácticos:

- **Situación:** al este de Madrid.
- **Cómo llegar:** desde Madrid o Guadalajara, por la N-II. En tren hasta Alcalá de Henares.
- **Punto de partida y llegada:** Ermita de la Virgen del Val, en Alcalá de Henares. Si se hace el viaje en tren, el apeadero de Meco; si se hace el viaje en coche, vuelta al mismo punto de partida.
- **Distancias / altitud:** unos 15 kilómetros por caminos a pie o en bicicleta / 580 metros.
- **Valores naturales:** alamedas. Diversidad de avifauna[3]. Vegetación estepraria.
- **Monumentos:** casco viejo de Alcalá de Henares. Castillo de Alcalá la Vieja. Ermita de la Virgen del Val. Restos de un poblado de la Edad del Bronce en el cerro Ecce Homo.

Empezamos la ruta en la Ermita Virgen del Val.

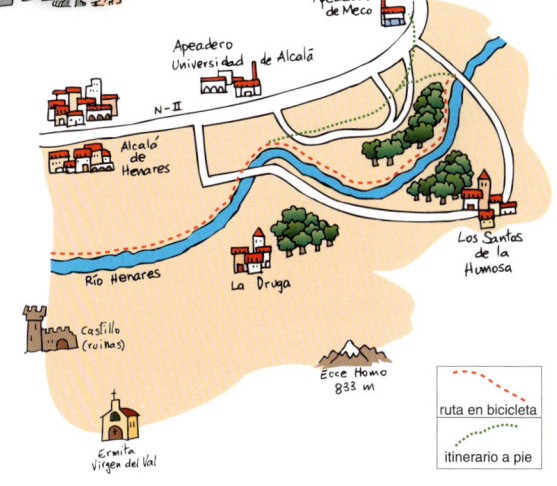

ciento tres **103**

A nuestra manera

LA RUTA DEL QUIJOTE

1. Puerto Lápice

Este recorrido por lugares que pertenecieron a los mundos imaginarios de Miguel de Cervantes arranca en Puerto Lápice, un pueblo que reúne las características que se irán repitiendo a lo largo de la ruta: casas civiles, paredes blancas y rejas ornamentales en las fachadas. En Puerto Lápice hay ventas cuyos nombres evocan diferentes pasajes y personajes de *El ingenioso hidalgo Don Quijote de la Mancha*. Una vez en Puerto Lápice conviene preguntar por la Sierrecilla, donde hay dos molinos de viento reconstruidos.

2. Madridejos

Aparece en la obra de Cervantes como posible punto de paso de Don Quijote en su camino a Puerto Lápice.

3. Alcázar de San Juan

Es un importante nudo de comunicaciones entre La Mancha y toda España. En el cerro de Los Molinos, en la salida del pueblo hacia Tomelloso, hay un conjunto de molinos en buen estado.

4. Campo de Criptana

Sobre una colina se recortan los diez molinos de viento que quedan de lo que fue, con 32 más, la mayor agrupación de La Mancha. Tres de ellos se remontan al siglo XVI y conservan intacta su maquinaria; la oficina de turismo se encuentra en otro de los molinos y en cuatro de ellos se han instalado diversas exposiciones sobre la cultura de la zona.

5. El Toboso

Para llegar a El Toboso hay que pasar antes por la N-420 y, después de 13 km aproximadamente, por Pedro Muñoz. En esta pequeña localidad todo gira en torno a Cervantes y *El Quijote*, gracias a la singular casa de Dulcinea, que en realidad perteneció a Ana Martínez Zarco. La casa es una reconstrucción de un caserón típico del siglo XVI en el que se conservan habitaciones al estilo de la época. En el Ayuntamiento se guardan ediciones de *El Quijote* en más de 30 idiomas.

ALREDEDORES

Argamasilla de Alba

Esta ruta quedaría incompleta si no se incluyera una excursión a Argamasilla de Alba: la cueva de Medrano, el lugar donde empezó a escribirse *El ingenioso hidalgo don Quijote de la Mancha*. La casa del bachiller Sansón Carrasco es un lugar de imprescindible visita.
Para llegar hay que salir de Alcázar de San Juan por la CM-400, en dirección a Tomelloso, a unos 30 km, para desde aquí recorrer 7 km más por la N-330 hasta Argamasilla de Alba.

DÓNDE DORMIR

Casa de la Barca
Antonio Machín, 6
El Toboso
Ciudad Real
tel. 926 06 43 58
fax 926 35 92 00

Casa de labranza del siglo XIX
La rehabilitación ha respetado el ambiente y la estructura de las antiguas casas manchegas. Muebles de estilo español, alfonsino y castellano, visillos bordados, llaves y cerrojos antiguos. La alcoba exhibe una cama espectacular con cabecero de bronce y forja.

DÓNDE COMER

Venta Rocinante
El Castillo, 7
Puerto Lápice
Ciudad Real
tel. 926 61 58 01
Cocina de la zona, con variedad de platos cervantinos.

Melibea
Paseo de los Curas, s/n
Alcázar de San Juan
tel. 926 44 91 34
Cocina sencilla y tradicional, basada en los productos locales.

Mesón los Gigantes
Cervantes, s/n
Mota del Cuervo
tel. 926 04 09 61
Prepara contundentes platos típicos de la más pura cocina manchega.

Don Quijote de La Mancha
Aunque Cervantes no aclara dónde nació su héroe, en la novela se mencionan diversas poblaciones. Don Quijote es armado caballero en una fonda de Puerto Lápice. Su amada, Dulcinea, vive en El Toboso. Parece ser que los molinos a los que se enfrenta creyendo que son gigantes son los de Campo de Criptana. Otra de las aventuras que se describe tiene lugar en la cueva de Montesinos.

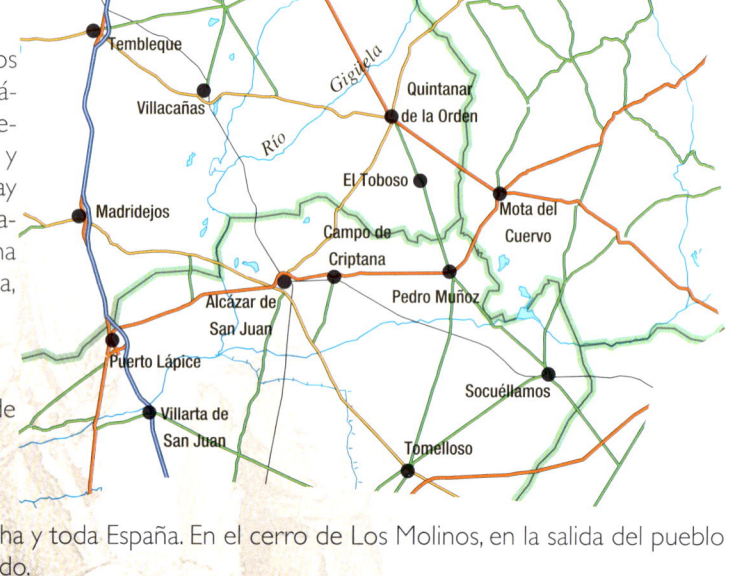

Recapitulación

Responde a este test sobre lo aprendido en la lección 6.

1. ¿Qué monumento puedo visitar en Granada? ....
2. ¿Qué significan las siglas ONG? ....
3. Si tengo dinero, ... a Estocolmo.
4. Enumera al menos dos puntos en la ruta del *Quijote*: ....
5. ¿Qué establecimiento tendrás que visitar para informarte acerca de un viaje? ....
6. Di a tu amiga que no se coma el jamón: ....
7. Transformar o aprovechar la basura para un nuevo uso o destino es ....
8. El conjunto de cosas que empleo para hacer una comida son los .... de una comida.
9. ¿Qué *(hacer)* .... las próximas vacaciones? Voy .... a Brasil.
10. Tu casa está vacía. ¿Dónde *(ir)* .... todo el mundo?
11. Localiza el error: *No te vallas. Pon el equipaje en la baca.*
12. Mi amiga *(salir)* .... esta tarde de vacaciones.
13. ¿Cuál es la comida típica de Valencia? ....
14. Completa: *(Sucesión)* .... lleguemos a Valencia necesitaremos un coche.
15. ¿Qué tipo de libro necesito para obtener información antes de hacer un viaje? ....
16. Completa: Cuando *(llegar)* .... la noche ya *(arder)* .... la mitad del monte.
17. Elige tu lugar de vacaciones: ....
18. ¿Cuál es el símbolo que aparece en los restaurantes para relacionar el precio y la calidad? ....
19. Si *(hacer)* .... buen tiempo, íbamos al campo.
20. Corrige: *Hagásela.*

COMPRUEBA LOS RESULTADOS

0-7 aciertos: ¿Has pensado seriamente en volver a leer la lección 6?

7-13 aciertos: No está mal, pero se podría mejorar.

13-20 aciertos: ¿Te gusta todo lo relacionado con viajes y medio ambiente o es que te has estudiado muy bien la lección?

---

1. La Alhambra
2. Organización No Gubernamental
3. Iré
4. Puerto Lápice y El Toboso
5. Una agencia de viajes
6. No te lo comas
7. Reciclar
8. Ingredientes
9. Harás; a ir
10. Habrá ido
11. Vayas
12. Sale o saldrá
13. La paella
14. Cuando
15. Una guía
16. Llegue; habrá ardido
17. Posible respuesta: Prefiero el mar o prefiero la montaña
18. El tenedor
19. Hacía
20. Hágasela

7 Cuidar el cuerpo y el espíritu

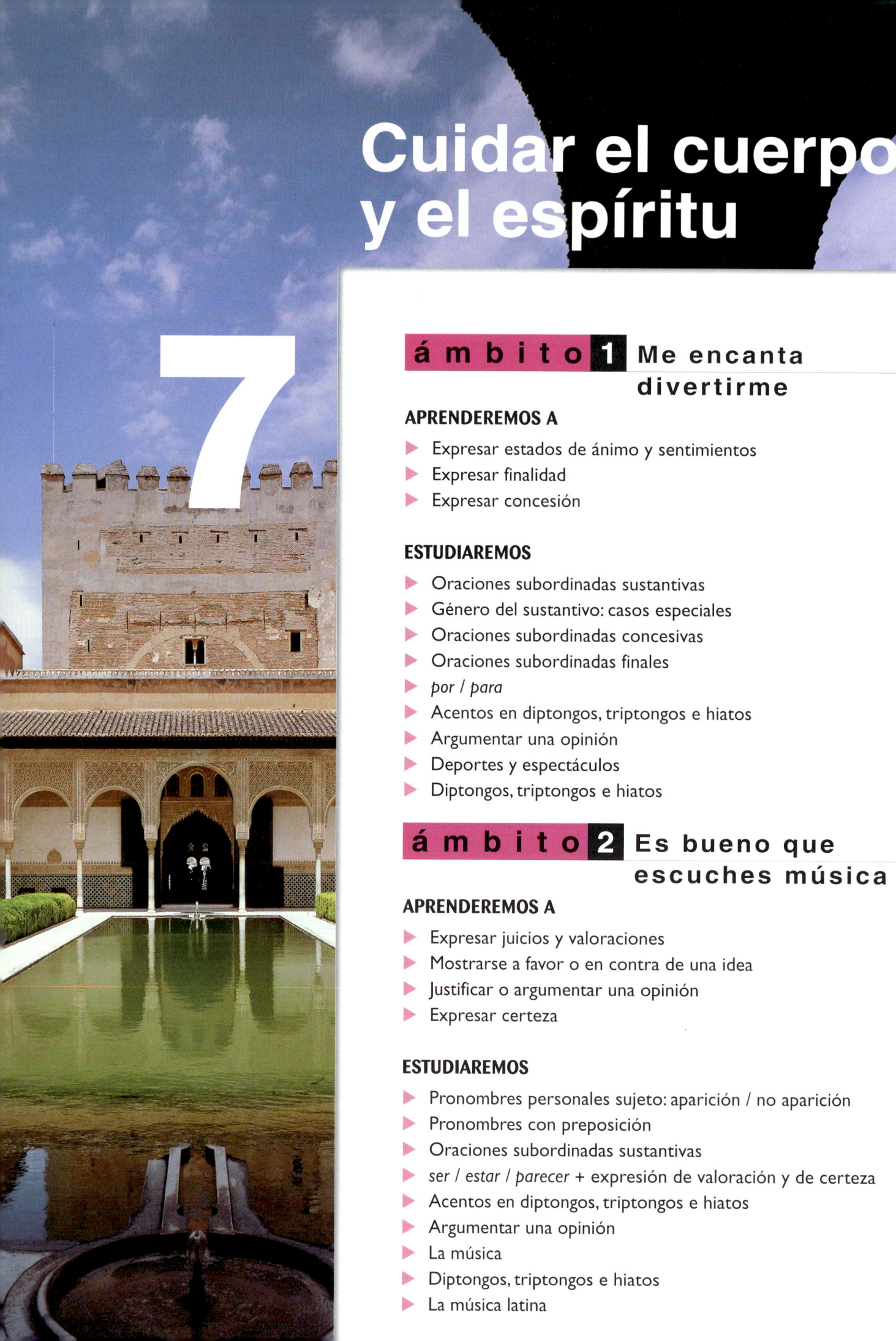

ámbito 1 Me encanta divertirme

APRENDEREMOS A

- Expresar estados de ánimo y sentimientos
- Expresar finalidad
- Expresar concesión

ESTUDIAREMOS

- Oraciones subordinadas sustantivas
- Género del sustantivo: casos especiales
- Oraciones subordinadas concesivas
- Oraciones subordinadas finales
- *por* / *para*
- Acentos en diptongos, triptongos e hiatos
- Argumentar una opinión
- Deportes y espectáculos
- Diptongos, triptongos e hiatos

ámbito 2 Es bueno que escuches música

APRENDEREMOS A

- Expresar juicios y valoraciones
- Mostrarse a favor o en contra de una idea
- Justificar o argumentar una opinión
- Expresar certeza

ESTUDIAREMOS

- Pronombres personales sujeto: aparición / no aparición
- Pronombres con preposición
- Oraciones subordinadas sustantivas
- *ser* / *estar* / *parecer* + expresión de valoración y de certeza
- Acentos en diptongos, triptongos e hiatos
- Argumentar una opinión
- La música
- Diptongos, triptongos e hiatos
- La música latina

ámbito 1 Me encanta divertirme

1 Relaciona las fotografías con los siguientes espectáculos y deportes.

1. teatro
2. cine
3. concierto de música:
   - 3.1. música moderna
   - 3.2. música clásica
4. baile o danza
5. musical
6. cabaré
7. ópera
8. fútbol
9. tenis
10. ciclismo
11. atletismo
12. baloncesto

▶ **EXPRESAR SENTIMIENTOS Y ESTADOS DE ÁNIMO**

■ sujeto v. princ. = sujeto v. subor. → **v. subor. infinitivo**
Me pone triste / alegre / contento… ver a mis amigos.
Siento / lamento no poder acompañarte a tu casa.
Me molesta / me preocupa / me da mucha alegría / me da miedo… viajar sola.

■ sujeto v. princ. ≠ sujeto v. subor. → ***que* + v. subor. subjuntivo**
Me alegra / entristece / satisface… que hayas conseguido ganar el premio.
Queremos / deseamos que os llevéis un buen recuerdo de este viaje.
Me asusta / me entristece… que no exista una verdadera conciencia social.

ciento siete **107**

ámbito 1

2 Preguntamos a estas personas que han asistido a un cine fórum sobre Almodóvar qué les ha parecido la película *Todo sobre mi madre*. Escucha atentamente y clasifica los sentimientos y opiniones de los entrevistados según sean positivos o negativos.

mujer 1 ...... positivos
mujer 2 ....
hombre 1 ....
mujer 3 ....
mujer 4 ....
hombre 2 ....

3 Expresa ahora tus sentimientos personales con respecto a las ideas de los entrevistados.

ME GUSTA
mujer 1 ....
mujer 2 ....
hombre 1 ....
mujer 3 ....
mujer 4 ....
hombre 2 ....

NO ME GUSTA
mujer 1 ....
mujer 2 ....
hombre 1 ....
mujer 3 ....
mujer 4 ....
hombre 2 ....

4 Completa las siguientes oraciones según tus preferencias o gustos sobre…

1. Tipo de películas: *Me gusta que las películas tengan mucha acción y un final feliz.*
2. Ópera: Prefiero ....
3. Conciertos de música moderna: Odio que los conciertos ....
4. Conciertos de música clásica: Me alegra que ....
5. Teatro: Me entristece ....
6. Actores, actrices de teatro, cine: Me encanta que los actores, las actrices ....
7. Espectáculos que menos te gustan: Odio .... porque ....
8. Espectáculos que más te gustan: Prefiero .... porque ....

5 Los españoles y el deporte.

Hoy en día a mucha gente le preocupa que el fútbol mueva tanto dinero; pero, a pesar de todo, es uno de los deportes más seguidos por televisión e, incluso, en el propio estadio. No obstante, hay otros deportes que nos encanta practicar: ir a un gimnasio o simplemente correr. El número de personas inscritas en centros privados ha aumentado en los últimos años.
Nos deprime que haya deportes tan caros y elitistas como el esquí o el golf. Quizás por ello sean bastante minoritarios en España.
Como deportistas destacados, a los españoles nos han dado muchas alegrías Miguel Induráin y Arancha Sánchez Vicario, dentro del ciclismo y del tenis, respectivamente.

Y tú, ¿qué deporte practicas? ¿Cuál es el que menos te gusta? ¿Eres seguidor de algún equipo o deportista?

ámbito 1

6 **Dime qué te gusta y te diré cómo eres.**

Haz este test a tu compañero. Luego él te lo hará a ti.

Conclusiones: mi compañero...

1. Te gustan las películas de amor, aventuras, acción, violencia...
2. Odias que las películas...
3. Eres fan incondicional de...
4. En música prefieres que...
5. Lloraste mucho con la película... cuando...
6. Tu deporte favorito es...
7. Cuando sales con tus amigos te gusta...
8. En tus ratos libres...
9. En cuanto a ti, te entristece que...
10. Te da miedo...
11. Te alegra que...

7 **Deportes de riesgo. Relaciona.**

Parapente
Consiste en volar con un paracaídas especial que permite permanecer más tiempo en el aire. Se despega desde la ladera de una montaña.

Escalada libre
Consiste en subir paredes de montañas de difícil acceso.

Paracaidismo
Consiste en saltar desde un avión en vuelo con un paracaídas.

"Puenting"
Consiste en lanzarse desde un puente con sólo una cuerda enganchada a un arnés ceñido a la cintura.

Descenso de cañones
Consiste en recorrer un cañón que ha sido formado por un río de poco caudal.

suena bien

Diptongos, triptongos e hiatos
- Los **diptongos**: dos vocales y una sola sílaba. Unión de una vocal abierta (*a, e, o*) y una cerrada (*i, u*) o de dos cerradas. Por ejemplo, *o-lim-pia-das*.
¡Ojo!: La *y* posee valor vocálico cuando se encuadra en una sílaba tras una vocal abierta. Ejemplo: *hoy*.
- Lo mismo sucede con los **triptongos**, formados por una vocal abierta entre dos cerradas. Ejemplo: *re-me-diéis*.
- Dos vocales (una abierta y otra cerrada) que pertenecen a sílabas distintas constituyen o forman un **hiato**.
Ejemplo: *pre-fe-rí-a*.
- También el encuentro de dos vocales abiertas es un **hiato**, es decir, se pronuncian en sílabas distintas. Ejemplo: *a-é-re-o*.

8 **Escucha las palabras siguientes. Debes separarlas en sílabas como en el ejemplo: es-tí-o.**

CD2: 18

1. voleibol
2. baile
3. estadio
4. actúan
5. después
6. sitúa
7. despreciáis
8. leía
9. ruido
10. ponéis
11. concierto
12. Paraguay
13. dúo
14. autor
15. estación
16. diana
17. lío
18. aún

9 **Clasifica las palabras del ejercicio anterior según tengan diptongos, triptongos o hiatos.**

diptongos ....
triptongos ....
hiatos ....

ciento nueve **109**

ámbito 1

▶ EL SUSTANTIVO: EL GÉNERO

sustantivos que permiten la alternancia masculino / femenino

1. Si el masculino termina en *-o, -e*, el femenino se forma sustituyéndolas por *-a*: *chico / chica; jefe / jefa*.
   Si el masculino termina en consonante, el femenino se forma añadiendo *-a*: *doctor / doctora*.
2. Algunos nombres forman el femenino añadiendo al masculino *-esa, -isa, -iz* e *-ina*: *el actor / la actriz, el poeta / la poetisa, el alcalde / la alcaldesa, el héroe / la heroína*.
3. Hay algunos sustantivos que tienen la misma forma para ambos géneros y marcan la diferencia mediante el artículo: *el / la pianista, el / la cantante, el / la cónsul*.
4. Algunos sustantivos diferencian el género mediante palabras diferentes: *la mujer / el hombre, el toro / la vaca, el caballo / la yegua*.
5. Algunas especies de animales marcan la diferencia de género añadiendo al sustantivo las palabras *macho* (para el masculino) y *hembra* (para el femenino): *el ratón macho / el ratón hembra*.

sustantivos que cambian de significado con el cambio de género

- el libro (para leer) / la libra (la moneda)   el puerto (marítimo) / la puerta (para entrar o salir)
- el clave (instrumento musical) / la clave (código)   el radio (elemento químico) / la radio (aparato que retransmite sonidos)

sustantivos que no permiten la alternancia masculino / femenino

- Son de género **masculino**
1. Las palabras terminadas en **-or**: *ordenador, tenedor, comedor*.
   Excepciones: *flor, labor*.
2. Muchas palabras terminadas en **-ma**: *drama, tema, programa*.
3. Las palabras terminadas en **-aje**: *maquillaje, abordaje*.

- Son de género **femenino**
1. Las palabras terminadas en **-ción, -sión, -zón**: *canción, natación, profesión, razón*.
   Excepciones: *corazón, buzón, tazón*.
2. Las palabras que terminan en **-d**: *juventud, verdad, libertad*.
   Excepciones: *ataúd, alud, abad, laúd*.
3. Las palabras que terminan en **-ez** y en **-sis**: *crisis, vejez, estupidez*.
4. Algunas palabras terminadas en **-o**: *mano, foto, moto*.

CE 10 **10 Completa las frases con los artículos.**

1. .... directora de esa película es Jane Campion.
2. Me encanta .... espectáculo de magia que está de gira por Europa.
3. ¿Qué te ha parecido ...... canción de Pavarotti?
4. .... protagonistas en el concierto fueron .... cantantes británicos.
5. Normalmente, en las olimpiadas participan .... deportistas más destacados de mi país.
6. El tenis es un deporte entretenido, pero es más emocionante .... natación.
7. ¿Cuál es .... nacionalidad de Steven Spielberg? Es estadounidense.
8. .... clave de esa película está en la historia.
9. .... *muerte del cisne*, representada por una compañía rusa, me encantó.
10. El decorado es magnífico. Aparece .... puerto con sus barcos a lo lejos, y en primer plano, ... puerta de la casa del marqués.

11 ¡Vamos a jugar! En grupos, y con ayuda del diccionario, buscad diez palabras. Vuestros compañeros tendrán que decir su género.

1. _____
2. _____
3. _____
4. _____
5. _____
6. _____
7. _____
8. _____
9. _____
10. _____

ámbito 1

> ▶ **ORACIONES SUBORDINADAS CONCESIVAS**
>
> Expresan una dificultad u obstáculo para la realización de la acción principal, la cual, no obstante, se cumple.
> - **aunque + indicativo**: la acción de la oración principal se entiende como un hecho real (sabemos que es verdad).
>   *Aunque estudia mucho, no aprueba.*
> - **aunque + subjuntivo**: la acción de la oración principal se entiende como un hecho posible (no sabemos si es verdad). *Aunque estudie mucho, no aprueba.*

12 Escucha los siguientes diálogos y di cuándo se habla de un hecho real y cuándo de un hecho posible.

13 Completa los diálogos.

A: ¿Has visto la última película de José Luis Cuerda?
B: No, no la he visto. No voy al cine, aunque *(gustarme)* .... mucho. Prefiero sacarlas del vídeo-club.
A: Pues yo voy todas las semanas. Aunque la película no *(interesarme)* .... demasiado, entro para ver qué tal está.

A: ¿Sabes si Enrique va a tocar con su grupo aquí el domingo?
B: No sé lo que hará, pero aunque *(tocar)* .... aquí, no pienso ir a verlo.
A: ¡Qué rencoroso! Yo sí voy a ir, aunque nunca *(escuchar)* .... nada de ellos.

A: Esta mañana he visto a Pilar y me ha dicho que quería hablar contigo para disculparse.
B: Pues aunque *(pedírmelo)* .... de rodillas, nunca se lo perdonaré.
A: No seas así. Ella va a hacer un esfuerzo, pues, aunque no *(creerlo)* ...., te quiere de verdad.
B: Sé que me quiere mucho, pero hay amores que matan.
A: Ella es así: aunque *(intentar)* .... cambiar, no lo consigue.

14 No todo es lo que parece.

1. Relaciona.

Aunque tiene pies, no anda.

Aunque vuela constantemente, no tiene alas.

Aunque pica, no tiene pico.

Aunque tiene cabeza, no piensa.

Aunque tiene hojas, no necesita agua.

2. En grupos, construye oraciones relacionadas con los dibujos, según el modelo de las anteriores.

ciento once **111**

ámbito 1

15 Cada oveja con su pareja. ¿Quién va con quién? Forma parejas y explica el porqué.

Acentuación en diptongos y triptongos

- Los **diptongos** y **triptongos**, puesto que constituyen una sola sílaba, siguen las reglas generales de acentuación y la tilde va siempre sobre la vocal abierta. Por ejemplo, la 2.ª persona del plural de los presentes de indicativo y de subjuntivo y el futuro de indicativo es aguda acabada en -s y ha de acentuarse: *encendéis / encendáis / encenderéis*.
- Los diptongos no se acentúan si no les corresponde por la posición que ocupan: *buena*.
- Las agrupaciones vocálicas *ay, ey, oy* con que finalizan algunos vocablos no llevan tilde a pesar de constituir diptongo.
- **ui** lleva tilde cuando lo exige su posición en la palabra. Por eso acentuamos *construí*, que es aguda acabada en vocal, mientras que queda sin acento *huir*, que finaliza en consonante.

---

16 Escribe el acento en las palabras que lo requieran.

1. distribui
2. direis
3. veis
4. cuatro
5. huesped
6. sucia
7. iniciais
8. cuidaselos
9. odiar
10. influir
11. despues
12. vayais
13. ciudad
14. comeis
15. Sebastian
16. eureka

ámbito 1

> ▶ **ORACIONES FINALES**
>
> Expresan la finalidad con la que se realiza la acción del verbo principal.
> - sujeto VP = sujeto VS → *para* + infinitivo: *Voy al teatro para disfrutar con la representación.*
> - sujeto VP ≠ sujeto VS → *para que* + subjuntivo: *Llevé a mi hija al teatro para que disfrutara con la representación.*

17 Completa las frases con los siguientes verbos: *ganar, conseguir, estar, recordar* y *ver*, y añade los elementos que creas necesarios.

Carl Lewis, deportista:
1. Practicaba atletismo para .... y ....

Consuelo Melgares, ama de casa:
2. Voy a la ópera para .... a ....

Pedro Pablo, músico y actor:
3. Como mejicano, mis espectáculos sirven para ....

Antonio Banderas, actor y director:
4. He dirigido mi última película para .... un ....

Rubén Ruiz, estudiante:
5. Practico el balonmano para .... en ....

18 Relaciona mediante flechas los nombres de deportes con las palabras que aparecen en la columna de la derecha.

▶ motociclismo	◀ gol
▶ atletismo	◀ canasta
▶ ciclismo	◀ raqueta
▶ natación	◀ bicicleta
▶ esquí	◀ piscina
▶ tenis	◀ moto
▶ baloncesto	◀ nieve
▶ fútbol	◀ maratón

19 Expresa finalidad. Ten en cuenta si el sujeto es el mismo (=) o no lo es (≠).

Ejs.: participar = ganar / carrera: *Participo para ganar la carrera.*
comprar / entradas ≠ ir / cabaret: *Compro (unas) entradas para que vayan al cabaret.*

1. coger / raqueta = jugar / tenis
2. conseguir / dinero ≠ comprar / moto
3. necesitar / coche = ir / piscina
4. lanzar / balón ≠ entrar / canasta
5. Enrique Pascual / entrenar / Abel Antón ≠ correr / maratón
6. Ronaldo / necesitar / marcar un gol = ganar / partido

ámbito 1

POR	PARA
■ causa	■ finalidad o destinatario
Este regalo es por tu cumpleaños.	*La harina es para hacer el pastel.*
■ tiempo	*Esta carta es para Julián.*
– Tiempo aproximado.	■ tiempo
Estaré allí por Navidades. No te preocupes.	– Indica fecha límite, plazo.
– Frecuencia. Equivale a *al / a la*.	*Iremos para (el día de) San José.*
Voy al gimnasio dos veces por semana.	■ espacio
■ espacio	– Movimiento en el espacio: destino.
– Movimiento en el espacio. Equivale a *a través de*.	*Voy para mi país.*
Hemos viajado por toda Europa.	■ opinión
– Localización aproximada.	*Para mí el culpable es Juan.*
Vive por tu barrio.	■ Puede servir para hacer **comparaciones**.
■ precio	*Para ser extranjero habla bien español.*
He comprado esto por 10 euros.	
■ sustitución	
He cambiado la chaqueta por un traje.	

20 Completa las frases con *por* o *para*.

1. Paso un reconocimiento médico todos los años .... estas fechas.
2. Quiero el disco terminado .... el miércoles.
3. Practica aerobic tres veces .... semana.
4. .... ser su primera actuación lo hace muy bien.
5. Mis proyectos son marcharme .... Ecuador.
6. El yoga sirve .... relajarse.
7. Durante la representación se cambió el vestido .... un traje de chaqueta.
8. Me he puesto esta ropa .... el frío.
9. Siempre te gusta colocarte .... el centro de la sala.
10. Nunca he comprado un regalo .... seis euros.

21 Relaciona los elementos de cada columna y forma todas las oraciones posibles.

Se ha puesto tan alegre
Me encanta que salgamos a cenar
El atleta está entrenando
Actuó
Me preocupa que
Siempre llama por teléfono

POR
PARA

estas fechas.
él nuestra amistad sea algo secundario.
todos los teatros de la capital.
nuestro aniversario.
su próxima prueba.
un autógrafo de su ídolo.

¿Cuántas has conseguido?

22 Fíjate en las viñetas e intenta explicar el significado de las expresiones marcadas.

¡Qué desastre! Ya son las nueve y toda la casa **está por limpiar**.

Estaba **para salir** cuando llamaron por teléfono.

¡Qué aburrimiento! **Estoy por llamar** a una amiga e irnos al teatro.

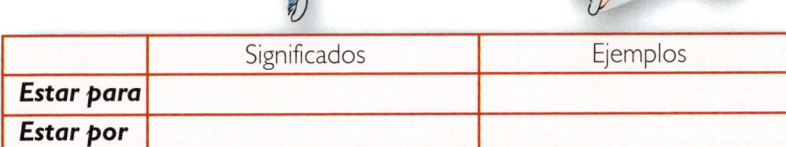

Completa el cuadro.

	Significados	Ejemplos
Estar para		
Estar por		

ámbito 1

23 **Espectáculo benéfico.**

En grupos de tres, organizad un espectáculo con fines benéficos.

Ej.: *Voy a organizarlo para que los necesitados de mi ciudad tengan un nuevo albergue.*

> ¿De qué tipo?
> ¿Dónde? ¿Cuándo?
> ¿Quiénes participarán o intervendrán? ¿Cómo?
> ¿Cuánto costará?
> ¿Para qué se va a utilizar el dinero recaudado? Busca, al menos, cinco fines:

24 **Tu compañero te va a describir el deporte que más le gusta y te va a explicar para qué es bueno. Intenta adivinar de cuál se trata.**

25 **A debate: "El fútbol en la televisión".**

> De los 15 programas de televisión más vistos en España durante la última temporada, 9 fueron partidos de fútbol; entre los 16 principales canales de televisión en Europa, 11 declaran que el fútbol genera el mayor número de telespectadores. El número de personas que vieron la final del campeonato mundial del año pasado por televisión fue de 2.000 millones.
>
> (*El País semanal*, número 1.195.)

Argumenta tu opinión de acuerdo con el siguiente esquema:

toma nota

> 1. Introducción al tema
> 2. Núcleo
>   2.1. Expresión de la opinión
>   *a favor / acuerdo /* idea A
>   *en contra / desacuerdo /* idea B
>   2.2. Razones que justifiquen la opinión
> 3. Conclusión / Resumen

26 **Lee el siguiente texto.**

> *Escribo para expresar mi acuerdo con el editorial publicado en el número 1.209, porque me parece estupendo que empiecen a aparecer artículos de moda que no sean solo para mujeres delgadas, dado que no todas somos así. Lo que no me parece tan bien es que una vez que se deciden a publicar algo así lo titulen: "Moda para mujeres grandes", porque no se corresponde con la realidad; solo hay que echar un vistazo a la calle para darse cuenta de que la gente normal no tiene las medidas que aparecen normalmente en las revistas.*

Escribe una breve redacción sobre "la moda y la delgadez" y argumenta tu opinión.

ámbito 2 Es bueno que escuches música

1 Escucha el texto y completa con los pronombres personales y con palabras relacionadas con la música.

CD2: 20

Si no existiera la ...., nuestra vida sería diferente. Sus .... y .... transforman todo lo que .... rodea, ponen .... y .... a nuestros recuerdos. La .... diluye de nuestra mente las preocupaciones; aporta luz, serenidad; expulsa las tensiones. .... siempre ha estado presente en mi vida; con .... he crecido y siempre .... ha aportado seguridad. Hay .... eternas; cuando .... escucho, el tiempo se detiene. Y ahora .... cuento todo esto porque quiero compartir con .... una emoción: me he decidido a ...., y en mi mente ya hay un .... que suena y suena sin parar.

Pronombres personales

sujeto	c. indirecto	c. directo	con preposición
yo	me	me	mí-conmigo
tú	te	te	ti-contigo
él-usted	le (se)	lo-la	él-usted
nosotros	nos	nos	nosotros
vosotros	os	os	vosotros
ellos-ustedes	les (se)	los-las	ellos-ustedes

2 Lee el siguiente texto y sustituye las palabras subrayadas por pronombres.

Después del trabajo escucho música. Enciendo mi equipo, elijo un CD y pongo <u>el CD</u>. Tengo aproximadamente 70. Mi mujer escucha música a mi lado. A <u>mi mujer</u> le encantan Stevie Wonder y Jamiroquai. A mí, Supertramp y Presuntos Implicados. <u>Mi mujer y yo</u> casi nunca vamos a conciertos. Vemos vídeos musicales en una cadena de televisión, la MTV. A veces grabamos <u>los vídeos</u> a nuestros amigos. También tengo un montón de viejos discos, pero hoy en día, prácticamente, ya no fabrican <u>discos</u>. Las casetes todavía siguen en el mercado; pero los CD han ganado la batalla. En mi coche tengo un radiocasete y ocho altavoces. La música siempre me acompaña.

3 En círculo: cada uno dice una frase y el compañero la transformará utilizando los pronombres.

Coge el CD → Cógelo.   Habla a Juan → Háblale.   Dale a tu amigo la invitación → Dásela.

▶ PRONOMBRE SUJETO: APARICIÓN / NO APARICIÓN	▶ PRONOMBRES CON PREPOSICIÓN
Hay casos de aparición obligatoria. ■ Identificación de personas: *¿Antonio Banderas? Sí, soy yo.* ■ Al contestar una pregunta dirigida a varias personas: *¿Quién sabe la respuesta? Yo la sé.* ■ Cuando no hay verbo (por ejemplo, con *también* y *tampoco*): *He visto a Pedro. Yo también.* *No soporto a ese actor. Yo tampoco.* ■ Para establecer un contraste con otros sujetos: *No quiero verte. Tú por un lado y yo por otro.* *Nosotros vamos a mi casa y vosotros os marcháis al concierto.* ■ Para evitar ambigüedad: *Él / ella / usted no opina nada* (cuando no sabemos qué persona es).	■ *entre / según* + *tú, yo*: *Según tú, este es el mejor teatro de Europa.* *Entre tú y yo no hay nada en común.* ■ *con*: *con* + *yo* = *conmigo*; *con* + *tú* = *contigo* *¿Quieres venir conmigo al cine?* ■ *con* + *él mismo* = *consigo mismo*. *Conmigo, contigo* y *consigo* no tienen el mismo valor y significado, pues *consigo* siempre significa "él con él mismo", mientras que *contigo* y *conmigo,* sólo a veces (en estos casos, es necesario que aparezca la palabra *mismo*). *Juan viene conmigo / Juan viene contigo / Juan viene con él.* *Hablo conmigo mismo / Hablas contigo mismo / Habla consigo mismo.*

ámbito 2

4 Completa los siguientes diálogos libremente.

MERCEDES: ....
RAQUEL: Yo no sé nada.
INÉS: ....
MERCEDES: Pues las dos teníais que saber ya algo.

MÓNICA: ¿Hacemos .... la comida?
TERESA: No, ... y tú limpias.

ANTONIO: ¿Irás con Miguel?
LUIS: Miguel y yo vamos juntos, es decir, él viene ....
MIGUEL: Sí, yo voy ....

5 Vamos a leer algunas informaciones sobre ciertos géneros musicales.

FLAMENCO
El flamenco hunde sus raíces en diferentes culturas: cantos gregorianos, griegos, sones africanos, melodías persas... En realidad, engloba el cante y el baile. El instrumento que se utiliza es la guitarra. Sus orígenes se remontan al siglo XVIII. Actualmente, en España hay varios cantantes que intentan acercarse al flamenco desde ritmos más modernos, como puede ser el jazz.

SALSA
Tiene su origen en una mezcla de ritmos africanos y caribeños. En sus melodías predominan los instrumentos de percusión. Una de las representantes más importantes de este género en la actualidad es Gloria Estefan.

MÚSICA MELÓDICA
Son composiciones musicales con letras relacionadas con el tema del amor. Melodías suaves y reposadas. En general, es un tipo de música comercial que triunfa en todo el mundo.

6 Formad grupos, pensad en estos otros géneros e intentad definirlos.

pop, rock, heavy, ópera, country, blues, jazz

Podéis tener en cuenta los siguientes aspectos:
- Tipo de ritmo.
- Instrumentos que se utilizan.
- Personas a las que suele gustar.
- Lugar de origen o del que es típico.
- Forma de ejecución (en grupo, en solitario...).
- Representantes famosos.

1. Ahora leed a vuestros compañeros la definición que habéis realizado. ¿Saben de qué género habláis?

2. Puesta en común: Gustos musicales del grupo. Responde a las siguientes preguntas:

- ¿Qué cantante te gusta más? ¿Cuál menos?
- ¿Qué género musical te interesa más? ¿Conoces otros géneros musicales?

suena bien

7 Escucha y repite las palabras que vas a oír.

8 Subraya y numera por orden las palabras que escuches.

estudiáis (triptongo)	actuéis (hiato + diptongo)	continuéis (hiato + diptongo)
limpiáis (triptongo)	continuáis (hiato + diptongo)	tuteéis (hiato + diptongo)
estudiéis (triptongo)	limpiéis (triptongo)	actuáis (hiato + diptongo)

9 Escribid en parejas una frase en la que aparezcan dos palabras que tengan un diptongo; a continuación, otra con dos palabras que tengan un triptongo y una tercera con dos palabras que tengan un hiato. Después leedlas en voz alta.

ámbito 2

10 ¡Cuidemos el espíritu!

> Es maravilloso saber tocar un instrumento musical.

> Es curativo escuchar música.

> Es relajante escuchar música porque nos ayuda a olvidar nuestras preocupaciones.

▶ **EXPRESAR JUCIOS Y VALORACIONES**

ser, estar, parecer + expresión de valoración (*necesario, malo, mejor, importante, aconsejable, útil, natural...*)
- Valoración general → VS infinitivo: *Es maravilloso escuchar música en casa.*
- Valoración sobre un sujeto particular → VS subjuntivo: *Es bueno que escuches música relajante.*

¿Cuáles son tus valoraciones sobre la música? Piensa, al menos, en tres y explica el porqué.

CE 8,9 — 11 Y tú, ¿cómo valoras la música en relación con los demás? Construye cinco frases siguiendo los modelos.

> ¿Es conveniente que nosotros hagamos cosas para potenciar la música o es necesario que solo los organismos públicos se preocupen por el tema?

> Es ridículo que nosotros potenciemos la música.

> Es preocupante que los organismos públicos no organicen más espectáculos de música clásica.

▶ **ARGUMENTAR UNA OPINIÓN**

Verbos de lengua, pensamiento y percepción (*contar, decir, comentar, explicar, pensar, opinar, ver, escuchar, oír...*)
- VP afirmativo → **VS indicativo**: *Creo que es / parece que es / pienso que es / digo que es...*
- VP negativo → **VS subjuntivo**: *No creo que sea / no parece que sea / no pienso que sea / no digo que sea...*

CE 10 — 12 Aquí tienes parte de la letra de una canción titulada *Un ramito de violetas*. Léela y contesta a las preguntas.

Era feliz en su matrimonio
aunque su marido era el mismo demonio.
Tenía el hombre un poco de mal genio.
Ella se quejaba de que nunca fue tierno.
Desde hace ya más de tres años,
recibe cartas de un extraño.
Cartas llenas de poesía
que le han devuelto la alegría.
¿Quién te escribía a ti versos, dime, niña,
quién era?

¿Quién te mandaba flores por primavera?
¿Quién, cada nueve de noviembre,
como siempre sin tarjeta,
te mandaba un ramito de violetas?
A veces sueña ella y se imagina
cómo será aquel que a ella tanto la estima.
Será más bien hombre de pelo cano,
sonrisa abierta y ternura en sus manos.

(...)

Y cada tarde al volver su esposo,
cansado del trabajo va y la mira de reojo;
no dice nada porque lo sabe todo.
Ella es así feliz, de cualquier modo.
Porque él es quien le escribe versos,
él es su amante, su amor secreto.
Y ella, que no sabe nada,
mira a su marido y luego se calla.

E. Sobredo, *Un ramito de violetas.*

1. ¿Crees que la protagonista es feliz?
2. ¿Te parece correcta su actitud?
3. ¿Piensas que ella debe hablar del tema con su marido?
4. En tu opinión, ¿el marido está enamorado de su mujer?

ámbito 2

13 ¿Recuerdas las opiniones sobre el tema de la música del ejercicio 10? Da tu opinión sobre las respuestas de tus compañeros.

Creo que es… / No creo que sea… Opino que es… / No opino que sea…
Pienso que es… / No pienso que sea… Digo que es… / No digo que sea…

Haz lo mismo con las que aparecían en el ejercicio 11.

14 Lee las siguientes opiniones y expresa la tuya.

Solo hay dos clases de música: la buena y la mala. La buena es la música clásica. La mala, el resto.

Paco Cebrián, 65 años, jubilado

Los niños ven violencia en las noticias de televisión, en el cine o en los dibujos animados. Esta violencia es para ellos un referente de la crueldad del mundo que los rodea, y desde muy jóvenes se conciencian de la necesidad de hacer algo para acabar con ella.

Carmela Silva, 41 años, psicóloga especializada en problemas de la infancia

Me parece mal que muchos futbolistas tengan contratos millonarios, mientras que otros deportistas no tienen dinero suficiente para dedicar todo su tiempo a entrenar.

Jesús Poncela, 34 años, entrenador de atletismo

Opino que la música comercial no es sinónimo de mala calidad.

Enrique Monleón, 23 años, estudiante

toma nota

Hiatos

Los **hiatos** de vocales abiertas se acentúan cuando les corresponde por su posición en la palabra: p**o**-**é**-ti-co.

Cuando coinciden una vocal abierta y otra cerrada y el acento recae en esta última (condición para que sea un hiato), es obligatorio poner tilde, sin importar la posición que ocupe en la palabra: d**í**-**a**.

El condicional de las tres conjugaciones y el pretérito imperfecto de la segunda (verbos en -er) y de la tercera (verbos en -ir) llevan tilde: amaría, comería, viviría, comía, vivía.

15 Completa con las palabras y escribe la tilde si es necesaria.

baul, mios, aeropuerto, ahi, seismo y eolico

16 Pon los acentos que faltan.

Gonzalo Benavides, mánager y productor musical: "Al principio no tenia mánager, luego sí y con el tiempo descubriria que era mejor no tenerlo: yo solo me movia mucho mejor; entonces fue cuando comencé a pensar que algún dia seria mánager. Los cantantes me preocupan como si fueran hijos mios".

ámbito 2

▶ **EXPRESAR OPINIÓN: CASOS ESPECIALES**

- VP imperativo afirmativo o negativo (órdenes)
- La oración es una pregunta afirmativa o negativa → VS siempre indicativo
- VP afirmativo o negativo + pronombre interrogativo indirecto

Piensa que esto es lo mejor. / No pienses que esto es lo mejor.
¿Os parece que esto es mejorable? / ¿No os parece que esto es mejorable?
Nos explicó por qué estaba en desacuerdo con ellos / No nos explicó por qué estaba en desacuerdo con ellos.

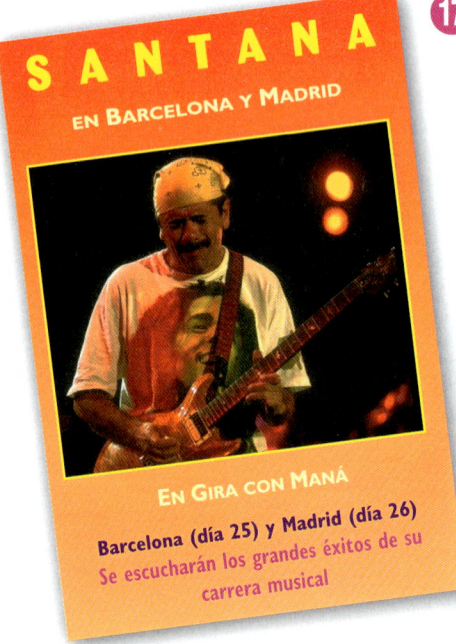

SANTANA
EN BARCELONA Y MADRID

EN GIRA CON MANÁ
Barcelona (día 25) y Madrid (día 26)
Se escucharán los grandes éxitos de su carrera musical

17 Echa un vistazo a esta cartelera musical.

Ejs.: *Nos cuenta dónde serán los conciertos.*
Nos explica cuándo serán los conciertos.
Nos dice cómo serán los conciertos.

1. Cantando bajo el sol, *en Madrid*
El espectáculo tendrá lugar en Madrid.
Los días 26, 28 y 30 de mayo.
Los actores principales son Margarita Robles y José Candor.

3. Gloria Estefan: disco
La compañía de discos es EPIC.
El día 27 sale a la venta.
Se trata de una recopilación de sus grandes éxitos.

2. Barcelona: acción musical
Los conciertos serán en Barcelona en la Plaza de la Catedral y la Plaza del Rey.
Los días 23, 24 y 25 de septiembre.
Actuarán Goram Bregovic, Beth Orton…
No cuestan nada. Son gratuitos.

4. U2: gira
Actúa en Cádiz, Sevilla, Madrid, Barcelona, Burgos y Vigo.
Los días 1, 2, 5, 7, 8 y 13.

CE 13 **18** ¿Qué informaciones faltaban en las frases del ejercicio anterior?

Ejs.: *No nos cuenta quién es el cantante del grupo. No nos dice cómo se llama el último disco del grupo. No nos explica en qué lugar exacto de Madrid y Barcelona van a actuar.*

1. Cantando bajo el sol	2. Barcelona: acción musical	3. Gloria Estefan: disco	4. U2: gira

Ahora, contesta a estas preguntas.

1. ¿Es verdad que *Cantando bajo el sol* puede verse el día 25?
2. ¿Es cierto que escuchar el concierto de Beth Orton cuesta 180 €?
3. ¿Es verdad que podemos comprar el disco de Gloria Estefan el día 25?
4. ¿Es cierto que U2 actúa en algunas ciudades de Andalucía?

▶ **EXPRESAR CERTEZA**

ser, estar, parecer + expresión de certeza (*cierto, verdad, obvio, evidente, claro…*)
VP afirmativo → VS **indicativo**:   *Es verdad que ella no sabe nada.*
VP negativo → VS **subjuntivo**:   *No es verdad que ella no sepa nada.*

ámbito 2

19 Completa las siguientes frases y di si estás o no de acuerdo.

1. .... claro que el *Submarino amarillo* (ser) .... una canción de los Beatles.
2. No .... verdad que en España sólo (escuchar) .... flamenco.
3. .... cierto que Alanis Morissette (pertenecer) .... al grupo de artistas de rock femenino que más ha vendido en la historia.
4. No .... claro que el estilo del grupo U2 (ser) .... el rock.
5. No .... evidente que Plácido Domingo (continuar) .... su carrera indefinidamente.
6. .... evidente que uno de los boleros más famosos (ser) .... obra de Maurice Ravel.

20 Música y tópicos.

A veces se relacionan ciertos géneros musicales, bailes o cantantes con un país, lugar o región determinados. Eso sucede en España con el flamenco, aunque no es verdad que el flamenco sea la música predominante. ¿Conoces otros casos similares?

21 ¿Recuerdas el último concierto al que asististe? Cuéntaselo a tu compañero.

22 Verdad o mentira.

Ej.: *Hoy hace mal día. Es evidente que hoy hace mal día.*

1. Estoy gordísima.
2. Todas las mañanas siento náuseas.
3. Me encanta la música celta, pero no voy a ningún concierto. Cuestan muy caros.
4. No…, si yo soy muy feliz.

toma nota

¿Los conoces?

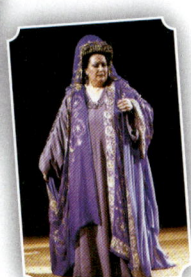

1. Julio Iglesias
2. Café Quijano
3. Abba
4. Montserrat Caballé
5. Beethoven
6. The Rolling Stones

23 Di qué música es para ti:

▶ La más aburrida: _____
▶ La más interesante: _____
▶ La más culta: _____
▶ La más "pasada de moda" (anticuada): _____
▶ Califica el resto según tus gustos e ideas. _____

Aporta varias razones para fundamentar tu opinión.

24 "La música moderna: manifestación artística o simple entretenimiento". Desarrolla tu argumentación sobre el tema en un mínimo de quince líneas.

A nuestra manera

El poder latino

En el mundo hispano hay diversos géneros musicales y una gran cantidad de artistas de fama internacional. Son ejemplos de ello el mexicano Luis Miguel, representante del bolero[1] "rejuvenecido", y Gloria Estefan, cubana que canta en inglés y en español y que lleva la salsa[2] por todo el mundo.
Ahora vienen "pisando fuerte" los grupos de rock.

[1] *Aire musical español cantable y bailable en compás ternario y de movimiento majestuoso.*
[2] *Ritmo musical cubano.*

Un clásico

El tango: baile, música y letra argentinos pero difundidos internacionalmente. El baile, de pareja enlazada. La música utiliza el bandoneón[1] y las letras de las canciones se suelen relacionar con elementos de la vida urbana. En definitiva, es un folclore urbano, como el fado lisboeta. El tango nació en el siglo XIX en los arrabales[2] de Buenos Aires. La figura mítica relacionada con el tango es Carlos Gardel.

[1] *Variedad de acordeón, de forma hexagonal y escala cromática, muy popular en Argentina.*
[2] *Cualquiera de los sitios extremos de una población.*

La carrera de Gardel empezó en Buenos Aires, cuna del tango, adonde su madre lo llevó desde Francia cuando aún era un niño. El primer disco de Gardel, *Mi noche triste*, de 1917, fue un éxito fulminante, en parte porque estaba cantada en lunfardo[1], lo que la hacía muy atractiva para la sociedad más pobre de los cafés, el público original de los tangos. Esta canción marcó un nuevo rumbo para el tango. En 1925 viajó a París y, desde allí, su fama provocó la fiebre del tango por todo el mundo. Gardel puso de moda la imagen del prototipo del tango: pelo negro y engominado peinado hacia atrás, trajes de líneas marcadas y sonrisa ardiente. Sus más preciadas canciones siguen siendo *Mi Buenos Aires querido* y *El día que me quieras*. A finales de los años veinte, era una estrella internacional bastante acaudalada, con varias películas en su haber, como *Tango en Broadway* (1934). Su muerte en un accidente de aviación cuando se dirigía a Colombia para ofrecer un espectáculo fue una tragedia para Argentina y marcó el comienzo del culto al ídolo. En su funeral en Buenos Aires se congregó la mayor multitud que se haya visto jamás en Argentina.

[1] *Jerga que originariamente empleaba, en la ciudad de Buenos Aires y sus alrededores, la gente de mal vivir. En parte, se difundió, posteriormente, por las demás clases sociales y por el resto del país.*

Recapitulación

Batería de preguntas

1. Nombre de un deporte y de un / una deportista que haya destacado en él.
2. Canasta de tres puntos por encestar desde fuera del semicírculo (avanza tres casillas).
3. Cita alguno de los cantantes que aparecen en el ámbito 2 y tararea una canción suya.
4. ¿Cuántos jugadores tiene un equipo de baloncesto?
5. ¿Qué profesión tiene Luis Miguel?
6. ¿Cuántas sílabas tiene la palabra *concierto*?
7. Pasos: retrocede una casilla.
8. Falta por empujón a un adversario: dos turnos sin jugar.
9. El femenino de *actor* es...
10. ¿La palabra *iniciais* lleva tilde?
11. ¿Cuánto dura un partido de baloncesto?
12. Canasta de dos puntos: avanza dos casillas.
13. ¿Es cierto que el fútbol despierta grandes pasiones?
    ¡Ojo! No vale contestar sólo con *sí* o *no*.
14. Tiempo muerto. Di una palabra que tenga un hiato.
15. ¿En qué país piensas cuando oyes hablar del tango?
16. Tiro libre: tira otra vez.
17. Ayer le grabé un vídeo musical a mi hermano. Ayer .... grabé.
18. ¿De qué material está hecho un balón de baloncesto?
19. ¿Es cierto que Berlanga dirigió *Todo sobre mi madre*?
20. Me encanta que la gente sea amable. ¿Y a ti?
21. Julio Bocca es un .... argentino. Su espectáculo me encantó.
22. ¿Es verdad que en España sólo escuchan flamenco?
    ¡Ojo! No vale contestar sólo con *sí* o *no*.
23. ¿En qué prueba se corren más de 42 kilómetros?
24. Descanso: baila algún baile típico de tu tierra.
25. ¿Para qué es bueno hacer deporte?
26. Di el nombre de un deporte de riesgo.
27. Estoy seguro: aunque *(él / conocer)* .... a mucha gente, se siente solo.
28. Tiro adicional: tira de nuevo.
29. Es aburrido quedarse en casa todos los sábados por la noche. Es aburrido que la gente...
30. "Hace mucho tiempo que no entreno. Estoy para ir a correr un poco." ¿Hay algún error gramatical?
31. Lesión. Te has hecho daño en un pie: un turno sin jugar.
32. No me gusta que me peguen. ¿Y a ti?
33. ¿Qué tipo de espectáculo prefieres: ópera o teatro?
34. ¿Cuál es la distancia a partir de la cual la canasta se considera de tres puntos? (Avanza tres casillas)
35. Contesta negativamente: ¿Te contó qué había hecho después del concierto?
36. Final de partido: has ganado.

Hoy ceno con mi jefe

8

ámbito 1 ¿Sería tan amable de...?

APRENDEREMOS A

- Expresar deseo y petición
- Justificar una petición
- Conceder o denegar permiso
- Expresar orden y mandato
- Dar instrucciones
- Expresar una acción futura en relación con un pasado

ESTUDIAREMOS

- El condicional: verbos regulares e irregulares
- Contraste entre presente, imperfecto y condicional
- Imperativo: usos
- Oraciones subordinadas sustantivas con verbos de orden y mandato
- Pronombres
- Siglas
- Anuncios: ofertas y solicitudes
- Tiendas, servicios públicos y hoteles

ámbito 2 Haz un curso de informática

APRENDEREMOS A

- Dar consejos
- Hacer valoraciones
- Expresar lo objetiva y subjetivamente necesario

ESTUDIAREMOS

- Imperfecto de subjuntivo
- Condicional de consejo
- Correlaciones temporales
- Pronombres relativos: *que, quien*
- Oraciones subordinadas de relativo
- Abreviaturas
- Anuncios: ofertas y solicitudes
- Léxico laboral
- Repaso de esquemas tonales básicos
- El mercado laboral en España

ámbito 1 ¿Sería tan amable de...?

1 Relaciona los objetos y símbolos de la izquierda con los lugares y personas de la derecha.

▶ **EXPRESAR DESEO Y PETICIÓN: LA CORTESÍA I**

Verbos *querer, poder, importar, molestar, dejar, permitir*
- Presente: es el tiempo más directo; carece de valor de cortesía.
    ¿Puedes decirme la hora?
- Imperfecto: se utiliza para expresar cortesía en situaciones de poca formalidad. Sólo se usa con algunos verbos: *desear, poder, querer…*
    ¿Podía indicarme dónde está el supermercado más próximo?

infinitivo / subjuntivo en la oración subordinada
- Sujeto v. princ. = sujeto v. subor. → v. subor = infinitivo.
    Quiero reservar una habitación.
- Sujeto v. princ. ≠ sujeto v. subor. → v. princ. + *que* + subjuntivo.
    Quiero que me reserven una habitación.

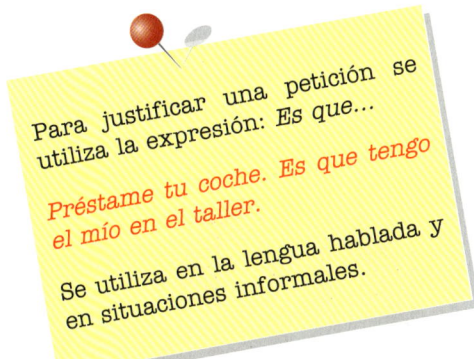

Para justificar una petición se utiliza la expresión: *Es que…*

Préstame tu coche. Es que tengo el mío en el taller.

Se utiliza en la lengua hablada y en situaciones informales.

ciento veinticinco **125**

ámbito 1

2 Expresa deseos y peticiones para los elementos del ejercicio 1 utilizando los siguientes verbos.

Ej.: *explicar / renovar: ¿Podría explicarme dónde hay una comisaría? Quiero renovar mi pasaporte.*

1. decir / enviar ....
2. dar / dormir ....
3. decir / llamar ....
4. saber / comprar ....
5. decir / comprar ....
6. decir / ir al servicio ....

3 Escribe el nombre de estos objetos y ubícalos en el plano.

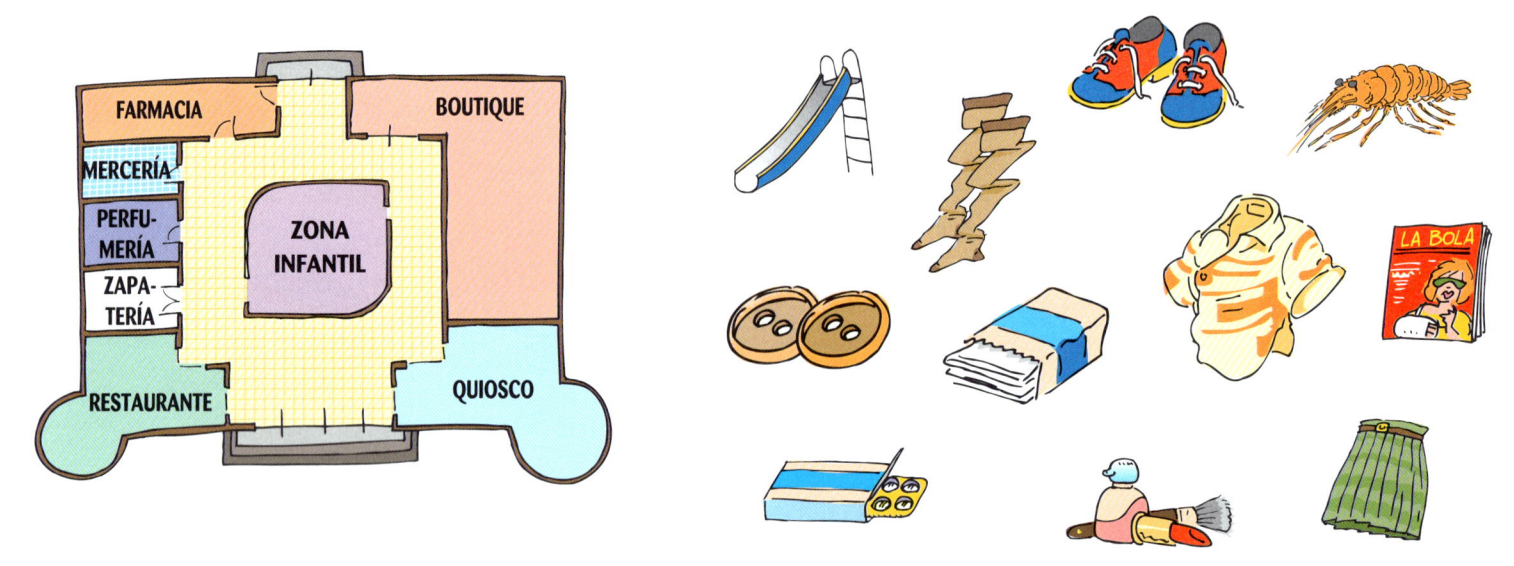

FARMACIA — BOUTIQUE — MERCERÍA — PERFUMERÍA — ZAPATERÍA — ZONA INFANTIL — RESTAURANTE — QUIOSCO

4 Haz las peticiones cortésmente y utiliza el vocabulario anterior.

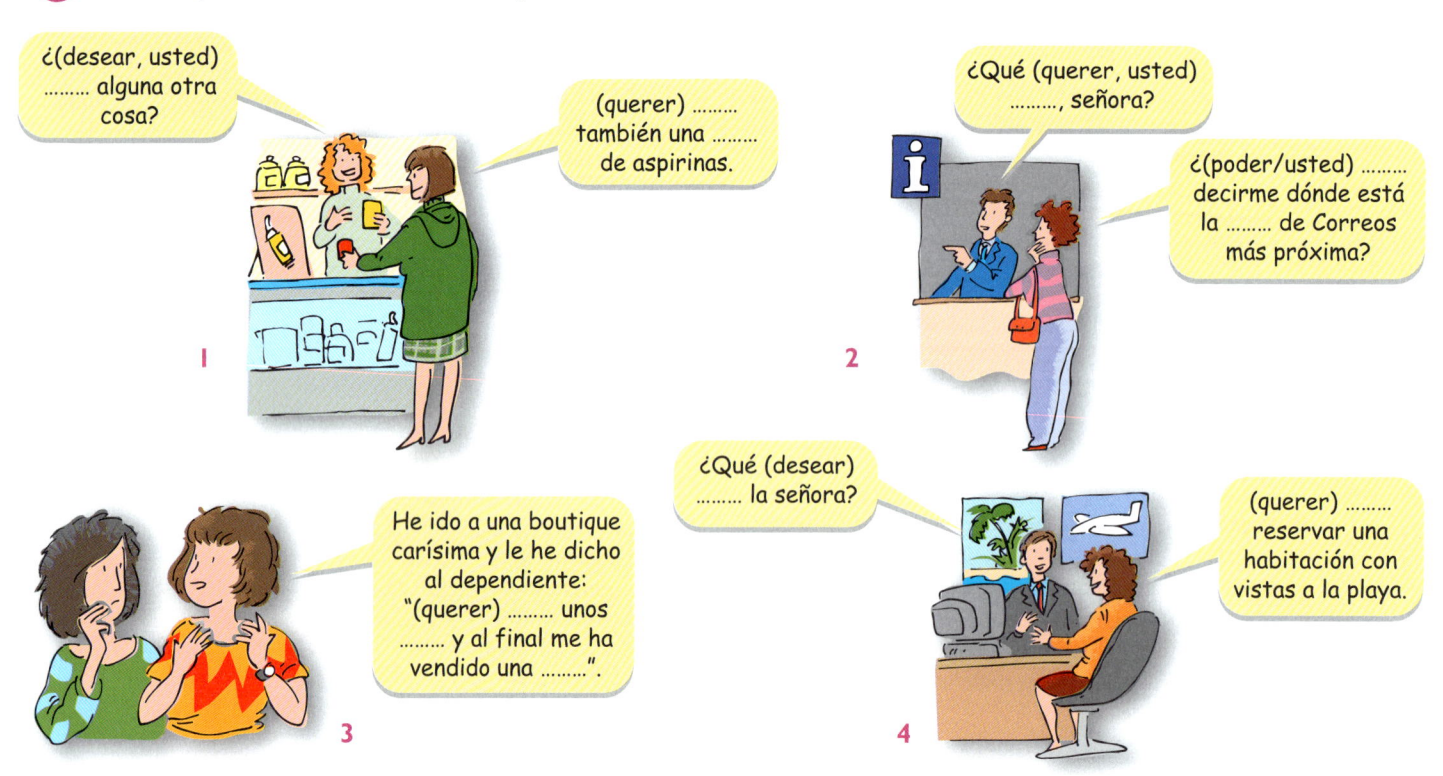

1. ¿(desear, usted) .... alguna otra cosa?
   (querer) .... también una .... de aspirinas.

2. ¿Qué (querer, usted) ...., señora?
   ¿(poder/usted) .... decirme dónde está la .... de Correos más próxima?

3. He ido a una boutique carísima y le he dicho al dependiente: "(querer) .... unos .... y al final me ha vendido una ....".

4. ¿Qué (desear) .... la señora?
   (querer) .... reservar una habitación con vistas a la playa.

ámbito 1

5 Utiliza el plano del centro comercial del ejercicio 3 para pedir cada uno de los productos que aparecen (emplea el presente). Después, pídelos usando el imperfecto.

6 Una noche movidita.

1. En grupos de tres. Uno de vosotros va a pasar una noche en un hotel de Bilbao. Una vez allí, decide pedir la cena en su habitación, pero se encuentra con algunos problemas. Seguid las instrucciones de vuestro profesor e inventad las conversaciones entre el cliente, el recepcionista y el camarero.

2. Ahora representaremos para toda la clase la situación anterior.

suena bien

7 Señala si las frases que vas a oír son interrogativas, enunciativas o exclamativas y escribe los signos de puntuación.

	1	2	3	4	5	6	7	8	9	10
INTERROGATIVAS										
ENUNCIATIVAS										
EXCLAMATIVAS										

1. Me gusta salir de compras.
2. Salimos esta tarde.
3. Cállate.
4. El lunes nos veremos.
5. El lunes nos veremos.
6. No.
7. No.
8. No.
9. Cuántos años tienes.
10. Cuántos años tienes.

8 Escucha con atención las frases.

1. Señala si son interrogativas, enunciativas o exclamativas.

	ENUNCIATIVA	INTERROGATIVA	EXCLAMATIVA
A			
B			
C			
D			

2. Vuelve a escucharlas (solo escucharás una de cada grupo) y escríbelas.

ámbito 1

> **EXPRESAR DESEO Y PETICIÓN: LA CORTESÍA II**
>
> **condicional**
>
> | 1.ª conjugación | 2.ª conjugación | 3.ª conjugación | ■ **Verbos irregulares** |
> |---|---|---|---|
> | amar-**ía** | beber-**ía** | subir-**ía** | Los verbos que son irregulares en futuro lo son también en condicional: |
> | amar-**ías** | beber-**ías** | subir-**ías** | *decir* (diría…), *hacer* (haría…), *caber* (cabría…), *querer* (querría…), *poder* (podría…), *haber* (habría…), *poner* (pondría…), *saber* (sabría…), *salir* (saldría…), *tener* (tendría…), *valer* (valdría…), *venir* (vendría…). |
> | amar-**ía** | beber-**ía** | subir-**ía** | |
> | amar-**íamos** | beber-**íamos** | subir-**íamos** | |
> | amar-**íais** | beber-**íais** | subir-**íais** | |
> | amar-**ían** | beber-**ían** | subir-**ían** | |

9 ¿Reservamos en un hotel? Completa el texto con los verbos *querer* y *desear*. Utiliza el tiempo que consideres conveniente.

Empleado: Hola, buenos días. ¿Qué ………?
Cliente: Hola, buenos días, ……… reservar una habitación en un parador cerca de Madrid.
Empleado: Perfecto. ¿Para qué fecha la ………?
Cliente: La ……… para el día 23 de noviembre. La noche del 23 al 24.
Empleado: ¿Habitación doble o individual?
Cliente: ……… una doble. Viajo con mi mujer. También ……… media pensión.
Empleado: Un momento, voy a llamar al servicio de reserva de paradores para confirmarla.
Cliente: Espere, una última cosa. Si es posible, ……… una habitación con terraza.
Empleado: Tomo nota.
Cliente: ¿Cuánto cuesta?
Empleado: 152,14 €. Todo incluido.
Cliente: Muy bien, muchas gracias.
Empleado: No olvide venir una semana antes para pagar la reserva y recoger el resguardo.

CE 3 **10** Fíjate en las siguientes viñetas, formula una petición y justifícala.

> **EXPRESAR ORDEN Y MANDATO**
>
> ■ **Imperativo:** *Coja el teléfono y páseme la llamada.*
> ■ **Verbos de orden y mandato** (*ordenar, mandar, prohibir, permitir, tolerar…*).
> sujeto v. princ. = sujeto v. subor. → v. subor. infinitivo.
> sujeto v. princ. ≠ sujeto v. subor. → v. subor. infinitivo / *que* + subjuntivo.
> *No me permito cometer errores. Te prohíbo poner / que pongas la televisión.*

11 Escucha la conversación telefónica y contesta a las preguntas.

CD2: 26

▶ Cuando empieza la conversación, el Sr. Martínez habla con una telefonista. ¿Qué le ordena?
▶ ¿Qué le han pedido como presidente de la Asociación El Prado?
▶ ¿Qué no tolera el Sr. Martínez?
▶ ¿Exige algo?
▶ ¿Ordena algo?
▶ ¿Por qué?
▶ El Sr. Domínguez le pide algo relacionado con un fax. Escribe el imperativo donde le da la orden.

ámbito 1

12 ¡Vaya suerte!

1. Imaginaos que os toca un premio al cliente "un millón" en un centro comercial. Os permiten pedir todo lo que queráis, pero en artículos de allí, durante un día. ¿Qué pediríais?

2. En la agencia de viajes del centro comercial os regalan una noche de hotel gratis, con cena incluida, para dos personas. Imaginad la situación y preparad un diálogo para pedir la cena.

Al final, representaremos la escena para toda la clase.

> **Para pedir en el restaurante:**
> De beber quiero...
> De primero (primer plato)...
> De segundo (segundo plato)...
> De postre...

13 Hace poco tiempo que te has comprado un piso nuevo. Es demasiado grande para ti, por lo que decides alquilar una habitación a algún estudiante.

▶ ¿Qué prohibirías?

▶ ¿Qué ordenarías?

▶ ¿Qué no tolerarías?

toma nota

Las siglas

Seguro que ya conoces muchas siglas en español: OCU, ONCE, OVNI, por ejemplo. Pero ¿qué son exactamente las siglas? Son términos que se han formado con las letras iniciales de un conjunto de palabras.

14 Relaciona las siguientes siglas con su significado.

1. OMS
2. ONU
3. OIT
4. ETT
5. OTAN
6. INEM
7. DNI
8. ONCE
9. UCI
10. IVA

▶ Organización de las Naciones Unidas
▶ Organización Internacional del Trabajo
▶ Instituto Nacional de Empleo
▶ Empresa de Trabajo Temporal
▶ Organización Mundial de la Salud
▶ Organización Nacional de Ciegos Españoles
▶ Unidad de Cuidados Intensivos
▶ Documento Nacional de Identidad
▶ Impuesto sobre el Valor Añadido
▶ Organización del Tratado del Atlántico Norte

ámbito 1

> **IMPERATIVO: USOS**
>
> ■ **Para influir en el oyente**
> - Consejos y recomendaciones: *No fumes tanto, que es malo para la salud.*
> - Petición: *Señorita López, por favor, llame a la agencia de viajes y confirme mi billete.*
> - Orden: *Haz la cama ahora mismo.*
> - Prohibición: *No bebas alcohol.*
>
> ■ **Para conceder o denegar permiso**
> Cuando se concede permiso, se suele repetir el imperativo.
> *¿Puedo entrar? Sí, claro. Entra, entra.*
> *¿Puedo poner la televisión? No, no la pongas porque estoy estudiando.*
>
> ■ **Para dar instrucciones**
> *¿La Puerta del Sol? Sí, está muy cerca. Siga todo recto y gire a la derecha.*
>
> ■ **Para ofrecer cosas**
> *Tómate otro café.*

15 Redacta textos breves para las situaciones que te proponemos. Recuerda que deben aparecer peticiones corteses, directas, órdenes o mandatos...

1. Lugar: el banco.
   Asunto: recogida de tu nueva tarjeta de crédito.
2. Lugar: el supermercado.
   Asunto: envío de la compra que acabas de hacer a tu casa.
3. Lugar: la comisaría.
   Asunto: renovar el pasaporte.
4. Lugar: comida en casa de tu mejor amigo.
   Asunto: ir al hospital. Te ha sentado mal algo.

CE 7,8 **16** Juan González ha llegado a casa y ha encontrado varios mensajes en su contestador.

1. Escúchalos y relaciónalos con las siguientes personas y lugares.
CD2: 27

Mensaje 1   Miguel, su nuevo compañero de trabajo.
Mensaje 2   Doña Luisa, su madre.
Mensaje 3   Su amiga Noelia.
Mensaje 4   Agencia de viajes.
Mensaje 5   Maite, su hermana.
Mensaje 6   María, su novia.
Mensaje 7   El banco.

2. Contesta a las siguientes preguntas.

1. ¿Qué quiere la madre de Juan? Quiere que ....
2. ¿Dónde vive Miguel? ¿Qué tiene que hacer Juan cuando baje del autobús?
3. ¿Qué problema tiene Juan en la agencia?
4. La novia de Juan le prohíbe que ....
5. ¿Para qué lo llaman del banco?
6. ¿Qué necesita la hermana de Juan? ¿Por qué no baja ella al supermercado?
7. ¿Qué le ordena su amiga Noelia?

3. Para terminar, escribe al lado de los usos del imperativo que has estudiado el mensaje en el que aparecen.

> El condicional puede indicar una acción futura con respecto a un pasado (futuro en el pasado).
> *Ayer vi a Elena y me dijo que vendría hoy.*

CE 10 **17** Completa con los verbos adecuados.

1. Hace tres días (renovar) ...... el pasaporte y me dijeron que lo (tener) ...... hoy.
2. La semana pasada (salir) ...... a comprar una maleta. No la habían recibido y me avisaron de que (llegar) ...... esta tarde.
3. Ayer (telefonear) ...... a la boutique para recoger mi falda y me aseguraron que (estar) ...... hoy.
4. El año pasado (reservar) ...... una habitación en el hotel Mar y hace poco me confirmaron que no (tener) ...... ninguna libre para este año.
5. Hace unas semanas (llamar) ...... un cliente muy enfadado y dijo que (presentar) ...... una queja hoy.
6. La otra noche (conocer) ...... a tu novio y me comentó que se (pasar) ...... por la tienda el día de tu cumpleaños.

ámbito 1

18 Leed con atención la ficha que os dará vuestro profesor. Seguid sus instrucciones y estableced entre vosotros conversaciones telefónicas.

19 En parejas. Uno de vosotros es el recepcionista, y el otro, un cliente que busca alojamiento. Completad la conversación. Después intercambiad los papeles.

RECEPCIONISTA:	—Hotel Lyon. Dígame.
CLIENTE / ALUMNO:	....
RECEPCIONISTA:	—Se oye muy mal.
CLIENTE:	*(Cambiar)* ....
RECEPCIONISTA:	—Muy bien. De todas formas, es mejor que cuelgue y marque de nuevo.
CLIENTE:	(Segundos después) *(Querer)* ....
RECEPCIONISTA:	—¿Una habitación? ¿Doble o individual?
CLIENTE:	....
RECEPCIONISTA:	—Un momento, no se retire, no hay ningún problema. ¿A nombre de quién hago la reserva?
CLIENTE:	....
RECEPCIONISTA:	—56,80 euros, pero en esta cantidad está incluido el desayuno. Debe llegar antes de las seis; si no, perdería su reserva.
CLIENTE:	*(Decir)* ....
RECEPCIONISTA:	—¿El Arco del Triunfo? Está muy cerca del hotel.
CLIENTE:	....
RECEPCIONISTA:	—Deme su número de tarjeta de crédito.
CLIENTE:	*(Esperar)* ....
RECEPCIONISTA:	—No hay problema. ¡Hasta el viernes!

toma nota

20 Anuncios: ofertas y solicitudes.

Aquí tienes algunos anuncios de periódicos locales. Léelos teniendo en cuenta los verbos utilizados y el estilo breve y conciso (telegráfico) en el que están redactados.

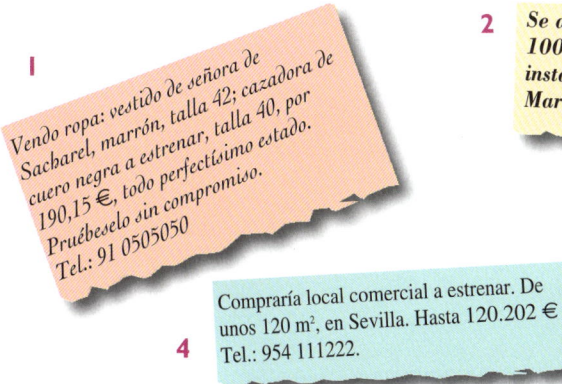

1 Vendo ropa: vestido de señora de Sacharel, marrón, talla 42; cazadora de cuero negra a estrenar, talla 40, por 190,15 €, todo perfectísimo estado. Pruébeselo sin compromiso. Tel.: 91 0505050

2 Se alquila cafetería-restaurante, 100 m², zona Alcasol, totalmente instalado. Alquiler de 2.135 €, Marta. Tel.: 908 444555.

3 Se ofrece profesor de música para clases particulares. Precio a convenir. Llamar mañanas. Preguntar por Raúl. Tel.: 908 003344

4 Compraría local comercial a estrenar. De unos 120 m², en Sevilla. Hasta 120.202 € Tel.: 954 111222.

5 Busco chico, inteligente, guapo y agradable para relación formal con chica de 20 años, demasiado tímida, pero atractiva. Abstenerse chicos sin intenciones serias. Tel.: 908 456789.

6 Necesito lavadora de 2.ª mano, seminueva que funcione bien. Pagaría 255 € Tel.: 908 444555. Llamar noches.

1. Clasifica los anuncios.
- ✔ Oferta.
- ✔ Solicitud.

2. Inclúyelos en su sección correspondiente.
- ✔ Locales comerciales.
- ✔ Ropa y complementos.
- ✔ Hogar y electrodomésticos.
- ✔ Relaciones personales.
- ✔ Trabajo.

3. Ahora escribe un anuncio nuevo para cada sección.

ciento treinta y una **131**

ámbito 2 Haz un curso de informática

Se precisa administrativo(a) para empresa de transportes. Enviar currículum al apdo. 43080, Tarragona.

Necesitamos profesores de inglés. Estudios: licenciados en Filología Inglesa. Zona Galapagar. Enviar currículum vitae a: Free Language, calle Pinos Alta. Tel.: 908 444555.

Compañía de Servicios solicita comerciales para incorporación inmediata en plantilla. Pedir entrevista en el tel. 908 004455.

Diseñamos tu currículum. Bolsa de trabajo. Gran Vía, 31, 6.ª planta, oficina 18. Tel.: 999 448888.

Secretaria 24-31 años. Bilingüe inglés-español. Se valorarán otros idiomas. Dominio entorno Windows XP. Tel.: 908 443322.

Se necesita camarera. Buena presencia. Tel.: 911 472794.

▶ **EXPRESAR CONSEJO**

- **Verbos de consejo y recomendación** *(aconsejar, recomendar, sugerir…)* + **que** + **subjuntivo**: *Te recomiendo que estudies unas oposiciones.*
- **Ser, estar, parecer** + **valoración** *(mejor, bueno, bien, aconsejable, recomendable, útil…)* + **que** + **subjuntivo**: *Es mejor que vayas a la entrevista con traje. / Sería conveniente que comieras algo.*
- **Imperativo:** *Estudia informática. Hoy es muy importante para conseguir un trabajo.*
- **Condicional:** *Yo, que tú, / yo, en tu lugar, / yo, en tu caso, haría un curso de márketing.*
- **Condicional** + **que** + **pret. imp. subj.**: *Me gustaría que llamaras antes de salir.*

---

1 Aconseja a tu amigo uno de los trabajos anteriores.

Como ayuda, aquí tienes un breve currículum suyo.

> **Estudios:**
> licenciado en Informática.
> **Idiomas:**
> inglés, hablado y escrito.
> **Experiencia laboral:**
> contrato temporal como camarero en Inglaterra.

Si ninguno te parece bueno, dale otras ideas.

Ej.: *Yo, en tu caso / que tú, estudiaría otros idiomas antes de buscar trabajo.*

2 La revista ¿*Estudias o trabajas?* ha dado una serie de consejos para pasar con éxito una entrevista de trabajo.

☞ Sea puntual.
☞ Le recomendamos que se relaje antes de la entrevista. Sería bueno que se tomara una tila u otro tranquilizante.
☞ Sea usted mismo. No engañe comportándose de manera diferente a como es normalmente.
☞ Le aconsejamos que lleve su currículum actualizado.
☞ Sería mejor que llevara una ropa adecuada al puesto. Si es un trabajo de camarero, es conveniente una ropa sencilla y, si es un puesto de comercial, sería recomendable un traje.

¿Qué más consejos se te ocurren?

---

3 Ahora transforma estas frases siguiendo el ejemplo.

Ej.: *Haz unas oposiciones. Tendrás un trabajo estable.*
Te recomiendo que hagas unas oposiciones.
Me parece útil hacer unas oposiciones.

1. Vete a Inglaterra a practicar inglés.
2. Inscríbete en una empresa de trabajo temporal. Hoy en día son las que mueven más ofertas de trabajo, aunque las condiciones laborales sean peores.
3. Apúntate al INEM. Es un organismo estatal y podrás encontrar puestos más interesantes.

▶ **PRETÉRITO IMPERFECTO DE SUBJUNTIVO**

ama-**ra**	ama-**se**
ama-**ras**	ama-**ses**
ama-**ra**	ama-**se**
amá-**ramos**	amá-**semos**
ama-**rais**	ama-**seis**
ama-**ran**	ama-**sen**

ámbito 2

De los dos últimos lugares, ¿cuál es el mejor para encontrar trabajo? Escucha lo que opinan varias personas sobre el tema y, después, contesta a las siguientes preguntas.

1. ¿Qué dice la primera chica sobre el INEM?
2. ¿Qué recomienda a los jóvenes el hombre que habla en segundo lugar? ¿Qué son los contratos "basura"?
3. ¿En qué lugar son peores los contratos para el tercer entrevistado?

4 Lee este texto y elabora tu perfil profesional (real o ficticio).

El panorama laboral en España no es muy bueno. A la hora de conseguir trabajo, el perfil exigido es el de un hombre joven, titulado universitario con una carrera de ciencias (sobre todo, ingeniería de telecomunicaciones o informática). También piden idiomas, especialmente el inglés, hablado y escrito, e informática.

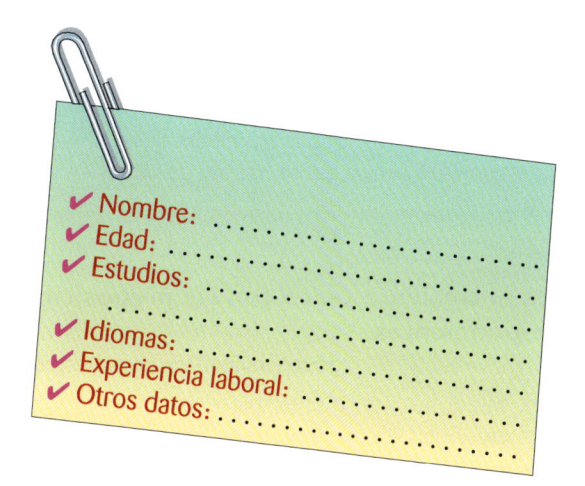

✔ Nombre:
✔ Edad:
✔ Estudios:
✔ Idiomas:
✔ Experiencia laboral:
✔ Otros datos:

suena bien

5 Escucha e identifica cada una de las frases que oigas.

1.
a) No, le gustan.
b) ¡No le gustan!
c) ¿No le gustan?

2.
a) Escribe más despacio.
b) ¿Escribe más despacio?
c) ¡Escribe más despacio!

3.
a) ¡Se casa!
b) ¿Se casa?
c) Se casa.

4.
a) Hablamos en español.
b) ¿Hablamos en español?
c) ¡Hablamos en español!

5.
a) Llama a los chicos.
b) ¿Llama a los chicos?
c) ¡Llama a los chicos!

6.
a) Suena el teléfono.
b) ¿Suena el teléfono?
c) ¡Suena el teléfono!

7.
a) Se van a casa.
b) ¡Se van a casa!
c) ¿Se van a casa?

8.
a) Sí, sale conmigo.
b) ¿Sí? Sale conmigo.
c) ¡Sí! Sale conmigo.

9.
a) ¿Por qué estudia?
b) Porque estudia.
c) ¿Por qué? ¿Estudia?

10.
a) Qué dolor.
b) ¿Qué dolor?
c) ¡Qué dolor!

Dicta a tu compañero una frase de cada grupo.

6 A continuación vas a escuchar a tres personas. ¿Podrías indicar su estado de ánimo? Justifica tu respuesta.

Miguel: ....
Juan: ....
Luis: ....

ciento treinta y tres **133**

▶ PRONOMBRES RELATIVOS

QUE	QUIEN

■ **Antecedente + *que***
 He comprado un libro que tiene muchas fotografías de Madrid.
 ■ **Antecedente + preposición + artículo + *que***
   ■ *Iremos a la ciudad en la que nació Cervantes.*
   ■ *Quiero un amigo con el que hablar.*
   ■ *El asunto del que te hablé ya está resuelto.*
   ■ *Se casó con Eva, a la que conocí sólo dos meses antes.*
   ■ *El lugar por el que había pasado estaba cubierto de nieve.*
	■ **Antecedente + preposición + *quien***
	 Concuerda en número con el antecedente.
	 Sólo se utiliza para personas.
	   ■ *Es alguien en quien puedes confiar* = en el que…
	   ■ *Ese es el chico con quien estuve en la entrevista* = con el que…
	   ■ *El hombre de quien te hablé es un empresario importante* = del que…
	   ■ *Esa es la secretaria a quien vimos en la oficina* = a la que vimos…
	   ■ *No conozco al muchacho por quien pregunta* = por el que…

7. Completa el siguiente texto con las preposiciones, artículos y pronombres relativos correspondientes.

Joven, bilingüe y con menos experiencia

☞ La última estadística sobre el empleo analiza los perfiles profesionales más demandados por las empresas españolas en el último año.

☞ Existen áreas de trabajo más "jóvenes" que otras. Las áreas ……… tienen perfiles de edad más extremos son las de dirección (entre 35 y 37 años) y servicios generales (entre 25 y 29).

☞ Por sectores, el más "envejecido" es el de la enseñanza, ……… la edad media supera los 34 años.

☞ El inglés es la lengua ……… se puede acceder más fácilmente a un puesto de trabajo. A esta hay que añadir otros idiomas, ……… domina el francés, si bien el alemán va ganando terreno día a día.

☞ Otro elemento clave en la definición de un perfil profesional, muy ligado con la edad del candidato, es la experiencia. La oferta analizada muestra un claro predominio de profesionales con una experiencia inferior a tres años, ……… hay que sumar ofertas de candidatos ……… no han trabajado previamente.

☞ El problema del acceso de la mujer al mercado laboral también sería interesante que apareciera dentro del estudio; pero este es un tema ……… hablaremos en otra ocasión. Verdaderamente, los empresarios entrevistan ……… quieren.

8. Escribe los siguientes anuncios utilizando los pronombres relativos adecuados.

1. Presentarse, dirección abajo.
2. Busco chica: hablar y compartir aficiones.
3. Se efectuará la entrevista en la c/ Tudescos. Se realizó el examen en la c/ Tudescos.
4. Mujer madura, busca persona (para confiar en ella).

9. Une las siguientes frases siguiendo el ejemplo.

Ej.: *He entrevistado al joven. Le he dado la mano esta mañana a este joven.*
   He entrevistado al joven al que / a quien le he dado la mano.

1. Dejaré mi currículum. Tú me recomendaste dejarlo a una persona concreta.
2. Me pediste una instancia. La instancia había que rellenarla a mano.
3. Discutimos con una mujer. Ella trabaja de secretaria.
4. El ordenador es carísimo. Yo te he hablado de él.
5. Está trabajando. La razón son sus estudios.
6. He confiado en ti para este trabajo. Tú eres esa persona.
7. Quiero estudiar en esa universidad. Mi hermana ya estudió allí.
8. Iré a estudiar con Luisa. Luisa es mi novia.
9. Quiero vivir en una casa. Cuesta 810 euros al mes.
10. Trabaja en una fábrica. La fábrica está muy lejos.

ámbito 2

10 Imaginad que todas las empresas de trabajo temporal contaran con un consejero laboral cuya función fuera escuchar todas las demandas de sus clientes y ayudarlos en todo lo posible.

1. En parejas, preparad una entrevista entre un consejero y un trabajador. Podéis atender, entre otras, a las siguientes cuestiones:

- ◆ Condiciones laborales.
- ◆ Condiciones económicas.
- ◆ Tipo de trabajo.
- ◆ Relaciones con los compañeros.
- ◆ Relaciones con el jefe.
- ◆ Otros.

2. A continuación, representad algunas de las entrevistas.

3. Haced una puesta en común para ver cuáles han sido las condiciones más demandadas en el trabajo y cuáles los problemas del consejero a la hora de ayudar a los entrevistados.

11 Pensad en las siguientes cuestiones.

- ✔ Las profesiones con más futuro.
- ✔ Los trabajos peor pagados.
- ✔ El trabajo más interesante.
- ✔ El trabajo más aburrido.
- ✔ La profesión que genera más estrés.
- ✔ La profesión más arriesgada.

Haced una puesta en común.

12 ¿Existe el *trabajo ideal*? En grupos, intentad describirlo.

---

toma nota

> **Abreviatura:** reducción de la representación gráfica de una palabra o de un grupo de palabras. Solo se utiliza en la escritura.

13 Sustituye las abreviaturas por las palabras completas.

1. D. Miguel, ha sido Ud. elegido como representante de nuestra Cía.
....
2. Barna. 20 de noviembre de 2001.
....
3. D. Julio García, domiciliado en la c/ San Nicolás, n.º 10, 1.º dcha. C.P. 18005 (Granada).
....
4. Sr. Dir. del Bco. San Julián: Me dirijo a Ud. por su oferta de trabajo.
....
5. Hemos ingresado en su cta. cte. la cantidad de 601,01 €.
....
6. Oferta para trabajar en el dpto. de relaciones laborales de la Edit. Cómplum.
....
7. Cita en la consulta del Dr. Leiva, especialista en traumatología.
....

ámbito 2

> ▶ **ORACIONES DE RELATIVO**
>
> v. princ. + antecedente + *que* + v. subor. (indicativo / subjuntivo)
>
> ■ Si el antecedente es conocido para el hablante (sabe que existe), el v. subor. va en indicativo:
> *Quiero el libro que está sobre la mesa.*
>
> ■ Si el antecedente es desconocido para el hablante (no sabe si existe), el v. subor. va en subjuntivo:
> *Necesitamos una secretaria que sepa inglés.*

14 Lee la conversación. Fíjate en los verbos marcados y escribe la forma correcta cuando sea necesario.

> *No hay*] *nada*
> *No existe*] *ningún* + VS subjuntivo
> *nadie*
>
> *No hay nadie que pueda ayudarme.*
> *No hay nada que me guste.*

MIGUEL: Hola, Nuria. ¿Cómo estás?
NURIA: Yo, muy bien. ¿Y tú?
MIGUEL: Genial.
NURIA: ¿Y tus estudios?
MIGUEL: Ya los he terminado. Ahora busco un trabajo que **es adecuado** a mi carrera.
NURIA: Estudiaste sociología, ¿no?
MIGUEL: Sí, pero no me dedico a ello. Estoy trabajando en un colegio porque me ofrecieron un empleo que **reúna** muy buenas condiciones. De todos modos, a mí me interesa un trabajo que **esté** dentro del campo sociológico. Me encantaría trabajar en el Centro de Investigaciones Sociológicas.
NURIA: ¡Y a quién no, hombre! A mí, por el contrario, no me importa el trabajo que **sea**. Yo, en tu caso, buscaría algo que **esté** relacionado con ordenadores. Me encanta ese sector.
MIGUEL: ¡Anda! Pues conozco una empresa que **pide** gente con conocimientos de informática. Ya han seleccionado a varias personas que **sepan** informática. Solo tienes que solicitar una instancia en la oficina central que **debas** rellenar y entregar en el mismo lugar; después querrán que pases una entrevista con uno de los directivos.
NURIA: Muchas gracias por la información.
MIGUEL: De nada. Estoy seguro de que uno de los puestos es para ti. Reúnes todas las características que **piden**.

CE 8,9 **15** En la empresa de trabajo temporal "Trababién" buscan un intérprete. Lee lo que dice la secretaria y completa.

Busco una persona de unos treinta años, ... *(ser)* .... intérprete de francés / español, ... *(tener)* .... experiencia avalada por unos buenos informes. Esa persona .... *(buscar)* .... debe tener disponibilidad para viajar. Si hay algún candidato idóneo, tiene que presentarse aquí, el lunes a las 9:00, para firmar su contrato. Si no encontramos ninguno, pondremos un anuncio y pasaremos a realizar una serie de entrevistas con los candidatos .... *(reunir)* .... los requisitos. No me interesa que haya novatos en la posible entrevista.

16 Transforma los siguientes anuncios en oraciones de relativo.

Ej.: *Se necesita secretario que sepa idiomas.*
Vendo perro que tiene pedigrí.

1. ■ A dos minutos de la playa. Alquilo apartamento.
2. ■ Buscamos jardineros con informes.
3. ■ Regalo ropa; en perfecto estado.
4. ■ No tenemos competencia. Nadie iguala nuestros precios.
5. ■ Compro coche: todoterreno.

■ Se necesita secretario: Idiomas.
■ Vendo perro con pedigrí.

ámbito 2

17 Observad vuestra clase y a vuestros compañeros. A continuación, en parejas, preparad cinco preguntas y respuestas según el modelo.

✔ ¿Hay algún estudiante rubio? No, no hay ningún estudiante que tenga el pelo rubio / Sí, hay dos estudiantes que tienen el pelo rubio.
✔ ¿Alguno lleva algo rojo? No, no hay ningún estudiante que lleve algo rojo / Sí, hay un estudiante que lleva una camiseta roja.
✔ ¿Quién tiene bigote? No, no hay nadie que tenga bigote / Sí, hay un estudiante que tiene bigote.

18 Trabajáis en dos agencias matrimoniales muy especiales: en una solo hay hombres y en la otra solo mujeres. Cada uno es responsable de un cliente.

1. Vamos a buscar un nombre para cada una de las agencias:

2. Ahora elaboraremos las fichas de las personas que están inscritas en ellas con el modelo que te ofrecemos.

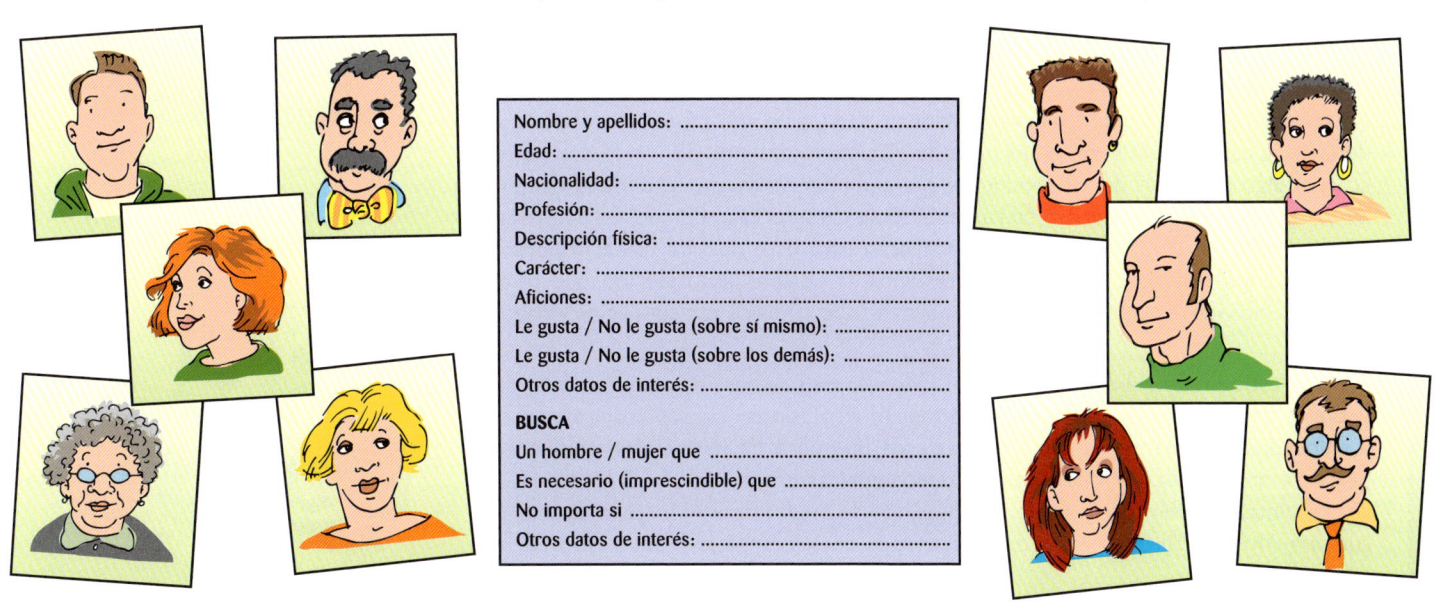

```
Nombre y apellidos: ..................
Edad: ..................
Nacionalidad: ..................
Profesión: ..................
Descripción física: ..................
Carácter: ..................
Aficiones: ..................
Le gusta / No le gusta (sobre sí mismo): ..................
Le gusta / No le gusta (sobre los demás): ..................
Otros datos de interés: ..................
BUSCA
Un hombre / mujer que ..................
Es necesario (imprescindible) que ..................
No importa si ..................
Otros datos de interés: ..................
```

3. Presentad de uno en uno y de forma alternativa (hombre / mujer; mujer / hombre) a vuestros clientes y formad parejas.

toma nota

19 Ofertas y solicitudes. Relaciona las siguientes ofertas con las solicitudes.

1 Necesitamos licenciados en filología inglesa para cursos en academia

2 Motorista. Aceptaría trabajos de reparto a domicilio. Incluidos servicios fijos

3 Se ofrece chica. Realizaría trabajos de cuidado de niños, secretariado, dependienta...

4 Se solicita secretaria. No necesaria experiencia

5 Inglés nativo con español fluido. Se ofrece para clases particulares

6 Buscamos administrativo con conocimientos de contabilidad

7 Empresa de transporte urgente precisa personal con moto propia, para realizar servicios fijos. Se ofrece contrato laboral

8 Contable. Empresa de automóviles. Se ofrece. Llamar tardes

A nuestra manera

Profesiones de éxito: abogado o fontanero

En los últimos años, en España, el número de universitarios ha aumentado de forma notoria. La elevada tasa de desempleo que padecemos ha hecho que nuestros adolescentes, al terminar sus estudios secundarios y descubrir lo difícil que es conseguir un trabajo en nuestro país, se inscriban masivamente en las universidades, muchas veces sin demasiada convicción, llenando las aulas y soñando con ser algún día célebres abogados, expertos economistas, científicos de renombre o ingenieros cualificados.

El resultado de todo ello es que, en la mayoría de los casos y para la mayor parte de las titulaciones, la demanda de empleo supera con creces la oferta, y que, para colmo de males, estos titulados, incapaces, por falta de trabajo, de poder llevar a la práctica todo lo aprendido en sus carreras, empiezan, poco a poco, a despertar a la realidad y a darse cuenta de que tienen que "bajar el listón" de sus pretensiones laborales.

Así, podemos ver a químicos barriendo las calles y los parques de nuestras ciudades, a juristas desempleados tratando de vendernos un seguro de vida en el umbral de la puerta de nuestra casa, y a antiguos estudiantes de Magisterio pasando por un lector electrónico el código de barras de los productos que componen nuestra cesta de la compra en un supermercado. Y, por si eso fuera poco, suele darse el caso de que los empresarios de este país, quizá con buen criterio, prefieren para este tipo de tareas a personas que no tengan estudios superiores, para evitar la posible insatisfacción que podría surgir en individuos cualificados cuando llevan a cabo trabajos tan rutinarios y repetitivos.

Pero no todo está perdido para nuestros jóvenes, pues se percibe el incremento de la oferta de los llamados módulos de Formación Profesional, cursos especializados y enfocados a formar a los estudiantes, desde un punto de vista eminentemente práctico, en las áreas de informática y telecomunicaciones, electrónica, fontanería, carpintería, jardinería, hostelería y un sinfín de profesiones más, para conseguir una integración más rápida de sus alumnos en el complejo mundo laboral.

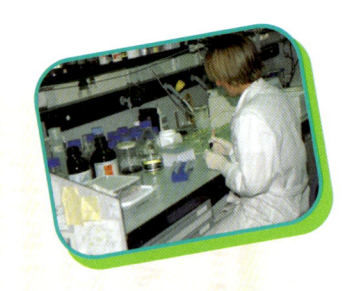

Contesta a las siguientes preguntas.

1. ¿Cuál es la razón por la que muchos jóvenes han comenzado a estudiar carreras universitarias?
2. ¿Qué sucede en la mayoría de las titulaciones?
3. Los titulados se dan cuenta de que…
4. Escribe el nombre de las profesiones que los jóvenes han estudiado y las que terminan desempeñando.
5. ¿Qué tipo de personas quieren los empresarios para la realización de trabajos rutinarios y repetitivos?
6. ¿Qué esperanza queda para nuestros jóvenes en el campo de la enseñanza?
7. ¿Cuál es la característica general de estos nuevos cursos?
8. Busca áreas de enseñanza y escribe el nombre de la profesión.

    Ej.: *informática – informático.*

Recapitulación

En grupos de cuatro, contestad a cada una de las cuestiones planteadas.
Si no sabéis alguna respuesta, "pasad" y esperad otra oportunidad.

SALIDA

- Di un adjetivo que signifique lo mismo que llamada metropolitana.

- ¿No necesitan una persona que................ y que tenga ....?

- ¿Cuál es el nombre completo al que corresponden las siglas RENFE?

LLEGADA

- Trabajas como dependiente en La Rosa Amarilla. Piensa en una frase para dirigirte a tus clientes de manera cortés.

- Estás en casa. Te duele mucho la cabeza y tu hermano pone la música muy alta. Dile que la quite (utiliza el imperativo).

- Compras el periódico, pero cuando vas a pagarlo te das cuenta de que te has olvidado la cartera en casa. ¿Qué le dices al dueño para justificarte?

- Corrige las faltas de ortografía: *Cuanto cuesta. Que caro esta todo.*

- Estás estudiando español y quieres practicar más la conversación. Escribe un pequeño anuncio para el tablón de anuncios de tu academia.

- ¿Qué dos módulos de formación profesional de los que aprendimos en la página anterior recuerdas?

- ¿Qué pedirías?, ¿cómo?

ciento treinta y nueve **139**

¿Habrá alguien en casa?

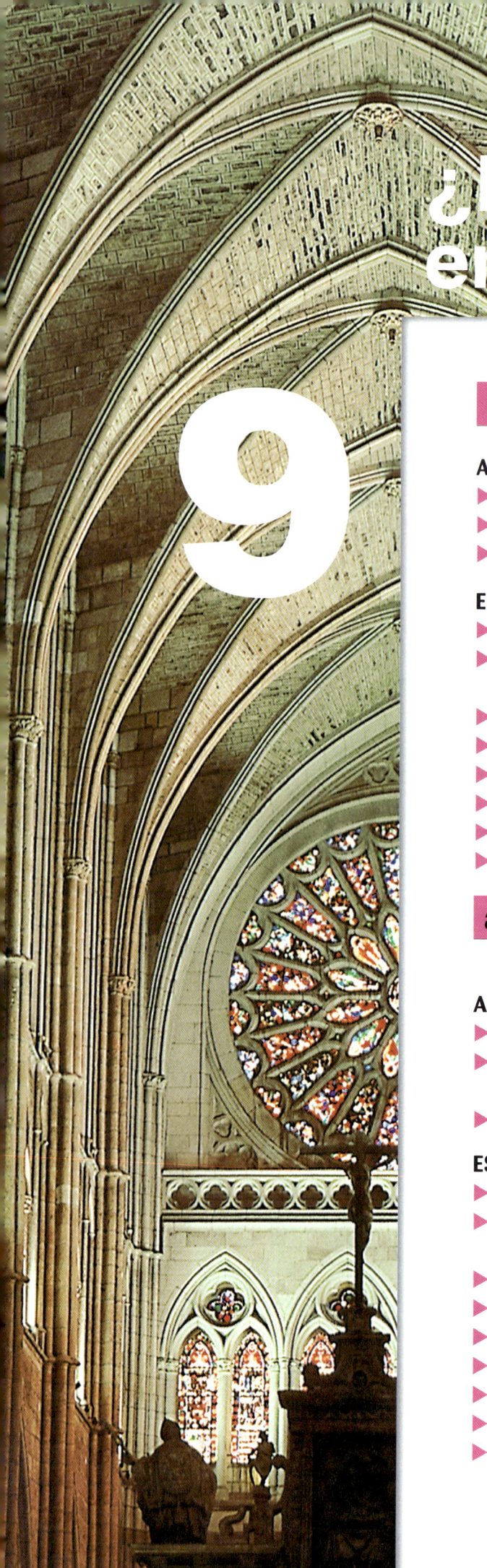

9

ámbito 1 Será la casa ideal

APRENDEREMOS A
- Expresar y descartar hipótesis
- Hablar de deseos o de esperanzas
- Expresar sentimientos

ESTUDIAREMOS
- Los indefinidos
- Elementos lingüísticos para la expresión de la duda y de la probabilidad
- Oraciones subordinadas sustantivas
- *ojalá* + subjuntivo
- *me gustaría que* + subjuntivo
- El uso de las mayúsculas y de las minúsculas
- La casa
- Oraciones interrogativas y oraciones exclamativas

ámbito 2 Me extraña que haya llegado tan pronto

APRENDEREMOS A
- Expresar probabilidad
- Expresar extrañeza, sorpresa, satisfacción, alegría, insatisfacción y contrariedad
- Expresar circunstancias

ESTUDIAREMOS
- Pretérito perfecto de subjuntivo
- Elementos lingüísticos para la expresión de extrañeza, alegría, contrariedad
- Oraciones finales
- Oraciones de causa y de consecuencia
- Oraciones condicionales y oraciones concesivas
- Tipos de escrito: la carta comercial
- La calle
- Oraciones interrogativas y oraciones exclamativas
- Fiestas y celebraciones españolas

ámbito 1 Será la casa ideal

1 Coloca en el dibujo el nombre de las partes de la casa.

1. desván
2. baño
3. cuarto de estar
4. habitación
5. entrada
6. pasillo
7. cocina
8. corredor
9. salón
10. terraza

2 Escribe otras palabras que podemos usar en español para nombrar:

1. desván: ....
2. salón: ....
3. baño: ....
4. habitación: ....
5. entrada: ....

▶ **INDEFINIDOS**

	existencia	inexistencia
1. pronombre	*alguien* (persona)	*nadie* (persona)
	algo (no persona)	*nada* (no persona)
	alguno(a)(os)(as)	*ninguno(a)*
2. adjetivo + sustantivo	*algún(a)(os)(as)*	*ningún(a)*

1.   *nadie*
   no + verbo + *nada*   No hay nadie en casa.
                    ningún(o)(a)
   nadie
   nada   +   verbo   Nadie está en casa.
   ningún(o)(a)

2. *algún(o)(a)*: "al menos uno". Tengo algún libro de poesía en casa.
   algunos(as): "cantidad pequeña, no concreta". Tengo algunas revistas tuyas.

3 En parejas. Pregunta a tu compañero si tiene en su habitación las mismas cosas que en la del dibujo.

Ej.: *¿Hay algún póster en tu habitación? No, no hay ningún póster.*

Ahora, explica al resto de la clase cómo es tu compañero teniendo en cuenta cómo es su habitación.

ciento cuarenta y una

ámbito 1

4 Completa estas frases con el indefinido necesario y contesta a las preguntas.

1. ¿Vive .... compañero cerca de tu casa? ....
2. ¿Tienes .... colgado en la pared de tu habitación? ....
3. ¿Compartes la habitación con ....? ....
4. ¿Te hace falta ....? ....
5. ¿Hay .... importante en tu habitación? ....

▶ **EXPRESIÓN DE LA DUDA Y DE LA PROBABILIDAD**

futuro / condicional	■ Futuro simple. Duda, probabilidad en el presente. *Estará enferma.* ■ Futuro compuesto. Probabilidad en el pasado cercano (= pretérito perfecto). *Habrá estado enferma.* ■ Condicional simple. Probabilidad en el pasado (= indefinido, imperfecto). *Estaría enferma.* ■ Condicional compuesto. Probabilidad en el pasado (= pluscuamperfecto). *Habría estado enferma.*
quizá(s); tal vez	■ Indicativo / subjuntivo. ■ Detrás del verbo, siempre en indicativo. *Hace, quizá, un poco de frío.* ■ Con presente, duda en el presente y en el futuro. *Tal vez salgamos a las 10.* ■ Con imperfecto, duda en el pasado. *Quizás estuviera en la fiesta anoche.*
puede que	■ Siempre lleva subjuntivo. ■ Con presente, duda en el presente y en el futuro. *Puede que no venga hoy.* ■ Con imperfecto, duda en el pasado. *Puede que estuviera preocupado.*
a lo mejor	■ Siempre lleva indicativo. *A lo mejor ha llamado por teléfono.* *Dijo que a lo mejor llegaba tarde.*

---

5 Escucha a estas personas. ¿Puedes indicarnos dónde están o estuvieron?

CD2: 31

1. _____   2. _____   3. _____   4. _____   5. _____

6 ¿Qué crees que les pasó o les está pasando a los personajes de las viñetas?

7 Expresa una probabilidad para cada una de estas situaciones.

Ej.: *Tu compañero de piso está durmiendo en la escalera.*
A lo mejor se ha olvidado las llaves.

1. Tus padres llevan dos semanas sin regañarte.
2. Tu profesora se enfadó mucho el último día de clase.
3. La semana pasada quedaste con tu mejor amigo y no se presentó a la cita.
4. Marco tuvo un accidente de moto.

ámbito 1

8 Lee atentamente este enigma y descubre las causas de tan trágico desenlace.

MISTERIOSO ENVENENAMIENTO

12:45 h. DESPACHO DEL DETECTIVE IVÁN REAL. LA LLAMADA PARECE IMPORTANTE.

— DE ACUERDO, VOY INMEDIATAMENTE.

DOS HORAS DESPUÉS

— COMO LE DIJE POR TELÉFONO, HACE TRES DÍAS QUE MI ESPOSA APARECIÓ MUERTA EN CIRCUNSTANCIAS MUY EXTRAÑAS.

— LO EXTRAÑO DEL CASO ES QUE SU SECRETARIA ASEGURA QUE NO HABÍA TOMADO NINGÚN TIPO DE ALIMENTO.

— APARENTEMENTE, NO PRESENTABA NINGÚN SIGNO DE VIOLENCIA.

— EL FORENSE HA SIDO CONCLUYENTE EN SU INFORME: PARADA CARDÍACA CAUSADA POR ENVENENAMIENTO. LA MUERTE FUE FULMINANTE.

— ¿PODRÍA HABLAR CON LA SECRETARIA?
— POR SUPUESTO.

— CON PERMISO.

— ¿LE IMPORTARÍA CONTARME CÓMO SUCEDIÓ TODO?

— DESPERTÉ A LA SEÑORA A LAS 9:45. LA DEJÉ ARREGLÁNDOSE FRENTE AL ESPEJO MIENTRAS BAJABA A BUSCAR SU DESAYUNO, Y 15 MINUTOS MÁS TARDE ME LA ENCONTRÉ MUERTA SOBRE LA CAMA...

— GRACIAS, SEÑORITA, CREO QUE SÉ CÓMO LA ENVENENARON.

suena bien

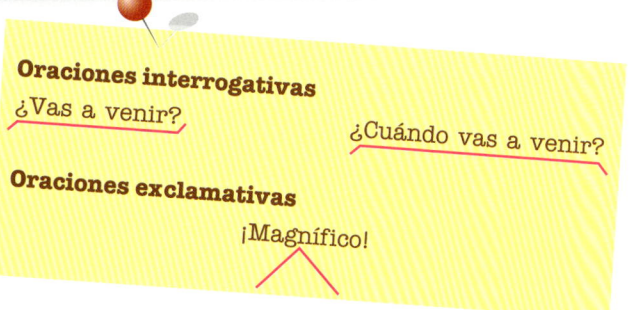

Oraciones interrogativas
¿Vas a venir?   ¿Cuándo vas a venir?

Oraciones exclamativas
¡Magnífico!

9 Señala si las frases que vas a oír son interrogativas o exclamativas.

	1	2	3	4	5	6	7	8	9	10
INTERROGATIVA										
EXCLAMATIVA										

10 Vuelve a escuchar y copia las frases. Después, representa la línea tonal de las cinco primeras frases.

ciento cuarenta y tres **143**

ámbito 1

11 Señala en el cuadro qué cosas te gustaban, te encantaban, te fastidiaban y odiabas cuando eras pequeño.

	gustar	encantar	fastidiar	odiar
Salir con tus amigos				
Ir al colegio				
Ir de compras				
Cocinar				
Visitar museos				
Conocer nuevas personas				
Comer tarde				
Visitar castillos				
Ir al médico				
Beber alcohol				
Acostarte pronto				
Leer tebeos				
Comer lentejas				

Ahora compara tus preferencias con las de tus compañeros.

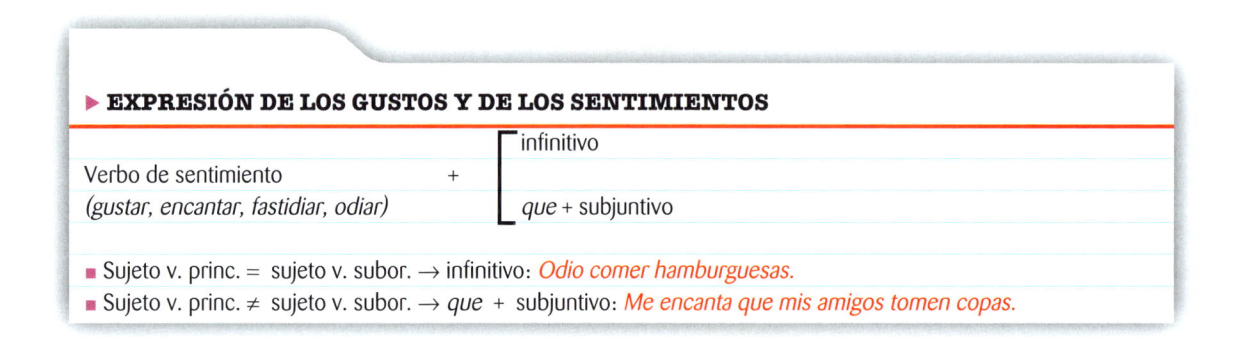

▶ **EXPRESIÓN DE LOS GUSTOS Y DE LOS SENTIMIENTOS**

Verbo de sentimiento + infinitivo
(gustar, encantar, fastidiar, odiar)   que + subjuntivo

- Sujeto v. princ. = sujeto v. subor. → infinitivo: *Odio comer hamburguesas.*
- Sujeto v. princ. ≠ sujeto v. subor. → *que* + subjuntivo: *Me encanta que mis amigos tomen copas.*

CE 8, 9, 10

12 Piensa en algo que te gusta, te fastidia o te encanta de ti y de tus compañeros de clase.

Ej.: *Me fastidia ser tan impuntual. Me fastidia que mis compañeros hablen en inglés.*

13 Busca algún sentimiento en común entre estos personajes.

Gustos: pintar, beber alcohol, leer, escuchar música pop.
Fobias: perros, música clásica, comida rápida, comprar ropa.

Gustos: cocinar, planchar, pasear, estar con animales.
Fobias: ver la televisión, ir al cine, comida rápida, beber.

Gustos: viajar, pasear, leer, pintar.
Fobias: animales, planchar, hacer deporte, ver la televisión.

Gustos: comprar ropa, viajar, esquiar, bailar.
Fobias: leer, estudiar, cocinar, fumar.

Gustos: pasear, leer, ir al cine, cocinar.
Fobias: películas de acción, fumar, trabajar, sentarse ante el ordenador.

Gustos: coleccionar sellos, bailar, esquiar, pasear.
Fobias: beber, fumar, jugar al fútbol, leer.

ámbito 1

14 En parejas, mirad atentamente las siguientes fotografías y elegid una.

1. Imaginad dónde está la imagen que habéis elegido: ciudad o campo; montaña o costa.
2. Dibujad un plano con la distribución de la casa.
3. Escribid cómo creéis que está decorada en su interior (objetos, muebles, cuadros…).
4. Elegid con qué tipo de personas os gustaría vivir en ella.
5. Comentad las respuestas con el resto de los compañeros.

toma nota

Se escriben con

mayúscula:
- Los nombres propios de personas, animales, cosas y lugares: *Jorge Gómez; la Alhambra de Granada.*
- La primera letra de los títulos de las obras literarias, artículos y películas: *Abre los ojos.*
- Los números romanos: *Alfonso X el Sabio.*

minúscula:
- Los días de la semana, los meses del año, los adjetivos de nacionalidad y los nombres de los idiomas: *lunes; senegalés.*

15 Coloca las mayúsculas necesarias en el texto.

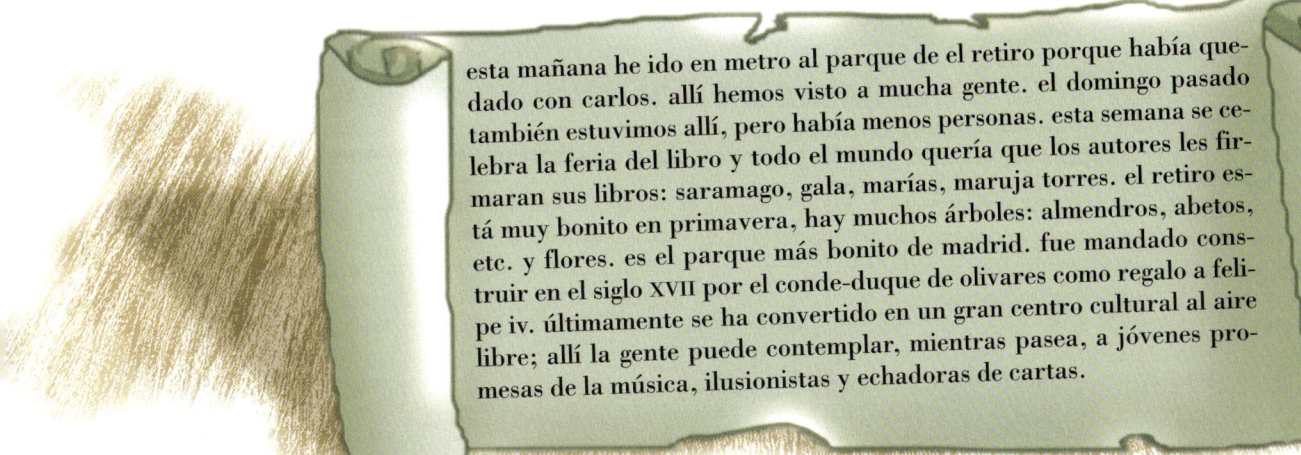

esta mañana he ido en metro al parque de el retiro porque había quedado con carlos. allí hemos visto a mucha gente. el domingo pasado también estuvimos allí, pero había menos personas. esta semana se celebra la feria del libro y todo el mundo quería que los autores les firmaran sus libros: saramago, gala, marías, maruja torres. el retiro está muy bonito en primavera, hay muchos árboles: almendros, abetos, etc. y flores. es el parque más bonito de madrid. fue mandado construir en el siglo XVII por el conde-duque de olivares como regalo a felipe iv. últimamente se ha convertido en un gran centro cultural al aire libre; allí la gente puede contemplar, mientras pasea, a jóvenes promesas de la música, ilusionistas y echadoras de cartas.

ámbito 1

▶ EXPRESAR SENTIMIENTOS, DESEOS Y ESPERANZAS I

¡Ojalá! + presente / imperfecto de subjuntivo	Verbos de sentimientos *(querer, esperar...)*
Expresa deseos en el presente y en el futuro. Si lleva imperfecto, el cumplimiento del deseo es menos probable. *¡Ojalá apruebes el examen!* *¡Ojalá vea a Juan hoy!* *¡Ojalá me tocara la lotería!*	■ Sujeto v. princ. = sujeto v. subor. → Infinitivo *Quiero comprar un coche nuevo.* ■ Sujeto v. princ. ≠ sujeto v. subor. → v. subor. subjuntivo *Quiero que tú te compres un coche nuevo.*

16 Fíjate en las siguientes viñetas y forma frases como en el ejemplo.

1. Alberto quiere tocar la batería. Su padre quiere que estudie medicina.
2. ....
3. ....
4. ....

---

me gustaría + infinitivo
me gustaría que + imperfecto de subjuntivo

Me gustaría aprobar el examen.
Me gustaría que aprobaras el examen.

17 Fíjate en estas viñetas y completa el cuadro.

Me gusta viajar   Me gustaría viajar

Cuando expreso una afirmación sobre mis gustos, utilizo ...., pero si quiero expresar un deseo, utilizo ....

18 Expresa lo que desearías sobre estos temas para ti y para tus amigos. Fíjate en el ejemplo.

Ej.: *Trabajo: Me gustaría trabajar en una agencia de publicidad. Me gustaría que mis amigos trabajasen conmigo para poder crear un ambiente agradable que nos permitiera desarrollar toda nuestra creatividad.*

DINERO   TRABAJO   MUERTE   AMOR   SALUD

ámbito 1

19 En grupos de cuatro, debéis tirar el dado y expresar vuestros sentimientos sobre el tema de la casilla que os toque. Utilizad la expresión que corresponda al color de vuestra ficha.

SALIDA	① QUERER / ESPERAR / DESEAR / GUSTAR — AMIGOS	② ESPERAR / DESEAR / GUSTAR / QUERER — TÚ	③ GUSTAR / DESEAR / QUERER / ESPERAR — HIJOS	④ ESPERAR / DESEAR / GUSTAR / QUERER — FUTURO	⑤ ESPERAR / DESEAR / QUERER / GUSTAR — PADRE
⑪ PREGUNTA ALGO A TUS COMPAÑEROS	⑩ ESPERAR / DESEAR / QUERER / GUSTAR — PAREJA	⑨ DESEAR / GUSTAR / ESPERAR / QUERER — LIBROS	⑧ QUERER / GUSTAR / DESEAR / ESPERAR — CASA	⑦ ESPERAR / DESEAR / QUERER / GUSTAR — ROPA	⑥ DESEAR / GUSTAR / QUERER / ESPERAR — MÚSICA
⑫ GUSTAR / DESEAR / QUERER / ESPERAR — CIUDADES	⑬ DESEAR / ESPERAR / QUERER / GUSTAR — SOCIEDAD	⑭ ESPERAR / GUSTAR / QUERER / DESEAR — MADRE	⑮ QUERER / DESEAR / GUSTAR / ESPERAR — BARES	⑯ ESPERAR / QUERER / DESEAR / GUSTAR — VECINOS	⑰ GUSTAR / ESPERAR / DESEAR / QUERER — ESCUELA
㉓ DESEAR / ESPERAR / QUERER / GUSTAR — PROFESIÓN	㉒ GUSTAR / QUERER / ESPERAR / DESEAR — COMPAÑEROS	㉑ QUERER / DESEAR / GUSTAR / ESPERAR — PAÍS	⑳ GUSTAR / ESPERAR / DESEAR / QUERER — PRENSA	⑲ DESEAR / QUERER / GUSTAR / ESPERAR — ESTUDIOS	⑱ GUSTAR / QUERER / ESPERAR / DESEAR — DINERO
㉔ PREGUNTA ALGO A TUS COMPAÑEROS	㉕ ESPERAR / GUSTAR / DESEAR / QUERER — HAMBRE	㉖ ESPERAR / DESEAR / GUSTAR / QUERER — MUNDO	㉗ DESEAR / ESPERAR / QUERER / GUSTAR — GUERRAS	㉘ PREGUNTA ALGO A TUS COMPAÑEROS	㉙ **LLEGADA**

toma nota

20 Mark es un estudiante americano que quiere solicitar información sobre el Camino de Santiago, pero no sabe muy bien cómo, ¿lo ayudas?

..............., ... de ...... de ....

..........................:

.... Mark Lee y soy estudiante de español en la Universidad de Estocolmo. El próximo verano me gustaría poder hacer el Camino de Santiago y necesitaría que me .... información detallada sobre albergues, rutas, medios de transporte, horarios y requisitos para abrazar al santo.

.... saber también si existe la posibilidad de entrar a formar parte de un grupo de personas de diferentes nacionalidades.

........................, ... y ....,

Mark Lee

Ahora es tu turno. Has recibido una notificación en la que te informan de que la Universidad Central de Ecuador (calle Masti, 24, 2367 Quito) ofrece becas para realizar allí un curso de español. Escribe una carta solicitando información.

ámbito 2 Me extraña que haya llegado tan pronto

1 Fíjate en la ilustración de la derecha. El dibujante se ha equivocado al colocar el nombre de las cosas. Señala dónde están los errores.

2 Di el nombre de los siguientes elementos urbanos.

PRETÉRITO PERFECTO DE SUBJUNTIVO

forma			usos
yo	haya		■ Expresa acciones pasadas cercanas al hablante o que siente cercanas.
tú	hayas		
él	haya	+ cant**ado** / beb**ido** / viv**ido**	*Espero que haya llegado.*
nosotros	hayamos		■ Expresa acciones futuras anteriores a otras también futuras.
vosotros	hayáis		*Espero que el sábado hayas terminado.*
ellos	hayan		

3 Escribe pequeños textos como en el ejemplo.

1. Marisa y Ana han ido a una corrida de toros.
Espero que Marisa y Ana se hayan divertido y que les haya gustado el espectáculo. Espero también que no se hayan asustado ni deprimido y que no tengan pesadillas por las noches.

2. He escrito a José desde Guatemala.
Espero que ....

3. Hemos dejado de salir juntos.
Ojalá ....

4. Esta semana mi novio hizo un examen de gramática.
Espero que ....

5. Esta mañana mi marido y yo nos hemos dormido.
Espero que él ....

EXPRESAR SENTIMIENTOS II

extrañeza	alegría	contrariedad
¡Qué raro que…! / Me extraña que + subjuntivo	¡Qué bien que…! / Me alegro de que + subjuntivo	Siento que / Lamento que + subjuntivo
¡Qué raro que haya venido!	*¡Qué bien que haya venido!*	*Siento que haya venido.*
Me extraña que venga.	*Me alegro de que venga.*	*Lamento que venga.*

148 ciento cuarenta y ocho

ámbito 2

4 Completa las siguientes frases.

Me extraña que ....
Me alegro de que ....
Siento que ....
Lamento que ....

5 Escucha atentamente las noticias y escribe el sentimiento que te producen.

CD2: 33

6 Discutid en pequeños grupos sobre estas cuestiones. Cuando lleguéis a un acuerdo, exponed vuestro punto de vista al resto de la clase.

✗ ¿Viviríais en una sociedad deshumanizada?
✗ La gente no muestra sus sentimientos para evitar sufrir.
✗ ¿Quién es más sentimental, el hombre o la mujer?
✗ Definíos: sentimentales o racionales.

Escribid un decálogo para ser un(a) perfecto(a) sentimental.

1. ....
2. ....
3. ....
4. ....
5. ....
6. ....
7. ....
8. ....
9. ....
10. ....

suena bien

7 Escucha e identifica cada una de las frases que oigas.

CD2: 34

1. a) ¿Cómo lo has hecho?
   b) ¡Cómo lo has hecho!
   c) ¿Cómo? ¿Lo has hecho?

2. a) ¿Dónde está tu tío?
   b) ¿Dónde? Está tu tío.
   c) ¡Dónde está tu tío!

3. a) ¡Vendrán!
   b) ¿Vendrán?
   c) Vendrán.

4. a) ¿Quién? Ha venido.
   b) ¿Quién ha venido?
   c) ¡Quién ha venido!

5. a) Despierto a los chicos.
   b) ¿Despierto a los chicos?
   c) ¡Despierto a los chicos!

6. a) Mañana es el examen.
   b) ¿Mañana es el examen?
   c) ¡Mañana es el examen!

7. a) Cuando vas a tu casa.
   b) ¡Cuándo vas a tu casa!
   c) ¿Cuándo vas a tu casa?

8. a) Puedo contar con él.
   b) ¿Puedo contar con él?
   c) ¡Puedo contar con él!

9. a) ¿Por qué habla?
   b) Porque habla.
   c) ¿Por qué? ¡Habla!

10. a) ¿Qué hora es?
    b) ¡Qué hora es!

Ahora inténtalo tú. Lee las frases anteriores con la entonación necesaria.

8 Escribe expresiones exclamativas e interrogativas que tengan relación con estos estados de ánimo.

	feliz	triste	enfadado	irónico	agresivo
EXCLAMATIVA					
INTERROGATIVA					

ciento cuarenta y nueve 149

ámbito 2

9 Anota a qué tipo de construcción o edificio corresponde cada fotografía.

Finalidad
- para + infinitivo: sujetos iguales.
  Te escribí para contarte lo ocurrido.
- para que + subjuntivo: sujetos diferentes.
  Te llamé para que me contaras lo ocurrido.
- para qué + indicativo: sujetos diferentes.
  Te explicaré para qué sirve esto.

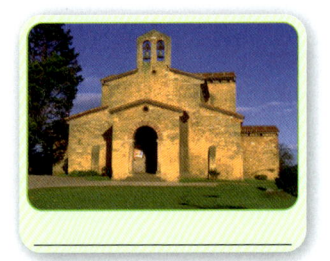

Explica cuál es la finalidad de cada uno de ellos. ¡Sin diccionario!

10 Relaciona estas frases.

1. Sólo me quedan 12 euros para
2. Quiero visitar España para
3. Tienes que ir a la facultad para
4. Te he llamado para
5. Van a salir para
6. Hemos traído un regalo para
7. Han enviado a su hija a EE. UU. para
8. Pasaron por su casa para
9. Se lo dije para
10. Dinos para qué

a. que me des el teléfono de José.
b. acabar el mes.
c. que estudie inglés.
d. dárselo a la niña.
e. conocer su cultura.
f. ver a tus profesores.
g. vienen tus padres esta tarde.
h. que me diese una respuesta.
i. tomar una copa.
j. recoger a los niños.

11 ¿Con qué finalidad haces tú las siguientes cosas?

Ej.: Estudiar:

Pues yo estudio para conseguir un buen trabajo, pero también para que mis padres estén contentos. Quiero tener un buen trabajo para ganar mucho dinero, para poder hacer todo lo que me gusta y para que mi vida sea más fácil y placentera. Pero, sobre todo, quiero conseguir un trabajo para no tener que estudiar nunca más.

1. Viajar. 2. Ver la televisión. 3. Leer guías. 4. Visitar a mis amigos.

Causa
- *por* + infinitivo: detrás de la oración principal.
  Lo despidieron por llegar tarde.
- *porque* + indicativo: detrás de oración principal.
  Fui al médico porque me dolía la cabeza.
- *como* + indicativo: delante de oración principal.
  Como me dolía la cabeza, fui al médico.
- *es que* + indicativo: al comienzo, para poner excusas.
  No he podido llegar antes; es que he tenido un problema.

Consecuencia
- *así que* + indicativo. *No había nadie en la sala, así que me fui.*
- *por eso* + indicativo. *Estaba agotada del viaje, por eso se quedó en casa.*
- *entonces* + indicativo. *Tenía mucha hambre, y entonces cogí lo primero que vi.*

12 Completa las siguientes frases.

1. Se enfadaron por ....
2. Entré en su casa, entonces ....
3. Como ...., tiene resaca.
4. Ya no salen juntos porque ....
5. Nunca ha salido de España, por eso ....

ámbito 2

13 Señala cuáles son para ti las causas y las consecuencias de estos problemas del mundo actual.

- PARO
- DESIGUALDAD SOCIAL
- MALOS TRATOS

14 Busca una respuesta lógica a las siguientes preguntas.

¿Por qué las huchas tienen forma de cerdo? ¿Por qué los hombres se abrochan la ropa a la derecha y las mujeres a la izquierda? ¿Por qué hay damas de honor en las bodas?

15 Lee atentamente los siguientes textos.

EL MADRID DE LOS AUSTRIAS

Se le da este nombre a una amplia zona del centro: en ella se concentran los monumentos, edificios y plazas más importantes realizados en Madrid desde comienzos del siglo XVI hasta 1700, año de la muerte de Carlos II, último rey de esta dinastía. No dejes de visitar el palacio de los Vargas, en la plaza de la Paja, la casa de Cisneros (hoy parte del Ayuntamiento, en la plaza de la Villa), o el convento de las Descalzas Reales, cerca de la Puerta del Sol, quizá la mejor muestra de esta zona.

La zona de Conde Duque

Construido en 1720, el cuartel del Conde Duque, así llamado por haber sido el lugar de residencia del conde-duque de Olivares, alberga hoy un centro cultural y la hemeroteca municipal. Este edificio y muchos otros de la zona son representativos del Madrid de los Borbones, la época de nuestra historia en la que la capital conoció su tercer gran impulso (tras los Reyes Católicos y los Austrias).

EL BARRIO DE CHAMBERÍ

El eje de este barrio es la plaza de Chamberí y las calles que la rodean. Ser de Chamberí fue durante años sinónimo de casticismo. Hoy la plaza ha sido restaurada, pero no por eso la zona ha perdido su encanto de principios del siglo XX. Y sus tabernas son de las más agradables de la ciudad.

Responde verdadero o falso (V o F).

1. El Madrid de los Austrias es una zona amplia del centro de Madrid.
2. En la plaza de la Paja está el convento de las Descalzas Reales.
3. Las tabernas de Chamberí son las más feas de todo Madrid.
4. La zona de Conde Duque debe su nombre a un cuartel.
5. Ser de la zona de Conde Duque es sinónimo de casticismo.
6. Las zonas más emblemáticas de Madrid son: el Madrid de los Austrias, el barrio de Chamberí y la zona de Conde Duque.

toma nota

16 Lee detenidamente esta carta y señala los siguientes elementos:

fecha, membrete, referencia, asunto, saludo, introducción, dirección interior, firma, cuerpo, cierre, despedida, anexo

---

Compañía de Viajes Nuevo Mundo
C/ Almagro, 56
28037 Madrid

José Luis Pérez
C/ Isaac Peral, n.º 12
28003 Madrid

12 de julio de 2006

Referencia: VN/IC
Asunto: Emisión de billete

Estimado señor:

Ante todo, queremos darle las gracias por utilizar nuestra agencia para realizar sus viajes.

Nos dirigimos a usted para remitirle el billete Madrid-Tenerife que nos había solicitado con fecha 11 de julio de 2006. Su importe es de 258,44 €, tasas de aeropuerto incluidas. Cobraremos dicha suma en dos plazos.

Agradeciendo la confianza depositada en nosotros, se despide atentamente,

Juan Aguirre López
Director comercial

Anexo: Adjuntamos factura correspondiente para su archivo.

ámbito 2

Condición

- *si / cuando* + pasado + pasado: condición en el pasado.
  Si / cuando estaba triste, llamaba a su familia.
- *si / cuando* + presente + presente: condición para que se cumpla una acción atemporal.
  Si / cuando me duele la cabeza, me tomo una pastilla.
- *si* + presente + futuro: condición en el futuro.
  Si tengo tiempo, iré a tu casa a verte.
- *si* + presente + imperativo: condición para una orden.
  Si llama Enrique, dile que lo espero donde siempre.

Cuando expresa condición con acciones habituales; en los demás casos significa sólo tiempo.
Cuando era pequeña, vivía en el campo.   * *Si era pequeña, vivía en el campo.*

17 ¿Qué haces si…

1. llegas tarde al trabajo?
2. conoces a la pareja de tu vida?
3. suspendes un examen?
4. ves un atraco?
5. recibes un regalo que no te gusta?

CE 7, 8, 9

18 ¿Qué hacías cuando…

1. te castigaban tus padres?
2. no sabías las preguntas del examen?
3. Papá Noel no te traía el regalo que querías?
4. te perdías?
5. no podías salir con tus amigos?

Oposición

- *aunque* + indicativo / subjuntivo
  Opone una dificultad al cumplimiento de la oración principal, a pesar de la cual se cumple.
  - sé que es verdad (hecho real) → *aunque* + indicativo
    Aunque estudiaba mucho, siempre suspendía.
  - no sé si es verdad (hecho posible) → *aunque* + subjuntivo
    Aunque tuviera dinero, no se lo daría.
- *pero* + indicativo: detrás de oración principal.
  Restringe el significado de la oración principal, aunque las dos acciones se cumplen.
  Estaba preocupado, pero no lo parecía.
- *sino que* + indicativo: con negación en la primera oración.
  Excluye el cumplimiento de la oración principal.
  No iba al colegio, sino que se quedaba en el parque jugando.
- *sin embargo* + indicativo: al comienzo de la oración.
  Restringe el significado de la oración anterior; las dos se cumplen.
  No tengo hambre; sin embargo, me lo comeré.

CE 10, 11

19 Lee lo que dicen estas personas y escribe tu parecer sobre ello.

Soy guapo, alto y atractivo. Soy un hombre sin pareja.

Tengo 42 años y vivo con mis padres. Tengo trabajo, pero no quiero irme de casa.

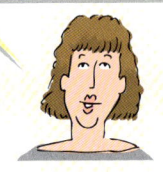

No tengo nada de dinero. Soy feliz.

ámbito 2

20 ¿Qué harías si te regalaran alguna de estas cosas?

21 Lee este texto.

Enrique es un joven de 23 años que acaba de terminar sus estudios de ingeniería. Es un chico tímido, solitario, introvertido, con dificultades para relacionarse… Está muy preocupado por su situación y por su futuro, por lo que ha decidido contratar los servicios de una maga. Doña Merlina le ha preparado una pócima que cambiará su vida, pero Enrique no sabe si tomársela. ¿Qué crees que le ocurrirá si se la toma? ¿Y si no lo hace? En parejas, elegid opciones y construid su futuro.

Si… (tomar la pócima)	Si… (no tomar la pócima)
■ *Conocer* a una chica muy interesante que *ser*… ■ *Transformarse* los días de luna llena en… ■ *Encontrar* un trabajo en… y *viajar* por…	■ *Ir* a una agencia de matrimonios para… ■ *Acudir* a una terapia de grupo una vez por semana para… ■ *Encontrar* un trabajo de bibliotecario en…
entonces / es posible que… ■ *Casarse* con… y *tener* hijos… ■ *Acudir* a muchas fiestas nocturnas, como, por ejemplo… ■ *Ir* a Siberia durante…	**entonces / es posible que** ■ *Presentarle* a una chica tan tímida como él y… pero nunca *llegar a salir*. ■ *Conocer* a otras personas con mayores problemas y *sentirse*… ■ *Hacer* grandes viajes con la imaginación por…
porque ■ *Gustarle* las grandes familias… ■ Allí *poder conocer* a otros… ■ *Enviarlo* a una misión secreta, que *consistir* en…	**porque** ■ Ninguno *atreverse a hablar* ni *a decir*… ■ *Haber* en el mundo personas en peor situación, por ejemplo… ■ *Gustarle* mucho leer libros…
por eso ■ *Tener* ocho hijos. ■ *Hacerse* famoso. ■ *Vivir* grandes aventuras.	**por eso** ■ *Presentarle* a muchas chicas. ■ *Apuntarse* a una ONG. ■ *Aprender* mucho y *ganar* concursos de…
aunque al final ■ *Divorciarse* y los niños *irse* con su ex mujer porque… ■ *Ser* detenido por… y *encarcelado* en… ■ *Tener que ocultarse* en una isla desierta para que…	**aunque al final** ■ *No casarse* con ninguna porque… ■ *Deprimirse* mucho y *dejar* la terapia y la ONG durante… ■ *Hacerse* demasiado famoso e *irse* a otro país a vivir para que…
entonces Enrique ■ *Quedarse* solo. ■ *Acabar* solo. ■ *Vivir* solo.	**entonces Enrique** ■ *Quedarse* solo. ■ *Acabar* solo. ■ *Vivir* solo.

toma nota

22 Escribe una carta comercial dirigida a la librería Galaxia (c/ Toledo 6, 28001 Madrid) para solicitar el catálogo de textos literarios de la editorial Luna e interesarte por la forma de pago de los libros que vas a encargar.

A nuestra manera

Relaciona estos textos con las fotografías.

LOS CARNAVALES: Tenerife y Cádiz

Los carnavales son fiestas populares muy antiguas que se celebran cuarenta días antes de Semana Santa. Son festejos que muestran la "rebeldía" del pueblo ante los cuarenta días de Cuaresma que se avecinan. Los carnavales de Tenerife y de Cádiz son los más famosos de España. A partir del siglo XIX, estos carnavales tienen un estilo propio. Su característica más importante es el humor: la gente disfrazada canta durante estos días unas canciones que ellos mismos crean. Estas canciones cuentan y critican con mucha gracia hechos sociales, políticos, etc., ocurridos durante el año. La gente se echa a la calle, entona canciones con su "murga" (grupo de amigos), y toca el pito y el bombo. El final del carnaval coincide con el Miércoles de Ceniza (primer día de Cuaresma) y con el "entierro de la sardina". Este será el único alimento durante el tiempo de preparación para la Semana Santa.

LAS FALLAS DE VALENCIA: Valencia

Se celebran en Valencia del 15 al 19 de marzo, día de San José. El origen de esta fiesta pagana se remonta al siglo XIII, cuando los carpinteros necesitaban quemar los materiales inservibles acumulados durante el invierno. La fiesta comienza con la "plantà", colocación de las fallas en la calle. Cada una de ellas está formada por figuras-*ninots* realizadas por los artistas, en las que se ironiza sobre hechos y personajes públicos que han sido actualidad durante el año anterior. Todo termina con la "cremà", en la que desaparece, entre llamas y humo, el trabajo de todo un año.

SEMANA SANTA: toda España

Fiesta católica que se celebra en toda España. Son de gran interés las procesiones, manifestaciones de los momentos más importantes de la pasión y muerte de Jesucristo en imágenes de extraordinario valor artístico. Salen de las iglesias y recorren la ciudad a hombros de los costaleros; tras ellas desfilan los penitentes. Muchas personas se visten con una túnica y una capa larga hasta los pies. Cubren su cara con una caperuza con dos agujeros para los ojos. La gente canta en la calle saetas, que son coplas religiosas. Las celebraciones de Semana Santa más conocidas son las de Andalucía y las de Castilla.

Recapitulación

Elige la respuesta correcta y sabrás algunas curiosidades sobre el mundo hispano.

1. A .... hispanohablante le gustaría que desapareciera la letra ñ.
   a) ningún
   b) ningunos
   c) ninguna

2. La patata, el tomate y el café son .... de los productos que Colón trajo de América.
   a) algunos
   b) algún
   c) algunas

3. Probablemente, el español .... la lengua más importante a finales del siglo XXI.
   a) es
   b) será
   c) sean

4. Es un tópico, pero a los hispanohablantes les gusta .... de la vida.
   a) disfrutar
   b) disfruten
   c) disfrutan

5. A muchos hispanohablantes les fastidia que los extranjeros .... que no son muy trabajadores.
   a) piensan
   b) piensen
   c) piensa

6. Si vas a México, te encantará .... el Palenque.
   a) ver
   b) verás
   c) vea

7. Mucha gente visita España para .... su cultura.
   a) conocer
   b) conocen
   c) conozcan

8. El abanico es típico de España y sirve para .... aire cuando hace calor.
   a) darse
   b) dé
   c) doy

9. En España se duerme la siesta porque .... mucho calor en verano.
   a) hace
   b) haga
   c) hago

10. En México se utiliza la palabra *mano* o *manito* para .... a otras personas.
    a) saludar
    b) salude
    c) saluden

11. Esperamos que a mediados de siglo .... las desigualdades sociales.
    a) han desaparecido
    b) hayan desaparecido
    c) haya desaparecido

12. En Guatemala estuvieron los mayas, por eso .... yacimientos arqueológicos.
    a) tenga
    b) tiene
    c) tendría

13. Latinoamérica es muy bella, así que vosotros .... visitarla.
    a) debemos
    b) deben
    c) debéis

Tenemos nuevas noticias

10

ámbito 1 — Al teléfono

APRENDEREMOS A
- Emplear recursos para transmitir las palabras de otros
- Transmitir recados

ESTUDIAREMOS
- Transformaciones verbales
- Transformaciones pronominales
- Transformaciones de los marcadores de lugar
- *ir / venir; llevar / traer*
- Verbo *preguntar*
- Repaso: signos de puntuación y normas de acentuación
- Notas y recados personales
- Medios de comunicación
- Enumeración enunciativa

ámbito 2 — Dicen que...

APRENDEREMOS A
- Contar noticias y reaccionar ante ellas
- Resumir y destacar las ideas principales de un relato

ESTUDIAREMOS
- Recursos para expresar la impersonalidad
- Construcción pasiva
- Notas y recados personales
- Medios de comunicación
- Oraciones coordinadas
- La gastronomía española

ámbito 1 Al teléfono

¡Hola!

Me alegro de verte, Juan.

Juan no está en casa en este momento. Ha dejado recado de que volverá tarde, pues tiene mucho trabajo en la oficina.

▶ **ESTILO INDIRECTO**

transformaciones verbales		
estilo directo	DICE QUE, HA DICHO QUE	estilo indirecto
indicativo		indicativo
Todos los días me levanto temprano.		*Dice que todos los días se levanta temprano.*
subjuntivo		subjuntivo
¡Ojalá apruebe mi examen de matemáticas!		*Dice que ojalá apruebe su examen.*
imperativo		presente de subjuntivo
Compradme el periódico.		*Dice que le compremos el periódico.*
otras transformaciones		

- PRONOMBRES: yo → él; nosotros → ellos; me → le; nuestra → suya; conmigo → con él.
- ADJETIVOS: mi casa → su casa; este libro → ese libro; nuestro hijo → su hijo.
- MARCADORES DE LUGAR: aquí → allí; en este lugar → en ese lugar.
- VERBOS: ir → venir; llevar → traer.

1 Escribe las oraciones en estilo indirecto.

1. "Pide a la telefonista el número de mi hijo Carlos." Luisa me dice / ha dicho que ....
2. "A mí no me gusta conducir de noche." Juana dice / ha dicho que ....
3. "Este bolso no es el nuestro." Ellas dicen / han dicho que ....
4. "Siempre que vamos / venimos a Málaga llevamos / traemos regalos para nuestra familia." Ellos dicen / han dicho que ....
5. "No tengo correo electrónico en este despacho." Javier dice / ha dicho que ....
6. "Que tengáis buena suerte." Marta nos dice / ha dicho que ....
7. "Raúl me ha dejado su nueva dirección." Virginia dice / ha dicho que ....
8. "Quizás empiece aquí una nueva vida." Roberto dice / ha dicho que ....
9. "Ojalá vinieran temprano." Petra dice / ha dicho que ....
10. "Conmigo siempre estaréis a salvo." El director dice / ha dicho que ....

ámbito 1

2 Lee con atención esta conversación. Redacta en estilo indirecto todo lo que José le cuenta a Javi después de haber hablado con Ramón.

1. ¡Hola, José! Soy Ramón. Carmen y yo queremos invitaros a ti y a Javi a nuestra casa el próximo sábado.

Me parece estupendo.

2. Hemos pensado que podemos vernos sobre las nueve. También vendrán Quique y Ernesto.

De acuerdo.

3. Muy bien, hablaré con Javi y le contaré todo lo que me has dicho, y allí estaremos.

Para que lleguéis bien y no os perdáis, tenéis que cruzar toda la avenida Juan de Austria y después torcer a la derecha. En esta calle encontraréis un parque a la izquierda; nuestra casa está justamente al final del parque. No os preocupéis, no es difícil venir aquí. Quizás sea una buena idea dejar mi coche en la puerta del garaje para que podáis encontrar la casa sin problemas.

4. ¡Ah! Por cierto, no olvidéis traernos el licor de moras tan bueno que comprasteis en Cáceres. Nos encantó.

De acuerdo. Allí nos veremos.

5. Pues hasta el sábado.

Sí. Hasta el sábado.

Unos minutos más tarde…

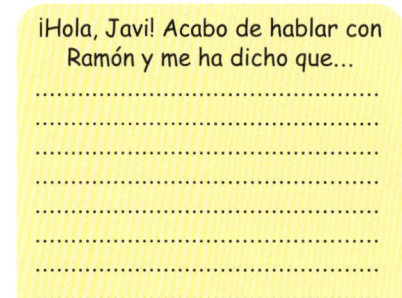

6. ¡Hola, Javi! Acabo de hablar con Ramón y me ha dicho que…
....
....
....
....
....
....
....
....

3 (CD2: 35) Escucha los titulares que ha emitido Radio Veloz y anota si son verdaderas o falsas las siguientes afirmaciones. Justifica tu respuesta y reproduce en estilo indirecto la información que aparece en cada una de las noticias.

a) Los adolescentes varones beben más que las mujeres. → V F

El consumo de alcohol ha aumentado entre los adultos. → V F

b) El horóscopo anuncia que la próxima semana solo las mujeres que tienen el signo de Cáncer tendrán suerte. → V F

Será una buena semana para comprarse una casa. → V F

c) La dieta mediterránea solo contiene cereales. → V F

La dieta mediterránea nos prohíbe el consumo de vino. → V F

d) La moda del próximo año traerá faldas muy largas. → V F

El color de moda será el negro. → V F

ámbito 1

4 El horóscopo dice que eres... ¿Qué signos te son favorables?

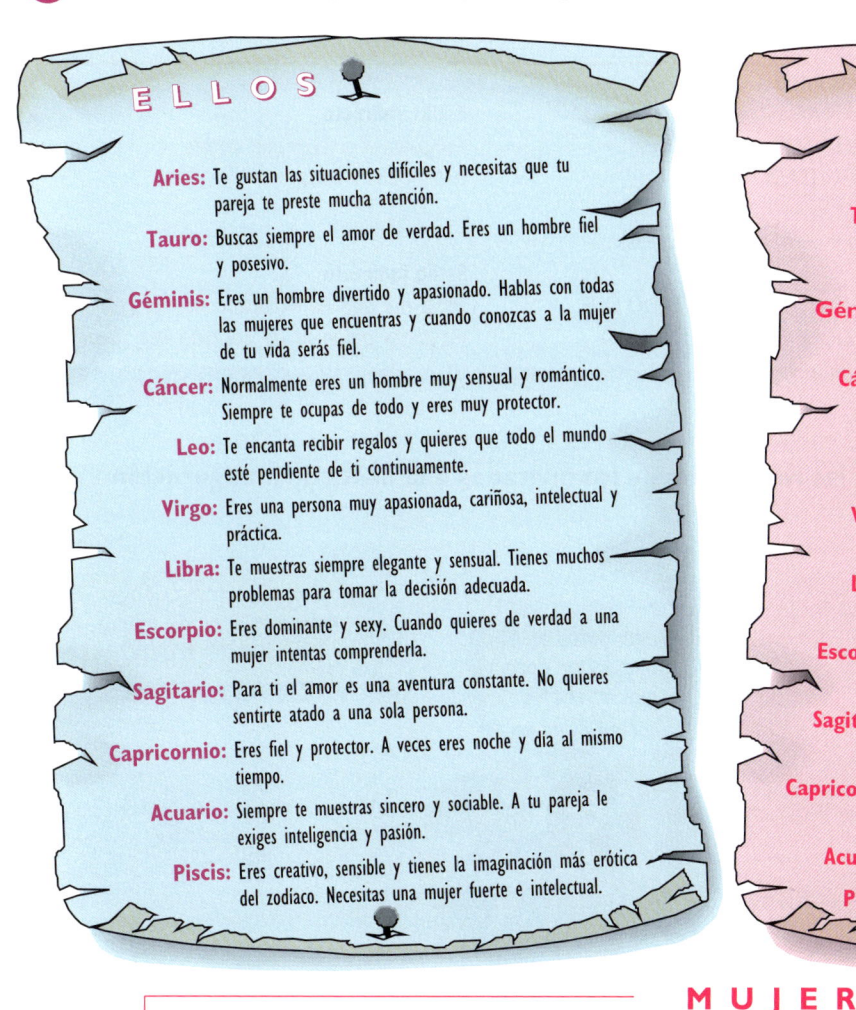

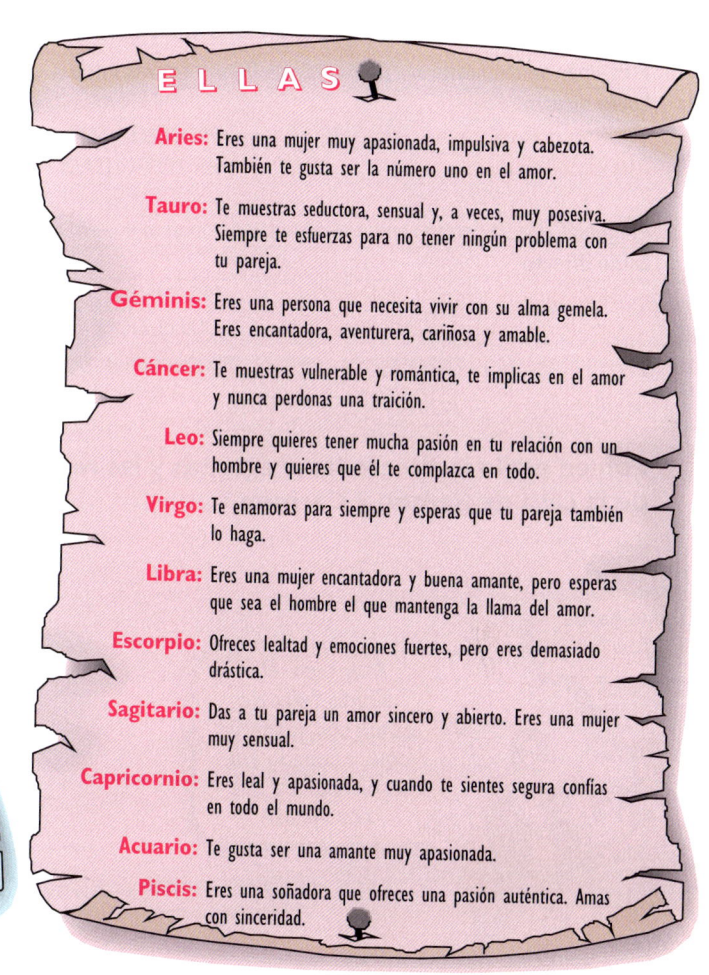

ELLOS

Aries: Te gustan las situaciones difíciles y necesitas que tu pareja te preste mucha atención.

Tauro: Buscas siempre el amor de verdad. Eres un hombre fiel y posesivo.

Géminis: Eres un hombre divertido y apasionado. Hablas con todas las mujeres que encuentras y cuando conozcas a la mujer de tu vida serás fiel.

Cáncer: Normalmente eres un hombre muy sensual y romántico. Siempre te ocupas de todo y eres muy protector.

Leo: Te encanta recibir regalos y quieres que todo el mundo esté pendiente de ti continuamente.

Virgo: Eres una persona muy apasionada, cariñosa, intelectual y práctica.

Libra: Te muestras siempre elegante y sensual. Tienes muchos problemas para tomar la decisión adecuada.

Escorpio: Eres dominante y sexy. Cuando quieres de verdad a una mujer intentas comprenderla.

Sagitario: Para ti el amor es una aventura constante. No quieres sentirte atado a una sola persona.

Capricornio: Eres fiel y protector. A veces eres noche y día al mismo tiempo.

Acuario: Siempre te muestras sincero y sociable. A tu pareja le exiges inteligencia y pasión.

Piscis: Eres creativo, sensible y tienes la imaginación más erótica del zodíaco. Necesitas una mujer fuerte e intelectual.

ELLAS

Aries: Eres una mujer muy apasionada, impulsiva y cabezota. También te gusta ser la número uno en el amor.

Tauro: Te muestras seductora, sensual y, a veces, muy posesiva. Siempre te esfuerzas para no tener ningún problema con tu pareja.

Géminis: Eres una persona que necesita vivir con su alma gemela. Eres encantadora, aventurera, cariñosa y amable.

Cáncer: Te muestras vulnerable y romántica, te implicas en el amor y nunca perdonas una traición.

Leo: Siempre quieres tener mucha pasión en tu relación con un hombre y quieres que él te complazca en todo.

Virgo: Te enamoras para siempre y esperas que tu pareja también lo haga.

Libra: Eres una mujer encantadora y buena amante, pero esperas que sea el hombre el que mantenga la llama del amor.

Escorpio: Ofreces lealtad y emociones fuertes, pero eres demasiado drástica.

Sagitario: Das a tu pareja un amor sincero y abierto. Eres una mujer muy sensual.

Capricornio: Eres leal y apasionada, y cuando te sientes segura confías en todo el mundo.

Acuario: Te gusta ser una amante muy apasionada.

Piscis: Eres una soñadora que ofreces una pasión auténtica. Amas con sinceridad.

MUJER

	Aries	Tauro	Géminis	Cáncer	Leo	Virgo	Libra	Escorpio	Sagitario	Capricornio	Acuario	Piscis
Aries	♥♥♥	♥♥	♥♥♥♥	♥♥	♥♥♥♥♥		♥♥	♥♥	♥♥♥♥♥	♥	♥♥♥♥	♥♥♥♥♥
Tauro	♥♥	♥♥♥	♥♥	♥♥♥♥	♥	♥♥♥♥♥		♥♥♥		♥♥♥♥♥	♥	♥♥♥
Géminis	♥♥♥	♥♥	♥♥♥	♥	♥♥♥	♥♥	♥♥♥	♥♥	♥♥♥	♥♥	♥♥♥♥	♥
Cáncer	♥	♥♥♥♥	♥♥	♥♥♥	♥♥	♥♥♥♥♥	♥	♥♥♥♥		♥♥♥♥	♥♥	♥♥♥♥
Leo	♥♥♥♥♥	♥	♥♥♥	♥	♥♥♥		♥♥	♥♥♥♥♥	♥♥♥♥		♥♥	♥
Virgo	♥♥	♥♥♥♥	♥	♥♥♥♥		♥♥♥	♥♥	♥♥♥♥	♥	♥♥♥♥♥	♥♥♥	♥
Libra	♥	♥♥	♥♥♥	♥♥	♥♥♥	♥	♥♥♥		♥♥♥	♥	♥♥♥♥	♥♥
Escorpio	♥♥	♥♥	♥	♥♥♥♥♥	♥♥	♥♥♥	♥	♥♥♥	♥	♥♥♥	♥	♥♥♥
Sagitario	♥♥♥♥	♥♥	♥	♥	♥♥♥♥	♥	♥♥♥	♥	♥♥♥	♥♥	♥♥♥	♥
Capricornio	♥♥♥	♥♥♥♥	♥♥	♥	♥	♥♥♥♥	♥	♥♥♥	♥	♥♥♥	♥	♥♥♥
Acuario	♥♥♥♥	♥	♥♥♥	♥	♥♥♥	♥	♥♥♥♥	♥	♥♥♥	♥	♥♥♥	♥
Piscis	♥♥♥	♥♥♥♥	♥	♥♥♥♥	♥♥	♥♥	♥♥	♥♥♥♥♥	♥	♥♥♥♥	♥	♥♥♥

♥ Conflictivo
♥♥ Poco amigos
♥♥♥ Indiferente
♥♥♥♥ Bueno
♥♥♥♥♥ Excelente

suena bien

5 Escucha estas frases y pon mucha atención a su esquema de entonación.

CD2: 36

El coche, el horno, la aspiradora, todo se ha roto al mismo tiempo.

Tus hijos son traviesos, simpáticos, cariñosos.

Las margaritas, las rosas y las azucenas son mis flores preferidas.

Paco Ruiz cocina, monta a caballo, escribe novelas y corre 10 km diarios.

ámbito 1

▶ **TRANSFORMACIONES CON EL VERBO *PREGUNTAR***

1. Preguntas de respuesta *sí / no* o similares (interrogativas totales).

Estilo directo		Estilo indirecto
¿Quieres que salgamos esta noche a cenar?	PREGUNTA SI / HA PREGUNTADO SI	Pregunta si quieres que salgáis esta noche a cenar.

2. Preguntas que se centran en una información concreta (interrogativas parciales).

Estilo directo		Estilo indirecto
¿Qué ha explicado hoy el profesor?	PREGUNTA / HA PREGUNTADO QUÉ, QUIÉN, DÓNDE, CÓMO, CUÁNDO	Pregunta qué ha explicado hoy el profesor.
¿Quién te ha contado esa mentira?		Pregunta quién te ha contado esa mentira.

CE 7,8

6 Pon en estilo indirecto las preguntas y las respuestas de los invitados a la fiesta de inauguración de la casa de Ramón y Carmen.

1
¿Cómo estás, Javi?
Muy bien. Me siento feliz de estar con vosotros aquí. ¿Cuándo fue la última vez que nos vimos?

2
José, ponlo en el congelador para que se enfríe.
Oye, Carmen, ¿dónde pongo el licor de moras que hemos traído?

3
Claro que sí, aunque hace tiempo que no nos hemos visto. ¿Sigues viviendo en Madrid?
Sí, claro.
¿Recuerdas a Víctor? Es el novio de Marta.

4
No sé. Quizá un vaso de sangría. ¿Quién es el novio de Marta?
¿Qué quieres beber?

Los amigos que no han podido venir han enviado telegramas. Carmen comenta a Ramón el contenido de estos telegramas. Reconstruye los mensajes originales.

1. Tu hermana Elena dice que no puede venir porque tiene que estudiar para sus exámenes. Quiere saber cuál es nuestro nuevo número de teléfono móvil y si iremos a verla en las vacaciones de Semana Santa.

2. Eugenia ha perdido el avión y no puede venir a nuestra fiesta. No ha encontrado ningún billete de avión en el vuelo de las 20.00 h. Se ha quedado muy decepcionada y nos promete que estará aquí la próxima vez.

3. Tu jefe tiene demasiado trabajo y prefiere quedarse en la oficina. Te pregunta cuánto tiempo estarás de vacaciones y si puedes llamarlo el lunes a su despacho.

ámbito 1

7 Has recibido por correo publicidad sobre diferentes productos.

"Te llevaré a ti y a toda tu familia al fin del mundo y siempre tendrás un amigo a tu lado."

"Si haces un pedido por valor superior a 30 € recibirás gratis una gorra o una mochila, a elegir."

"Disfrutarás de un entorno único, con piscina, zonas ajardinadas y todo tipo de comodidades.
Precio: desde 260.000 euros."

"Atraerás todas las miradas y te sentirás bien."

1. Lee los anuncios publicitarios anteriores y reproduce en estilo indirecto lo que dice cada uno.

2. Ahora escribe un mensaje publicitario para estas imágenes.

3. ¿Crees que la publicidad nos lleva a comprar los productos anunciados?

toma nota

8 Sergio ha recibido varios correos electrónicos y su ordenador se ha vuelto loco. Coloca los signos de puntuación y los acentos en estos mensajes.

```
¿Como te va?
Contesto al mensaje que me escribiste la semana pasada No se todavia como
celebrar mi cumpleaños Mis padres quieren que hagamos una gran fiesta con
pasteles musica baile y mucha gente Volvere a escribirte
Juana


Ayer te espere hasta las tres de la tarde y no apareciste por la biblioteca
Quizas estabas enfermo o simplemente te quedaste en el sofa tan tranquilo
Llamame cuentame que te paso y dime si cuento contigo para el sabado
Antonio
```

ciento sesenta y una **161**

ámbito 1

9 Elena ha recibido varias postales este verano. Después de leerlas, quiere contar a su marido el contenido de cada una. Vuelve a escribirlo en estilo indirecto.

Ej.: *Me ha escrito Carlos y dice que…*
He recibido una postal de Pepa y me cuenta que…

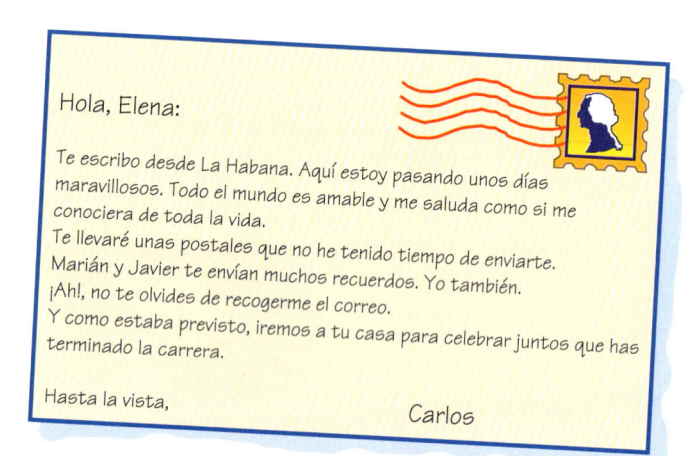

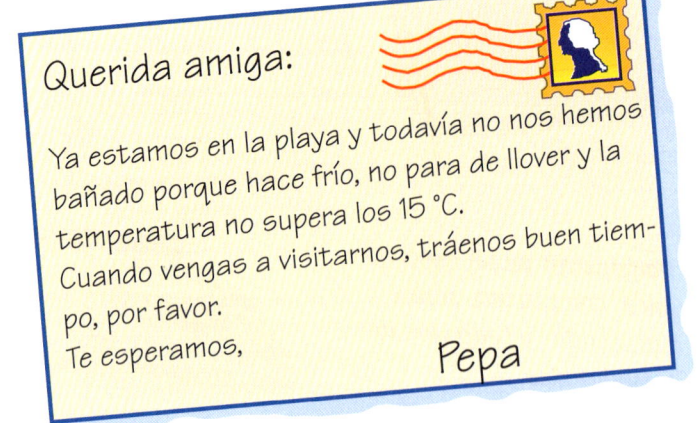

Hola, Elena:

Te escribo desde La Habana. Aquí estoy pasando unos días maravillosos. Todo el mundo es amable y me saluda como si me conociera de toda la vida.
Te llevaré unas postales que no he tenido tiempo de enviarte.
Marián y Javier te envían muchos recuerdos. Yo también.
¡Ah!, no te olvides de recogerme el correo.
Y como estaba previsto, iremos a tu casa para celebrar juntos que has terminado la carrera.

Hasta la vista,
Carlos

Querida amiga:

Ya estamos en la playa y todavía no nos hemos bañado porque hace frío, no para de llover y la temperatura no supera los 15 °C.
Cuando vengas a visitarnos, tráenos buen tiempo, por favor.
Te esperamos,
Pepa

---

10 Imagina que has recibido en casa un fax diferente para cada uno de los miembros de tu familia. Cuéntales los recados que han llegado para ellos.

F A X

Soy mamá. Dile a tu hermano Javi que recoja su traje de la tintorería, porque se me olvidó hacerlo la semana pasada, y que no olvide que tiene cita con el dentista el jueves a las cuatro. Julia y yo pensamos quedarnos dos días más en Zaragoza. El tiempo es estupendo y nos lo estamos pasando muy bien.

1. Javi, ha llegado un fax de mamá y dice que…

2. Papá, Carmen ha escrito y dice…

F A X

Nunca os encuentro. Llevo llamando varios días y no tengo suerte. El próximo sábado es la presentación de mi libro y cuento con vosotros. Vuestros hijos también están invitados. Carmen.

3. Marta, ha escrito Juan y dice que…

F A X

Marta, no tengo dinero.
Te pido que llames a mis padres y que les cuentes que me envíen por correo urgente 120 euros. No olvides mi recado. Es muy importante. No sé si estaré de vuelta el lunes a primera hora; si no es así, te llamaré. Cuídate. Juan.

ámbito 1

11 Escucha unos fragmentos de entrevistas que han hecho en un famoso programa de televisión a diferentes personajes de la vida pública española. Relaciona cada foto con la entrevista correspondiente y cuenta a tus compañeros lo que dicen.

12 Realiza este cuestionario a tu compañero y añade tres preguntas más que te parezcan interesantes. Después, cuenta al resto de la clase cuáles han sido sus respuestas.

- ¿Qué rasgo define tu carácter?
- ¿Cuál es tu sueño dorado?
- ¿Cómo te gusta divertirte?
- ¿Qué lleva tu plato preferido?
- ¿Cuántas horas necesitas dormir para estar en forma?
- ¿Cuál es tu deporte favorito?
- ¿Quién es la persona más importante de tu vida?
- ¿Cuál es el color que más te gusta?
- ¿Qué colonia o perfume utilizas?
- ¿Qué no te gusta?
- ¿Qué te fascina?
- ....
- ....
- ....

toma nota

13 Encima de tu mesa de trabajo has encontrado estas notas:

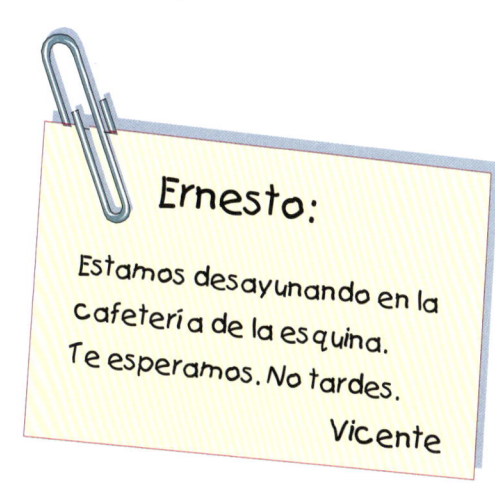

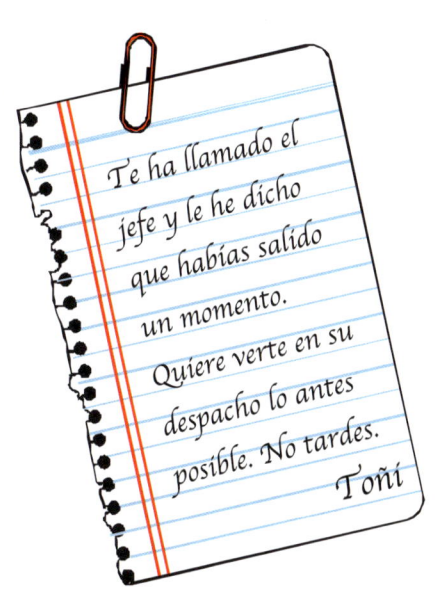

> Ernesto:
> Estamos desayunando en la cafetería de la esquina. Te esperamos. No tardes.
> Vicente

> Te ha llamado el jefe y le he dicho que habías salido un momento. Quiere verte en su despacho lo antes posible. No tardes.
> Toñi

Escribe cinco recados personales a tu compañero de piso. En ellos tienes que:

- Felicitarlo por haber aprobado el curso.
- Pedirle que saque el perro al parque.
- Contarle que lo ha llamado su madre y que es urgente.
- Anunciarle que tiene un aviso para recoger un paquete en Correos.
- Recordarle que hoy no vendrás a cenar.

ámbito 2 Dicen que...

Se confirma la ruptura entre el jugador de baloncesto Jorge Mora y la actriz Marta Rosa

Dicen que el jugador de baloncesto Jorge Mora ha encontrado un nuevo amor

▶ **EXPRESIÓN DE LA IMPERSONALIDAD**

se + verbo en 3.ª persona	verbo en 3.ª persona del plural
Se acusó a los vecinos del robo.	Dicen que se casó y sus padres no lo sabían.
Se dice que el presidente está enfermo.	
Se venden coches de importación.	
Se resolvió el problema de Carlos.	
2.ª persona del singular	**hacer, haber y ser en 3.ª persona del singular**
Vas a cualquier bar y siempre hay gente.	Hace calor. Hay muchos coches. Es invierno.

CE 3 **1** Lee estas noticias y anuncios de un diario y subraya las estructuras que has aprendido. Después, clasifícalas y señala de qué tipo son.

CORRESPONSAL EN BRUSELAS
El Gobierno tomará medidas serias contra todos los manifestantes. Se cree que la manifestación acabará antes de las doce de la medianoche y aseguran que la policía estará en alerta.

Se busca chica para compartir piso muy céntrico.
Es soleado y tiene cinco habitaciones.
Interesadas, contactar con Mati a partir de las diez de la noche.
Tel. 908 040 301.

Se anuncia que tendremos buen tiempo para todo el fin de semana.
No hará frío, las nubes desaparecerán y habrá una temperatura media de 32 °C.

P.: ¿Y cuándo estrenará su nueva película?
R.: Es difícil contestar a esta pregunta. Vivimos en una sociedad con estrés, siempre estás de un lado para otro y no tienes tiempo para nada ni para nadie. No puedo responder ahora a tu pregunta. Quizá dentro de unos meses.

CE 5 **2** Vas a escuchar unos titulares de prensa. Conviértelos en oraciones con un sujeto.
CD2: 38

3 Escribe dos anuncios para el periódico de compra y venta *El Mercadillo*. Utiliza estas estructuras: *se compra, se vende, se necesita, se cambia*. Después, todos leeréis lo que habéis escrito.

ámbito 2

4 En la revista de turismo *Viajaremos* aparecen diferentes informaciones sobre las costumbres y la vida en España. ¿Estás de acuerdo con ellas?

Se dice que...

"Se duerme la siesta todos los días".

"Se cocina con poca grasa".

"Siempre hace muy buen tiempo".

"Hay gente por la calle hasta las dos de la madrugada".

"No hay mucho tráfico".

"Es muy fácil hacer amigos".

1. Ahora te toca a ti. Escribe al menos seis ideas que tienen en tu país sobre España y compáralas con las de tu compañero.
   ▶ *En mi país dicen que en España...*

2. ¿Qué tópicos conoces sobre otros países?   ▶ *En mi país se dice que..., dicen que...*

suena bien

5 Escucha estas oraciones.
CD2: 39

Anoche llovía y hacía mucho viento.
Ana está en su casa o está en la biblioteca.
Me acuesto temprano y siempre me levanto tarde.
Duérmete o levántate.

6 Escucha y repite.
CD2: 40

El sol salía y la luna se escondía.
Todas las mañanas, Marta bebe leche o toma un poco de zumo.
Natalia trabaja y Silvia está en paro.
Esta noche voy al teatro o me quedo en casa.

ciento sesenta y cinco 165

ámbito 2

> ▶ **CONSTRUCCIONES DE SIGNIFICADO PASIVO I**
>
> ■ **ser** + **participio** del verbo conjugado. El participio concuerda con el sujeto paciente en género y número, y el agente aparece precedido de la preposición *por*. Lo importante en estas oraciones es la acción.
> *La explosión de la bomba fue anunciada por el reportero.*
> *El avión había sido pilotado por mi padre.*
>
> ■ **se** + **verbo en 3.ª persona** (singular o plural, en concordancia con el sujeto paciente).
> *Se han escrito varios reportajes sobre animales.*
> *Se ha escrito un reportaje sobre animales.*

7 En la prensa se utiliza mucho la construcción pasiva. Señala los casos que aparecen en estas noticias. Después, transforma las pasivas del tipo *ser* + *participio* en oraciones activas.

La exposición de pintura fue inaugurada anoche. Numerosos cuadros de principios del siglo XX permanecerán expuestos en el museo hasta finales de junio.

Isabel Allende ha publicado un libro. El sábado próximo serán firmados cien ejemplares por la autora.

El 12 de octubre se celebró en el Palacio Real el aniversario del descubrimiento de América. Los presidentes de todos los países hispanoamericanos fueron invitados al acto.

8 Lee estos titulares y transfórmalos utilizando la construcción pasiva con *ser*.

- La pasarela Cibeles presenta la colección de moda para el otoño.
- El juez condenó al ladrón a siete años de prisión.
- Un médico canadiense ha descubierto una nueva vacuna contra la gripe.
- El presidente del Gobierno clausurará mañana el festival de música clásica.

9 Lee estos anuncios y transfórmalos en una construcción pasiva. Utiliza *se* + verbo en 3.ª persona.

"Llevamos comida preparada a cualquier lugar del mundo."
■ ....

"A partir de la semana que viene repararemos los aparatos eléctricos de manera gratuita."
■ ....

"Los fontaneros han visitado las casas más viejas de la ciudad para revisar las tuberías."
■ ....

"La inmobiliaria Martínez alquila apartamentos en Sierra Nevada a muy bajo precio."
■ ....

ámbito 2

10 Relaciona cada término con la imagen que corresponda.

periódico ■ telediario ■ revista ■ programa de radio ■ diario cultural

Ahora responde a estas preguntas.

✔ ¿Qué medios de información se utilizan en tu país con más frecuencia?
✔ ¿Qué clase de programas se ven en la televisión?
✔ ¿Hay diferencias importantes entre la televisión de tu país y la de otros países?
✔ ¿Se respeta la libertad de prensa o hay algún tipo de censura?
✔ ¿Crees que las revistas del corazón tienen algún tipo de interés? ¿Para quién?

11 Escucha el debate de un programa de radio sobre la "prensa rosa" o del corazón. Después, señala si son verdaderas o falsas las siguientes afirmaciones.

CD2: 41

1. En España se vende un millón de revistas del corazón. → V F
2. Una exclusiva no cuesta dinero. → V F
3. El número total de lectores de la prensa rosa en España llega a los cinco millones. → V F
4. La prensa del corazón es un fenómeno generalizado en todo el mundo. → V F
5. Prensa amarilla es sinónimo de prensa del corazón. → V F

Has escuchado términos como *cotilleo, sensacionalismo,* paparazzi, *escándalo, telebasura.* ¿Puedes relacionarlos con las siguientes definiciones?

■ ....: Hecho o dicho considerado contrario a la moral social y que produce indignación o habladurías maliciosas.
■ ....: Difusión de los asuntos de otras personas.
■ ....: Tendencia a presentar los aspectos más llamativos de algo para producir una sensación o emoción grande.
■ ....: Programas de televisión que emiten noticias de poco interés y que solo buscan informaciones morbosas.
■ ....: Fotógrafos de la prensa del corazón que intentan fotografiar a la gente famosa en cualquier lugar y en cualquier situación.

toma nota

12 Subraya la opción correcta en cada caso.

1. ¿(Porque / Por qué) bebes tanto?
2. Hemos (echo / hecho) un regalo a Marta.
3. Ana (se cayó / se calló) cuando subía las escaleras.
4. No me gusta esta comida (porque / por qué) le falta sal.
5. (Ahí / Hay / Ay) vive un hermano de mi padre.
6. Tiene que (haber / a ver) más comida en el armario.
7. Cuando Carlos pedía ayuda, gritaba: "(Ahí / Hay / Ay), ayudadme, ayudadme".
8. (Te / Té) llamo para saber si me invitas a tomar un (te / té).
9. (Se cayó / Se calló) al saber que estaba equivocada.
10. (Mi / Mí) hermana ha enviado unas flores para (mi / mí).
11. Vengo a tu casa (porque / por qué) preparas un café estupendo.
12. (Ahí / Hay / Ay) tres coches en mi garaje.
13. ¿Ya has (echo / hecho) tus maletas?
14. (A ver / Haber) si vienes más temprano.
15. Quiere saber (porqué / por qué) sales con un chico tan extraño.
16. (A ver / Haber), ¿quién sabe la respuesta?
17. Siempre (echo / hecho) las cartas en la oficina central de Correos.

ámbito 2

▶ CONSTRUCCIONES DE SIGNIFICADO PASIVO II

- La construcción pasiva del tipo *ser* + participio se utiliza especialmente en el lenguaje periodístico. En la lengua común se prefiere la construcción con *se* + verbo en 3.ª persona.
  El libro es vendido > *Se vende el libro.*
- **concordancia:** *se* + 3.ª persona.

CD sin preposición	→	*se* + verbo singular / plural
Vendieron los libros.	→	*Se vendieron los libros.*
CD con preposición	→	*se* + verbo singular
Interrogaron a los testigos.	→	*Se interrogó a los testigos.*

13 Estos son los ecos de sociedad que ha publicado una famosa revista del corazón. Transforma las frases que aparecen con *ser* + participio en una oración del tipo *se* + verbo en 3.ª persona.

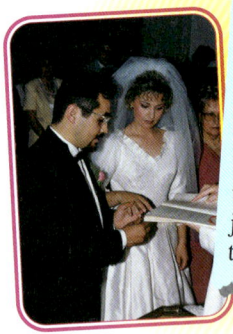

> La boda entre la señorita Margarita de Castro Ribadesella y el señor Rodolfo de la Torre de Don Pedro Gil ha sido celebrada en un lujoso restaurante. Las fotos fueron realizadas en los jardines del restaurante con todos los invitados.

> Ayer fue hallado vivo el gato de la duquesa Sotomayor. Será entregada una recompensa a los niños que lo encontraron.

> En la capilla de San Rafael ha sido bautizado el niño Rogelio Peinado Redondo. La ceremonia fue celebrada a las cinco de la tarde en presencia de más de 200 invitados.

14 Utiliza una oración con *se* + verbo en 3.ª persona para poner un título a estas fotografías.

> *se* + verbo (singular / plural) + sujeto ⇒ **concordancia**
>
> *se* + verbo (singular) + *a* + complemento ⇒ **no concordancia**

15 Escribe correctamente el verbo. Presta atención al tipo de complemento.

1. Se *(hacer)* .... fotocopias en color.
2. Se *(buscar)* .... a los autores del robo del cuadro de Joan Miró.
3. El próximo jueves se *(firmar)* .... la paz.
4. Se *(vender)* .... y se *(alquilar)* .... coches durante todo el verano.
5. Se *(castigar)* .... con una fuerte multa a los conductores que conducen borrachos.
6. Anoche se *(inaugurar)* .... una nueva discoteca.
7. En 1999 se *(rescatar)* .... con vida a todos los pasajeros de un barco que naufragó en el Pacífico.
8. Esta mañana se *(detener)* .... a tres manifestantes que protestaban por la subida del precio de la gasolina.
9. Se *(cerrar)* .... el supermercado a las 21:00 h.
10. En la organización Manos Libres se *(ayudar)* .... a las personas que no tienen recursos económicos.

ámbito 2

(Speech bubbles: ¿De verdad? ¿En serio? ¡Qué horror! ¿Seguro? ¡No me digas! ¡Qué bien!)

16 ¿Cómo reaccionarías al leer en la prensa las siguientes noticias?

> Se vende droga en todos los bares de la ciudad.

> Los jueces han dejado libre a un hombre que ha contaminado cinco ríos.

> *Se contrata a niños menores de 10 años para trabajar en una fábrica.*

> Un padre obliga a su hija de 18 años a casarse con un hombre rico.

1. Cuenta a tus compañeros alguna noticia que hayas visto o escuchado en un medio de comunicación y que realmente te haya impresionado.

2. Vamos a escuchar la opinión de varias personas acerca de la censura en los medios de comunicación. Debate este asunto con tus compañeros. Anota las ideas principales y señala si estás o no de acuerdo.
CD2: 42

▶ Debe existir libertad de prensa	▶ Hay que censurar algunas noticias por el bien público

toma nota

17 Escribe a tu hermana varios recados para recordarle que debe:

■ recoger un envío certificado ■ regar las plantas de tu apartamento ■
■ comprar un regalo para el cumpleaños de Jorge ■

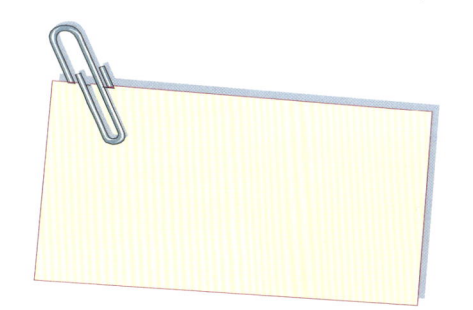

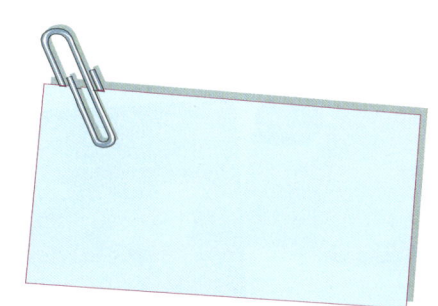

A nuestra manera

La cocina española es rica y variada. La gastronomía española tiene un carácter mediterráneo y su base es el aceite de oliva. La variedad es enorme, y en cada región se pueden degustar deliciosas especialidades. Vamos a conocerlas.

1. Los pescados y los mariscos constituyen la base de la cocina gallega. Los platos más representativos son el caldo gallego, el pulpo a la gallega y la empanada.
2. Lo más característico de Asturias es la fabada y el queso de Cabrales. La sidra es la bebida regional.
3. En Cantabria, la sardina, la anchoa y los calamares se preparan de distintas maneras.
4. La cocina vasca es famosa internacionalmente y tiene su base en las salsas. Sus platos fundamentales son los guisos de pescado preparados en salsa verde, al "pil-pil" o a la vizcaína.
5. En Navarra, los guisos de aves merecen una mención especial, sin olvidar sus copiosas menestras. Aquí también se elabora el Roncal, un delicioso queso de oveja.
6. La Rioja produce un excelente vino. Su cocina lleva como base los famosos pimientos morrones o del piquillo. En repostería cabe destacar el mazapán.
7. Aragón es la zona de los chilindrones, salsa de tomate, pimientos y cebolla, con la que se prepara el pollo y el cordero.
8. La cocina catalana es típicamente mediterránea. Junto a sus típicos platos de arroces destacan sus buenos embutidos, quesos y salsas. Sant Sadurní d'Anoia es el centro de la producción de los famosos cavas o vinos espumosos.
9. Levante es la zona de los arroces. Junto a la famosa paella también hay exquisitos postres, como las tostadas de almendra, el pan quemado y los turrones.
10. En Andalucía podemos degustar riquísimas frituras de pescado y los adobos, además del gazpacho y el jamón de Jabugo (Huelva). Los vinos andaluces, finos y olorosos, son famosos en todo el mundo, especialmente los de Jerez, Málaga y Montilla.
11. El Centro es la zona de los asados: cordero, ternera, cochinillo, cabrito y otras carnes se asan aquí en horno de leña. En Madrid se puede degustar su famoso cocido. Y en Extremadura tienen un excelente jamón serrano.
12. Las islas Baleares han exportado a todo el mundo la mahonesa, salsa originaria de la ciudad de Mahón (Menorca). En Mallorca son exquisitas las ensaimadas, un pastel ligero de hojaldre, y la sobrasada, un sabrosísimo embutido.
13. Las islas Canarias ofrecen muchos platos a base de pescado y una famosa salsa picante, el "mojo picón". Son muy interesantes los distintos tipos de papas y los vinos, famosos desde el siglo XVI. Estas islas también producen frutas tropicales, como plátanos, aguacates, papayas, mangos, guayabas, etc.

Observa las fotografías y escribe el nombre de la región española de la que son típicos estos platos.

fabada ■ gazpacho ■ bacalao a la riojana ■ cochinillo ■ sopa castellana

Recapitulación

CUESTIONARIO

- ¿Para qué estudias español?
- ¿Crees que hay que darles más importancia a las clases de gramática que a las de conversación? ¿Son ambas igualmente importantes?
- ¿Cuál ha sido tu actitud a lo largo de todo el curso?
   a) POSITIVA. ¿Por qué?
   b) NEGATIVA. ¿Por qué?
   c) INDIFERENTE. ¿Por qué?
- ¿Qué opinas sobre los ejercicios que has realizado en casa? ¿Te han ayudado a comprender mejor los contenidos gramaticales que ha explicado el profesor en clase?
- ¿Has aprendido mucho con este método de español?
  ¿Te ha parecido creativo e interesante?
- ¿Qué esperabas de este curso de español antes de empezarlo?
  ¿Ha satisfecho tus necesidades?
- Cada vez que terminaba la clase, el profesor había resuelto tus dudas:
   a) SIEMPRE.
   b) DE VEZ EN CUANDO.
   c) NUNCA.
- ¿En qué aspectos de la lengua española crees que has mejorado más?
   a) GRAMÁTICA.
   b) CONVERSACIÓN.
   c) ESCRITURA.
   d) FONÉTICA.
- ¿Recomendarías este método de español a otras personas que quieran aprender esta lengua?

TRANSCRIPCIONES

LECCIÓN 1 - Vamos a conocernos

Ámbito 1 - Aprendiendo a conocernos
Ejercicio 9
mili, ocho, cono, mus, flaca, tú, casa, tres, su, clara, cese, color, mil, cene, misil

Ejercicio 10
comedor, champú, banco, tiramisú, semáforo, Perú

Ejercicio 11
chalé, apartamento, adosado, piso, buhardilla, ático, casa, caserío, dúplex, caravana

Ejercicio 13
Cielos poco nubosos en la Península, con chubascos y tormenta moderada en Aragón y Cataluña. En el norte habrá viento y chubascos, sobre todo en Galicia. En el centro de la Península, posibilidad de chubascos. Las temperaturas serán agradables. Valencia y Baleares tendrán nubes con posibilidad de alguna tormenta. En Andalucía predominarán los grandes claros. Despejado en el archipiélago canario.

Ejercicio 18
1.
A: ¡Ya lo tengo! Pregúntenme.
B: ¿Es un río?
A: No, no es un río.
C: ¿Está en España o en tu país?
A: Está en España.
B: ¿Cómo es?
A: Es inmensa, es muy árida.
C: ¿Es una llanura?
A: Sí.
B: Es la Meseta castellana.
A: Muy bien, Alberto.

2.
B: Ahora me toca a mí.
A: ¿Está en España o en América?
B: Está en América.
C: ¿Es una montaña o un río?
B: Es un río.
A: ¿El Amazonas?
B: No, es más pequeño que el Amazonas.
A: ¿Está limpio?
B: No, no está muy limpio.
C: ¿Está en Venezuela?
B: Sí. Está en Venezuela y en Colombia.
C: El Orinoco.
B: Correcto.

3.
C: Ahora pienso yo otro accidente geográfico.
B: Sí, pero uno que esté en España.
C: Vale. Está en España.
B: ¿Es un río o un desierto?
C: En España no hay desiertos y no, no es un río.
A: ¿Dónde está?
C: Está en las islas Canarias. Es muy alto. Es muy grande.
A: ¿Es un volcán?
C: Sí.
A: ¿Es el Teide?
C: Sí.

Ámbito 2 - ¡Qué familia!
Ejercicio 1
¿Mi familia? Mi familia es una familia de clase media, bastante típica. Tengo dos hermanos. Mi padre se llama Jorge y es ingeniero. Tiene 52 años. Mi madre se llama Teresa y es enfermera. Tiene…, no estoy muy seguro, porque es muy coqueta y nunca dice la edad… ¡ni a sus propios hijos! Mi hermano mayor, Jorge, está casado con Clara y tiene un hijo, Sergio. El pequeño es Manolo; este está separado de su mujer; mi ex cuñada se llama Lola. Tienen una hija, Patricia.

Ejercicio 7
1. botas
2. actriz
3. línea
4. tómate
5. español
6. fútbol
7. huéspedes
8. difícil
9. fiscal
10. camiseta
11. velero
12. feliz
13. portería
14. náufrago
15. militar
16. rápido
17. mármol
18. México
19. gabán
20. máquina
21. melón

LECCIÓN 2 - Me gusta hacer muchas cosas

Ámbito 1 - Conocemos una lengua
Ejercicio 7
Gabriel: ¿Cómo va tu vida?
Paco: Muy bien. ¿Y tú? No ves a nadie cuando vas por la calle. Te veo ayer en la cafetería Urbina, te llamo a gritos y tú nada, no te das cuenta.
Gabriel: Perdona, Paco. Tengo ahora todos los exámenes finales y estoy todo el día en casa y me paso las noches en vela. El otro día también me pasó lo mismo. Me encuentro con Pepe y paso de largo delante de él.
Paco: ¡Ah, Gabriel! ¿Por qué no descansas un poco más? Al final todo irá bien. Eres un buen estudiante y trabajas mucho todos los días. ¿Quieres repasar conmigo algunos ejercicios de fonética?

Ejercicio 8
1.
pata / bata
pez / vez
capa / cava
Pepe / bebe
peso / beso

2.
bar / par
baño / paño
vino / pino
boca / poca
vaca / Paca

3.
té / dé
bota / boda
coto / codo
cata / cada
tía / día

4.
saldar / saltar
seda / seta
modo / moto
doma / toma

5.
casa / gasa
cala / gala
casta / gasta
toca / toga
cama / gama

6.
boga / boca
guiso / quiso
gol / col
vega / beca
mango / manco

Ejercicio 9
una mota, un dato, el beso, aquella gasa, algún tarro, una vaca, este gato, el carro, mi casa, una vaga, ese peso, la moda, esta boda, la bota

Ejercicio 12
1.
Carlo: Profesora, un ladrón entró anoche en mi casa y tuve mucho miedo. Hoy he preparado mis maletas y me voy a Italia en el primer vuelo que sale esta tarde.
Ana: ¡Pobre Carlo!

2.
Peter: Papá, deseo ir a España el próximo año porque quiero aprender mucho sobre el arte español. Pero primero necesito dinero para pasar algunos días en la playa y tomar un poco el sol.
Jean: ¡Muy bien, Peter! Me parece una idea estupenda.

3.
Marco: Estoy cansado y no tengo ganas de ir a clase. Todos los días hacemos los mismos debates y hoy no quiero hablar.
Marie: Pues yo tampoco. Conozco una cafetería muy cerca de aquí. El café y los bollos están riquísimos.

Ejercicio 20
Laura: No soporto el frío que hace hoy en Madrid. Ya sabes que me encanta el calor y estar tumbada en una playa llena de gente.
Javier: ¡Ay, Laura! No digas tonterías. A mí me fascina la montaña y me gusta ir a esquiar todos los inviernos. En cuanto a la playa, detesto la gran cantidad de gente que siempre encuentro allí y me ponen nervioso los niños con sus balones y sus castillos de arena.
Laura: Javier, Javier. Siempre quieres estar solo. A mí me vuelve loca la marcha española que hay en la costa todos los veranos. Me encanta

trasnochar, acostarme a las seis de la mañana, levantarme a las doce del mediodía y salir fuera a tomar un aperitivo. ¡Hum!

Javier: Pues a mí me gusta levantarme muy pronto, desayunar en casa y leer el periódico.

Laura: Buenas vacaciones.

Javier: Para ti también.

Ámbito 2 - Un día cualquiera
Ejercicio 4

Entrevistador: ¿Cómo es un día normal en su vida, señor Reinaldos?

Pablo Reinaldos: Normalmente, me levanto a las seis de la mañana porque siempre duermo muy poco, unas cuatro horas. Todas las semanas, de lunes a viernes, comienzo los ensayos a las siete en punto. Cada día mis vecinos llaman a la puerta y se quejan porque no pueden dormir. A menudo no les abro la puerta, pero generalmente soy muy educado y atiendo sus protestas. Todos los días es la misma historia.

Cada mañana tomo un huevo crudo para aclarar mi garganta y así nunca me quedo sin voz. Pocas veces me distraigo y nunca enciendo la televisión. Generalmente a las dos termina mi jornada. Entonces pico unas aceitunas y como algo de pescado. Jamás cambio mi dieta al mediodía. Este es mi secreto para tener esta voz maravillosa y ser el número uno.

Ejercicio 6
tumba, lobo, poca, té, mango, paño, caño, casta, gasta, toca, mando, bata, modo, verde, hongo, casa, pino, vino

Ejercicio 18
a) **Plácido Domingo:** Le encanta la música. Canta todos los días para sentirse feliz. Le fascinan el jazz y la música clásica. Por el contrario, hay otras cosas que le molestan mucho, como el tráfico, la guerra y los niños sin familia.

b) **Sting:** No le gusta la carne. Es vegetariano y odia las corridas de toros. En todos sus conciertos le vuelven loco los aplausos y el calor del público.

c) **Gael García Bernal:** Como es mexicano, prefiere el cine hispano y las historias hispanas. Detesta las películas románticas y no soporta a la gente que llora cuando ve una película.

d) **Salman Rushdie:** La figura de Don Quijote siempre le ha fascinado. Es su héroe preferido. Dentro del mundo de la literatura, le ponen nervioso las novelas de terror y le encantan los poemas de amor.

e) **Jorge Valdano:** Le gusta todo tipo de deportes, aunque prefiere el fútbol y el golf. Le encanta ser entrenador de fútbol y viajar por todo el mundo, aunque detesta los aeropuertos y los aviones.

A nuestra manera

1. Me encanta el deporte. Dos días a la semana juego al baloncesto en el equipo de la universidad y también juego al fútbol, pero solamente los fines de semana. El fútbol es el deporte nacional en España. Además de practicar deporte, cuando no voy a la universidad y no tengo que estudiar, me gusta escuchar música en casa con algún amigo. Como me gusta mucho la música, siempre que puedo, y tengo dinero, voy a algún concierto. También formo parte de un grupo de jóvenes voluntarios que ayuda a las personas que viven en la calle y que no tienen casa. Un día a la semana, por la noche, nos reunimos para preparar los termos de café y chocolate, bollos, galletas y magdalenas, los cargamos en los coches y salimos a repartirlos entre los vagabundos y necesitados que duermen en los parques y en el metro. Me siento útil porque ayudo a los demás y, cuando vuelvo a casa, sé que he hecho algo bueno.

2. Siempre salgo con mis amigos los fines de semana a dar una vuelta. Normalmente, vamos al cine los viernes por la noche y después vamos a algún bar a tomar unos refrescos. No bebemos alcohol, aunque hay muchos jóvenes en España que beben bastante los fines de semana. Después, sobre las 2 de la madrugada, regreso a casa. También quedo con mis amigos los sábados por la noche. En España nos gusta salir mucho a la calle, aunque yo no tengo la costumbre de pasar la noche de un sábado en casa de algún amigo. Lo normal es quedar sobre las 9 de la noche, picar algo en un bar e ir a una discoteca.

3. Lo que más me gusta hacer en mi tiempo libre es viajar. En cuanto ahorro un poco, me lo gasto todo en viajes. Suelo trabajar los fines de semana como camarera en un bar, y con el dinero que ahorro hago siempre un viaje en las vacaciones de verano y en las vacaciones de Navidad. Mi destino favorito es la montaña. Practico senderismo y el contacto con la naturaleza me relaja mucho. Otra de las cosas que me gusta hacer en mis ratos libres es ver la televisión, sobre todo los programas de deportes y las películas de acción.

LECCIÓN 3 - ¿Alguna vez has conocido a algún famoso?

Ámbito 1 - Ha sido un día estupendo
Ejercicio 1
1. Esta mañana he explicado el pretérito perfecto.
2. Esta tarde he terminado los planos del nuevo edificio.
3. Hace una hora que he puesto una multa.
4. Hace un rato he defendido a un ladrón.
5. Esta semana he tenido una guardia.
6. Este mes he hecho tres mesas y tres sillas para una tienda.

Ejercicio 10
1. apto
2. cuadro
3. plazo
4. actitud
5. prisa
6. prado
7. abra
8. Praga
9. sobre
10. sable

Ejercicio 11
1. Esta actriz es una profesional.
2. El presidente del tribunal declaró apto al opositor.
3. El director llamó al actor al plató.
4. El profesor abrió la puerta al estudiante.
5. Hemos escrito el sobre para la carta de Alberto.
6. En el museo de Praga hay un sable del siglo XVI.
7. ¡Sople, sople!
8. En un plazo de tres meses desaparecerá la plaga de hormigas.
9. ¿Qué significa *aptitud*?
10. No nos ha gustado su actitud soñadora.

Ejercicio 13
A: Buenos días, estamos haciendo un programa sobre las manifestaciones artísticas en España durante el siglo XX y nos gustaría que nos dijera cuáles son, según usted, las más importantes.

B: Eso es muy difícil…

A: A ver… ¿En pintura?

B: Yo creo que el cuadro de Dalí *La persistencia de la memoria*. Creo que es de 1931…

A: ¿En música?

B: Por supuesto, *El amor brujo* de Manuel de Falla, de 1915.

A: ¿En escultura?

B: Aquí me pilla un poco desprevenido, tal vez la presentación en 1933 de *El profeta* de…

A: ¿Gargallo?

B: Efectivamente, *El profeta* de Gargallo.

A: ¿Y en arquitectura?

B: Gaudí, la *Sagrada Familia*, la obra arquitectónica más importante de comienzos de siglo.

A: ¿Alguna otra cosa?

B: ¡Ah!, sí, el Premio Nobel de Camilo José Cela en el 89 y el Oscar de Garci en 1981…

A: Muchísimas gracias.

ciento setenta y tres 173

Ejercicio 21
1. Esta mañana llamó el mecánico. Tienes que comprarte otro coche.
2. Cariño, no puedo salir esta tarde porque esta mañana tuve un juicio muy difícil y estoy cansadísima.
3. En mayo ha nacido la niña de María y todavía no le hemos comprado el regalo.
4. Esta mañana llamaron de la compañía telefónica. Van a cortarte el teléfono por impago.
5. Esta tarde perdí el bolso en el parque y con él las llaves. Llámame para poder entrar en casa.
6. La bruja de tu madre vino esta tarde. Llámala.
7. Hace tres meses que ha muerto el padre de Elena y todavía no la has llamado. Eres una impresentable.

Ámbito 2 - Eran otros tiempos
Ejercicio 4
Me encantaba, tenía los ojos de cristal y el pelo rizado, rizado. Siempre la tenía en la cunita. Se llamaba Nancy.

Mi hermano tenía también una, pero la suya era de reglamento. Y no era tan suave. Solía jugar con ella cuando íbamos al campo. Mi padre nos hacía una portería con dos ramas.

Mi hermano y yo solíamos jugar en la calle con los niños del barrio. Cada vez contaba uno mientras los otros se escondían; era muy divertido.

Ejercicio 8
abrigo, brazo, empleado, fábrica, plomero, labrador, hombre, planta, hombro, plató, copla, librero, plaza, hambre, plátano, cumplir, planeta, cabrero, plumero

Ejercicio 20
Elena: ¿Qué te ha pasado?
Carmen: Pues una tontería. Iba a la estación a coger el tren, estaba lloviendo y me caí.
Sara: ¡Qué corte de pelo!
Clara: Estaba cansada. Todos los días tenía que desenredarme el pelo. Tardaba horas en secármelo, así que decidí cortármelo.
Sonia: ¿Por qué te fuiste de la fiesta?
Marta: Me dolía la cabeza, tenía los ojos irritados y era muy tarde.

LECCIÓN 4 - ¿Qué le ha pasado?

Ámbito 1 - En la comisaría
Ejercicio 3
1.
Pues yo, hace algunos años, jugaba a las cartas todos los días después de comer. Mi amigo Manuel venía a casa sobre las 4 de la tarde y, después de tomar un café con leche, nos poníamos a jugar durante dos horas. Después, me gustaba dar un paseo en un parque que había muy cerca de mi casa, y Manuel y yo discutíamos sobre diferentes temas. Después del paseo, me gustaba ir a una pastelería que se llamaba Fresa y Nata y compraba algunos dulces de chocolate.

2.
Cuando era más pequeño, siempre jugaba solo porque no podía hablar con nadie. No me gustaba estar acostado en la cama porque no podía coger todos los juguetes que había en mi habitación. Además, la mayor parte del tiempo estaba mirando al techo y me aburría el elefante de color verde que bajaba del techo y que mi padre colgó cuando nací. Me encantaba escuchar música y jugar con las manos. A veces mi madre me hacía cosquillas en la planta del pie y yo me enfadaba porque no me gustaba y me ponía a llorar.

3.
Hace algunos años me gustaba mucho coger la moto, ponerme las gafas de sol y dar vueltas por mi barrio. Los vecinos siempre se quejaban porque no podían descansar con el ruido de la moto. De vez en cuando llamaba a mi amigo Quique, y los dos juntos salíamos con nuestras motos. Era muy divertido. Otras veces, cuando llovía, Quique y yo merendábamos en mi casa y veíamos la televisión. Después de la merienda, salíamos a la calle para encontrarnos con otros amigos.

Ejercicio 7
tiro, carreta, coro, perra, corro, careta, pera, sierra, barro, pero, guerra, muro, ahorro, burro, madera, honrar, paro, radio, rico, roto, losa, rosa, rima, lima, perro, pelo, pala, parra, bala, barra, celo, cerro, lavo, rabo, polo, porra, enriquecer

Ejercicio 8
arma, frío, crear, corto, plegar, alma, salir, alto, escribir, falso, preferir, placer, carnaval, libre, fervor, planta, trío, plegaria, tramposo, pueblo, saltamontes, arbusto, trepar, temblar, brasa, brisa

Ejercicio 12
1.
Ayer por la noche yo iba paseando con mi perro y, de repente, apareció una mujer morena detrás de mí. Al principio, pensé que ella también estaba con su perro, pero, sin decir ni mu, ella me apuntó con unas tijeras muy grandes y cogió mi mochila. Yo me asusté muchísimo y no podía hablar. Me robó dos tarjetas de crédito y mi alianza de casado. ¡Qué susto! Cuando intenté reaccionar, vi que corría hacia un coche que la esperaba en la esquina del parque.

2.
Buenos días, comisario. Quiero denunciar un robo. Esta mañana en el metro, dos chicos jóvenes me han atracado. Yo iba a coger la línea 6 cuando dos muchachos, de unos dieciséis o diecisiete años, me han apuntado con un cuchillo. Gracias a Dios, en el vagón había mucha gente que vino a ayudarme. Cuando los chicos se han dado cuenta de que yo no estaba sola, han empezado a correr, y mi bolso ha caído al suelo. Rápidamente lo he cogido y he recuperado todo mi dinero, aunque se han llevado mi pasaporte. Estoy muy triste porque mañana es el día de mi boda y queremos viajar a México.

3.
Buenos días. Quiero poner una denuncia. Hace dos días me robaron el carné de identidad y algo de dinero. Yo estaba con mis amigos en una discoteca al aire libre. Un hombre alto, de ojos azules y bastante guapo quería bailar conmigo. Yo estaba encantada y acepté su invitación. Pero cuando estábamos al final de la pista, él me cogió por el cuello y me quitó todo lo que llevaba en el pantalón. Me robó 30 euros y el carné de identidad.

Ámbito 2 - Vamos de excursión
Ejercicio 5
María: Hola, Alejandro. Ayer me ocurrió algo espantoso. Tenía una entrevista de trabajo muy importante en Barcelona, y el avión salía a las nueve y media de la mañana. Cuando llegué al aeropuerto, todavía faltaba una hora para facturar las maletas, así que decidí ir a la cafetería para tomar un té y hojear el periódico. En casa yo ya había tomado un café, pero en el aeropuerto tenía frío y me apetecía tomar algo caliente. Cuando estaba en la cafetería, me entró un profundo sueño y decidí cerrar los ojos. De todas formas, quedaba más de una hora para embarcar.
Alejandro: ¿Es que no habías dormido bien la noche anterior?
María: No. Casi no había dormido nada. Durante el día había trabajado mucho y luego por la noche no podía dormirme.
Alejandro: Bueno, sigue. ¿Y qué te ocurrió en la cafetería?
María: Me quedé dormida durante más de dos horas. De repente, me desperté y comprendí que había perdido el avión. ¡Dios mío! ¡Qué horror! No pude ir a Barcelona y me quedé en Madrid.
Alejandro: No te angusties. Seguro que hay alguna solución.
María: Eso espero.

Ejercicio 6
El perro de San Roque
no tiene rabo,
porque Ramón Ramírez
se lo ha robado.

Cocodrilo acocodrilado
cría cocodrilos acocodrilados,
que el cocodrilo que no cría
cocodrilos acocodrilados
cría cocodrilos no acocodrilados.

Pepe Porra picó a un perro
con una lima de hierro
por enredar en su gorra,

y el perro mordió su mano
diciéndole muy ufano:
Pica, pica, Pepe Porra.

El grano en el granero no grana.
Si el grano que no grana en el granero granara,
el granero tendría más grano.

Doña Cuchíbrica
se cortó un débrico
con la cuchíbrica
del zapatébrico,
y el zapatébrico
se la curóbrico
con mantequíbrica
de lo mejóbrico.

Ejercicio 7
pelo, sedal, cero, melo, broca, caro, celo, remo, ala, tarso, roto, balsa, lodo

LECCIÓN 5 - ¿Qué pasó?

Ámbito 1 - Se volvió a casar
Ejercicio 7
1. sumo
2. zumo
3. casa
4. caza
5. maza
6. masa
7. haces
8. ases
9. losa
10. loza
11. cima
12. sima

Ejercicio 9
1. Alcanzó la fama por medio de su trabajo y como consecuencia de una serie de alianzas.
2. Hemos asistido a la petición de mano y al enlace de la princesa Marina.
3. Los noviazgos largos dan ganancias para la prensa rosa.
4. La gaceta cervantina no ha hablado de la ceremonia civil del cineasta y la excéntrica modelo.

Ejercicio 11
La modelo y actriz Valle Alcántara nos ha concedido una pequeña entrevista para nuestro programa *Pensamos en ti*.

Entrevistador: Buenos días. Hablemos sobre sus trabajos más recientes. ¿Ha terminado ya su última película?

Valle Alcántara: Sí, he ido a México para rodar junto a Pierre Preston. Es una historia de engaños y traiciones.

E: ¿Y qué hay de los rumores de su romance con Pierre?

V: He viajado por todo el mundo y he tenido varios romances. Pierre es uno de ellos. Realmente yo salgo con quien quiero.

E: ¿Es cierto lo de su boda en África por el rito zulú con el multimillonario Van Der Bosch?

V: Todo eso no fueron más que rumores. Cuando me case, iré hasta el fin del mundo para que los periodistas no me descubran.

E: ¿Pierre llegará a ser su prometido?

V: No sé. Hemos estado por varios países de Hispanoamérica y nos ha ido muy bien. Cuando íbamos hacia Cuba me regaló un anillo de brillantes, pero de ahí al matrimonio...

E: Háblenos un poco de sus últimos trabajos.

V: En los últimos meses he hecho varios pases con Domenico Lerruti, pero cuando viajaba de Roma a París tuve un accidente de coche y suspendí mi participación en varios desfiles. Entonces me di cuenta de lo frágiles que somos y desde el hospital de La Santé, donde estaba, concedí varias entrevistas explicando esto. Afortunadamente, ya me he recuperado.

E: Nos alegramos de ello y le deseamos lo mejor en sus futuros proyectos. Muchas gracias y suerte.

V: Gracias a usted.

Ámbito 2 - Sucesos, noticias, detectives por un día
Ejercicio 5
bajo, ojo, ceja, jarra, ajo, baja, caja, coger, juguetón, jirafa, jamón, teja, maja, azulejo, naranja, garaje

Ejercicio 6
Egipto, bruja, gitano, jugo, paisaje, geranio, jefe, escoger, jaleo, elegir, jilguero, José, enjuto, sumergir, justicia, mejor

Ejercicio 8
Desde hoy el piano de Miguel Catedrales pertenece a Mercedes Bermejo
Mercedes Bermejo, cantante de ópera, es la nueva propietaria del piano que una vez perteneció al músico gallego Miguel Catedrales. La madre de Miguel se lo había regalado cuando aún era un niño, pero lo tuvo que vender cuando las estrecheces económicas acosaron a la familia. Años más tarde, el pianista contrató a un detective para recuperar el piano, y hace una semana que se lo ha vendido a Mercedes Bermejo. La nueva propietaria ha declarado a nuestra redacción que se siente muy feliz y que una parte del dinero que ha pagado por el piano irá a una asociación musical para niños sin recursos.

Premio para un queso español
Un queso de oveja que se fabricó hace cuatro meses en la empresa española La Vaca Que Sonríe ha ganado el Campeonato del Mundo en la categoría de quesos cremosos. Esta marca de quesos ya había conseguido un segundo premio en otro certamen internacional que se celebró el año pasado en Nîmes (Francia). El queso ganador se elaboró en la factoría de Fresno de Ribera (Zamora) y su director dio las gracias al jurado por la concesión del premio e invitó a todos los asistentes a degustar el queso ganador.

Nada que declarar
El 30 de julio, Carlos de Vitoria llegó en una avioneta privada al aeropuerto de Sevilla. Carlos aseguró que no llevaba nada que declarar. Cambió de opinión cuando el oficial de aduanas inspeccionó el aeroplano. Entonces admitió que llevaba una diadema con esmeraldas y diamantes que había pertenecido a su abuela María Elisa. "Quizás cometí un error", aseguró ayer, tres años más tarde, después de ser declarado culpable de contrabando.

Ejercicio 11
estrangular, exacto, explicación, esquema, ex marido, eslogan, existir, escoger, examen, estratosfera, explosión, extranatural, esfera, extraordinario, esmoquin, exageración, ex presidente, esa, extraoficial, esguince, éxito, estrafalario, exigir, esqueleto, expresar, esbelto, exagerado, esoterismo, explotar, exprimidor, esmero, esforzarse

Ejercicio 13
lima, ambulancia, trueno, búho, barrotes, cerrojo, claxon, coche de policía, perro, cancela, atasco, persona silbando, sirena

Ejercicio 13.2
lima, ambulancia, cierre de una cancela, barrote, cierre de un cerrojo, sirena, coches que frenan, objeto metálico que cae al suelo, claxon, cierre de una puerta que chirría, perros ladrando, el viento, ruido del mar, atasco, silbido, pasos en la tierra, un búho

LECCIÓN 6 - Mirando al futuro

Ámbito 1 - ¿Qué sucederá?
Ejercicio 9
1. cada
2. cara
3. cala
4. cora
5. ceda
6. cola
7. cura
8. coda
9. cera
10. cero
11. celo
12. cedo
13. pida
14. pira
15. pila

Ejercicio 10
1. Comenzarán la poda de los árboles en enero.
2. Tirar una pila usada a la basura es contaminante.
3. Llegar a un nivel de contaminación en la atmósfera del cero por ciento hoy es ciencia-ficción.
4. Habrá que actuar con celo para acabar con los problemas medioambientales actuales.
5. Según la nueva ley, cada una de las empresas deberá ceder en sus acciones.
6. Los países pobres "están a la cola" en cuanto a la adopción de medidas para proteger el medio ambiente.

7. La repoblación de ciertas zonas del Amazonas será una cura de salud para el planeta.
8. Si continúa el viento, también arderá la cara oeste de la montaña.
9. Algunos defienden el medio ambiente por estar a la moda.
10. Iré al bosque para coger unas moras.

Ejercicio 12
1.
Extender la vida útil de una central nuclear tan peligrosa como Garoña va a ser un auténtico error que aumentará aún más la posibilidad de que se produzca un accidente grave.

2.
Voy a pedir a todos los ciudadanos una cosa muy sencilla: utilizar el transporte colectivo. Yo voy a ser el primero en hacerlo para evitar que continúe el aumento de ozono. El nivel máximo registrado ha sido de 178 microgramos por metro cúbico de aire.

3.
Hay que evitar la destrucción de la selva amazónica. Vamos a luchar para defenderla. En el futuro va a ser uno de los principales pulmones del planeta. De hecho, ya lo está siendo.

Ejercicio 19
1.
Mujer: Voy a abrir.
Hombre: No abras, serán los pesados de nuestros vecinos que siempre vienen a molestar.
Mujer: ¡Tú crees! Seguramente es mi madre. Todos los lunes viene a esta hora.
(Se oyen los pasos de la mujer hacia el pasillo. Se oye el ruido de abrir la puerta y el portazo de cerrarla con enfado. La mujer vuelve al comedor.)
Mujer: ¡Tú te crees! Abro la puerta y no hay nadie. ¿Quién habrá sido el gracioso?

2.
Amigo: ¿Qué haces aquí parada?
Luisa: Espero a mi novio. He quedado a las siete. ¿Tienes hora?
Amigo: Yo creo que serán las siete.
Luisa: No tardará mucho en llegar.

3.
Pepe: ¡Hombre, Juan! ¡Cuánto tiempo sin verte! ¿Qué planes tienes para este verano?
Juan: Pues ya ves, Pepe, voy a hacer un viaje a la selva amazónica.
Pepe: ¡No me digas! Costará muy caro.
Juan: No te creas. Con este viaje ahorraré dinero. El próximo año iré a los fiordos noruegos y será mucho más caro.
Pepe: ¡Desde luego, qué suerte tienes! Eres un privilegiado: tú y tu turismo ecológico.

Ámbito 2 - ¿Qué haremos mañana?
Ejercicio 5
1. ara
2. cedo
3. mora
4. lira; lila

5. muro; mudo
6. pero; pedo
7. oda

Ejercicio 7
poro, toro, boro, boda, coro, bolo, polo, todo, podo, sola, soda, queda

Ejercicio 8
Estamos en la cuesta de Gomérez. En cuanto la subamos, llegaremos a la Alhambra. Hasta las nueve no podemos entrar, pero mientras daremos una vuelta por los alrededores.
Cada vez que entremos en una sala, daré una breve explicación sobre lo que estamos viendo. Antes de comer subiremos al Generalife para conocer sus jardines. Después de visitarlos, iremos al restaurante Puerta Elvira y, cuando acaben de comer, pasaremos por el hotel para descansar un poco.
¡Ah! Algunas recomendaciones gastronómicas antes de que bajen del autobús. Con este calor, lo mejor, para empezar, es tomar un poco de gazpacho. El jamón de Trevélez es excelente y, para postre, lo ideal es un poco de queso de cabra.

LECCIÓN 7 - Cuidar el cuerpo y el espíritu

Ámbito 1 - Me encanta divertirme
Ejercicio 2
Mujer 1: Me alegra que Pedro Almodóvar comprenda tan bien los sentimientos de las mujeres.
Mujer 2: Me horroriza que digan tantos tacos. Odio ver este tipo de películas.
Hombre 1: Me encanta que Almodóvar haga este tipo de cine.
Mujer 3: Me gusta salir de casa. La película de Almodóvar es una buena excusa.
Mujer 4: Me vuelve loca que el argumento sea el de una obra de teatro dentro de la película.
Hombre 2: Me entusiasma que Almodóvar conserve esa originalidad especial en todas sus películas.

Ejercicio 8
1. voleibol
2. baile
3. estadio
4. actúan
5. después
6. sitúa
7. despreciáis
8. leía
9. ruido
10. ponéis
11. concierto
12. Paraguay
13. dúo
14. autor
15. estación
16. diana
17. lío
18. aún

Ejercicio 12
1.
Miguel: ¿Vamos al teatro? Tengo entradas para la última de Imanol Bengoechea.
Arturo: Es una obra muy buena y su papel maravilloso. Yo ya la he visto y no me importaría verla una vez más, pero, aunque me emociona la interpretación de ese actor, hoy no voy a la función. Estoy demasiado cansado.
Miguel: No te preocupes. Se lo diré a mi cuñado. Creo que, aunque esté cansado, vendrá conmigo.

2.
Luisa: ¡Menuda carrera hizo Carlos Méndez!
Mónica: A mí no me pareció tan buena. No quedó entre los tres primeros.
Luisa: Piensa que estaba compitiendo en unas olimpiadas, y quedar el cuarto no estuvo mal.
Mónica: Opino que, aunque entrene todos los días, ese atleta no ganará ninguna carrera.
Luisa: Mi hermana es íntima amiga suya y él le ha contado que, aunque entrena a diario, no gana ninguna carrera y se siente un poco agobiado.
Mónica: A lo mejor tiene otra serie de problemas que no le dejan rendir más.

Ámbito 2 - Es bueno que escuches música
Ejercicio 1
Si no existiera la música, nuestra vida sería diferente. Sus notas y acordes transforman todo lo que nos rodea, ponen melodía y ritmo a nuestros recuerdos. La música diluye de nuestra mente las preocupaciones; aporta luz, serenidad; expulsa las tensiones. Ella siempre ha estado presente en mi vida; con ella he crecido y siempre me ha aportado seguridad. Hay canciones eternas; cuando las escucho, el tiempo se detiene. Y ahora os cuento todo esto porque quiero compartir con vosotros una emoción: me he decidido a componer, y en mi mente ya hay un tema que suena y suena sin parar.

Ejercicio 7
recibían, huida, salíais, hay, tío, piano, huevo, adecuáis, mío, baúl, veis, limpiéis

Ejercicio 8
estudiáis, estudiéis, limpiáis, continuáis, tuteéis, actuáis

LECCIÓN 8 - Hoy ceno con mi jefe

Ámbito 1 - ¿Sería tan amable de...?
Ejercicio 7
1. ¡Me gusta salir de compras!
2. Salimos esta tarde.
3. ¡Cállate!
4. ¿El lunes nos veremos?
5. El lunes nos veremos.
6. ¡No!
7. ¿No?
8. No.

9. ¡Cuántos años tienes!
10. ¿Cuántos años tienes?

Ejercicio 8.1
A:
1. Baja al supermercado.
2. ¿Baja al supermercado?
3. ¡Baja al supermercado!

B:
1. ¿Te prohíbo salir de casa?
2. Te prohíbo salir de casa.
3. ¡Te prohíbo salir de casa!

C:
1. ¡Quiere reservar una habitación!
2. ¿Quiere reservar una habitación?
3. Quiere reservar una habitación.

D:
1. La comisaría está allí.
2. ¿La comisaría está allí?
3. ¡La comisaría está allí!

Ejercicio 8.2
1. ¿Baja al supermercado?
2. Te prohíbo salir de casa.
3. ¡Quiere reservar una habitación!
4. ¿La comisaría está allí?

Ejercicio 11
Telefonista: Buenos días, dígame.
Sr. Martínez: Póngame con el Sr. Domínguez. Soy el presidente de una asociación de consumidores.
T: Un momento, le paso.
Sr. Domínguez: Buenos días.
Sr. M: Buenos días. Como presidente de la Asociación de Consumidores El Prado, me han pedido que los llame y, como consumidor anónimo, no tolero que se hagan ciertas cosas con nosotros, como en este caso vendernos productos adulterados. Por todo ello, no exijo, les ordeno que prohíban en el mercado la leche Laitosa, porque es peligrosa para la salud.
Sr. D: Tomo nota de su queja, pero me gustaría que en sucesivas ocasiones fuera menos directo en sus demandas. Yo sólo soy un intermediario.
Sr. M: ¿Podría perdonarme? Estoy muy nervioso.
Sr. D: No se preocupe. Mándeme un fax con su queja, de forma detallada, y yo me encargo de cursar la denuncia.
Sr. M: Muchas gracias, muy amable.
Sr. D: Gracias a usted. Estaremos en contacto.

Ejercicio 16.1
Mensaje 1: Hola, hijo. No salgas sin abrigo. Ayer estabas muy resfriado.
Mensaje 2: ¡Qué pasa, tío! Ven a cenar mañana. Mi casa está en la c/ Doctor Oliva. Coges el autobús número 8, te bajas en la parada de la plaza, caminas 100 m y en el n.° 7 vivo yo. Te espero a las nueve.
Mensaje 3: Sr. González, ¿podría telefonear o venir directamente a la agencia? Hay un problema con su reserva. No hay plazas en el hotel Emperador.
Mensaje 4: Te prohíbo que me llames más. Me he enterado de lo tuyo con mi mejor amiga. Te odio. ¡Hemos terminado!
Mensaje 5: Ya tenemos sus libras. Pásese cuando quiera por el banco.
Mensaje 6: Juan, estoy con el niño en casa. Tiene gripe. Baja al supermercado y cómprame una caja de leche. Ya sabes: Zulesa, la de siempre. Gracias. Un beso.
Mensaje 7: Ayer salí con María y me dijo que hoy estaría en casa todo el día. Te ordeno que la llames para pedirle perdón.

Ámbito 2 - Haz un curso de informática
Ejercicio 3
A: Para mí es mejor estar apuntada en una ETT porque, por lo menos, te llaman para trabajar. En el INEM llevo apuntada más de 5 años y no me han ofrecido un trabajo ni por equivocación.
B: Recomiendo a los jóvenes que se apunten al INEM. Ahora se están firmando muchos contratos indefinidos, mientras que en las ETT se firman, sobre todo, contratos "basura".
C: Hace poco que han cambiado las leyes para equiparar los contratos que se firman en una empresa temporal y en el INEM, pero hoy por hoy son peores en las temporales.

Ejercicio 5
1. ¡No le gustan!
2. Escribe más despacio.
3. ¿Se casa?
4. ¡Hablamos en español!
5. ¿Llama a los chicos?
6. ¿Suena el teléfono?
7. Se van a casa.
8. Sí, sale conmigo.
9. ¿Por qué? ¿Estudia?
10. ¡Qué dolor!

Ejercicio 6
Miguel: ¡Estoy contentísimo! ¡Me ha salido un trabajo estupendo!
Juan: Pues yo estoy pensando en dejar el mío.
Luis: ¿Por qué dices eso?
Juan: ¡Porque me ha tocado la lotería!
Luis: Vaya, chico, ¡enhorabuena! Yo, por el contrario, estoy preocupado: mi suegra está en el hospital y tengo que ir para allá.

LECCIÓN 9 - ¿Habrá alguien en casa?

Ámbito 1 - Será la casa ideal
Ejercicio 5
1.
¡Magnífico!, es un cuadro estupendo. ¿En la segunda planta está Picasso?

2.
Lo siento, Elena. No te oigo absolutamente nada. En la próxima tenemos que hacer transbordo.

3.
Hacía un sol increíble, estábamos paseando por la zona de los animales salvajes y de pronto… vi a Carmen. Estaba sentada en un banco, echando de comer a los tigres.

4.
¡Buenas tardes! Vamos al primero.

5.
Se pasó toda la proyección comiendo palomitas y bebiendo un refresco de cola. Al final tuve que llamarle la atención.

Ejercicio 9
1. ¿Quién ha venido?
2. ¿Qué dice?
3. ¡Magnífico!
4. ¿Hablas español?
5. ¿Podrás ayudarme?
6. ¿Qué estás haciendo?
7. ¡Qué estás haciendo!
8. ¿Te gusta?
9. ¡Sal inmediatamente!
10. ¡Silencio!

Ámbito 2 - Me extraña que haya llegado tan pronto
Ejercicio 5
1.
Noticias de última hora. Aumenta considerablemente el número de embarazos en las jóvenes menores de 16 años. Desde el Ministerio de Educación y Ciencia se va a elaborar un programa de información sexual para los jóvenes en los centros.

2.
España destinará el 0,7% de la recaudación de impuestos para ayudar a los afectados en catástrofes naturales, según ha señalado el portavoz del Gobierno.

3.
La Comisión Europea ha aprobado una propuesta para endurecer las condiciones de venta de tabaco. Ha decidido que en todas las cajetillas figure la advertencia de que "el tabaco mata".

4.
Según la Organización Mundial de la Salud, el 20% de los suicidios que se registran cada día en el mundo se producen como consecuencia de una depresión.

Ejercicio 7
1. ¡Cómo lo has hecho!
2. ¿Dónde? Está tu tío.
3. ¿Vendrán?
4. ¡Quién ha venido!
5. ¿Despierto a los chicos?
6. ¿Mañana es el examen?
7. Cuando vas a tu casa.

8. ¿Puedo contar con él?
9. ¿Por qué? ¿Habla?
10. ¿Qué hora es?

LECCIÓN 10 - Tenemos nuevas noticias

Ámbito 1 - Al teléfono
Ejercicio 3
a) Según un reciente estudio, el alcohol es la droga más consumida en España en los últimos tiempos. Además, el consumo de alcohol se ha reducido en los adultos; sin embargo, ha crecido entre los más jóvenes, sobre todo los fines de semana. Por primera vez, las mujeres adolescentes beben más que los hombres de su edad.

b) Para la próxima semana el horóscopo anuncia que el signo de la suerte será Cáncer. Todos los hombres y mujeres que tienen el signo de Cáncer tendrán una magnífica semana en el amor y en el trabajo. Será una buena semana para realizar un viaje.

c) La dieta mediterránea es una dieta muy sana e incluye gran variedad de frutas, legumbres, cereales, pescado, carne, etc. Si quiere estar en forma y no sufrir ninguna enfermedad, siga esta dieta. En ella se aconseja beber un vaso diario de vino en todas las comidas.

d) Según las últimas tendencias, la moda del próximo año traerá faldas muy cortas y zapatos con mucho tacón. Los colores serán divertidos y el color negro dejará de utilizarse.

Ejercicio 5
1. El coche, el horno, la aspiradora, todo se ha roto al mismo tiempo.
2. Tus hijos son traviesos, simpáticos, cariñosos.
3. Las margaritas, las rosas y las azucenas son mis flores preferidas.
4. Paco Ruiz cocina, monta a caballo, escribe novelas y corre 10 km diarios.

Ejercicio 11
Entrevista A
Entrevistador: Para empezar, ¿puedes decirme cómo eres?
Entrevistado: Es difícil contestar a esta pregunta. Creo que soy un hombre sencillo, amable, amigo de mis amigos y, sobre todo, soy un buen padre.
Entrevistador: ¿Alguna vez soñaste con ganar un Oscar?
Entrevistado: Sí, algunas veces, pero nunca creí que este sueño se cumpliera algún día.
Entrevistador: Sé que cada una de tus películas es un éxito. ¿Seguirás haciendo películas durante mucho tiempo?
Entrevistado: Creo que sí, porque el cine es mi trabajo y adoro la profesión que he elegido.

Entrevista B
Entrevistador: ¿Te sientes feliz?
Entrevistado: Muy feliz. Tras haber pasado una época muy difícil en mi vida, ahora estoy en un momento muy bueno.
Entrevistador: Siempre estás trabajando, vas de un concierto a otro sin descanso. ¿Cuándo vas a descansar?
Entrevistado: Nunca. Mi vida es la ópera y siempre estaré cantando.

Entrevista C
Entrevistador: ¿Cuál es tu deporte favorito?
Entrevistado: Hay dos deportes que me gustan mucho: el fútbol y el tenis.
Entrevistador: ¿Cuándo empezaste a jugar al fútbol?
Entrevistado: Cuando tenía ocho años, desde que mi padre me llevaba cada domingo a ver jugar a mi equipo favorito.

Ámbito 2 - Dicen que...
Ejercicio 2
1.
Por fin han apagado el fuego que arrasaba la sierra de Gredos desde hace tres días.
2.
Anuncian que los precios de los coches subirán el año que viene un 3%.
3.
Se confirma que más de cuatro mil personas recibirán mañana a los Reyes en el aeropuerto.
4.
Han encontrado el coche en el que huyeron los ladrones.

Ejercicio 5
- Anoche llovía y hacía mucho viento.
- Ana está en su casa o está en la biblioteca.
- Me acuesto temprano y siempre me levanto tarde.
- Duérmete o levántate.

Ejercicio 6
- El sol salía y la luna se escondía.
- Todas las mañanas, Marta bebe leche o toma un poco de zumo.
- Natalia trabaja y Silvia está en paro.
- Esta noche voy al teatro o me quedo en casa.

Ejercicio 11
Presentador: Buenas tardes a todos nuestros oyentes y bienvenidos, una vez más, al programa de debate *Hablamos claro*. El programa de hoy está dedicado a la prensa rosa y a los programas televisivos que se ocupan de difundir y contar la vida de los famosos españoles. Para hablar de este tema, contamos en nuestro estudio con la presencia de Jesús Montero, *paparazzi* de 39 años, y de Amalia González, modelo de 27 años, que lucha por defender su intimidad día a día. Para comenzar, Jesús Montero, ¿cómo es tu trabajo?

Jesús Montero: Mi trabajo es apasionante. En España el número total de lectores de la prensa rosa es de 12 millones y, por eso, yo les ofrezco las fotos que acompañan los escándalos de la gente que es famosa en este país.

Presentador: Y tú, Amalia, ¿qué opinas sobre estas revistas?

Amalia González: Detesto todos los programas "telebasura" que aparecen cada día en televisión y que sobreviven de los cotilleos sobre personas que somos conocidas o famosas y que también queremos tener una vida normal.

Jesús Montero: Perdona, Amalia. No debes olvidar que a muchos famosos os gusta el sensacionalismo. Además, algunos buscáis a los fotógrafos para vender una exclusiva y provocar el escándalo. Te recuerdo, Amalia, que la prensa del corazón es un fenómeno generalizado en todo el mundo y hoy en España se venden tres millones de revistas.

Amalia González: Sí, Jesús. Pero yo también te recuerdo que la prensa rosa o prensa del corazón destroza a las personas que tienen un trabajo público y que son conocidas por la gente.

Jesús Montero: Amalia, estás equivocada. Es la prensa amarilla la que destroza a los personajes públicos, pero nosotros, los que trabajamos para la prensa rosa, necesitamos mitos para enseñar al resto de la gente y que la gente os admire por todo lo que hacéis. Nosotros contamos vuestras cosas con una gran y sincera admiración.

Amalia González: No estoy de acuerdo contigo. Creo que, si realmente los *paparazzi* y presentadores de televisión que hacéis estos programas admiráis a los famosos, lo que debéis hacer es hablar de nuestro trabajo y respetar nuestra vida privada, y no buscar siempre el sensacionalismo con vuestras noticias y fotografías.

Jesús Montero: Amalia, ha sido un placer hablar contigo. Nos veremos en el próximo desfile de moda en el que participes.

Amalia González: Eso espero.

Ejercicio 16.2
Reportero de televisión: Buenas tardes, ¿qué opinan ustedes sobre la libertad de prensa?

Persona 1: Yo creo que debe existir una total libertad en la prensa, en la televisión y en la radio, porque los derechos humanos dicen que todo el mundo puede decir lo que quiera.

Persona 2: Pues yo no estoy totalmente de acuerdo contigo. Pienso que la censura también debe proteger los derechos humanos y no hay que publicar noticias que supongan discriminación por motivos de raza, religión o ideología. Pienso que debe existir una censura para que no se publiquen cosas en contra de las ideas de los demás.

Persona 3: Yo pienso que por encima de todo hay que respetar a los demás y creo que sí debe existir una censura que proteja siempre la intimidad de las personas. Solo hay que publicar lo que es importante para el bienestar de una sociedad, pero nunca hay que publicar los trapos sucios de las personas, es decir, si tienen un amante, si han comprado un coche nuevo, etc.

Persona 4: Yo creo que no debe existir ninguna censura, porque todas las personas tenemos el derecho de estar informados y saber la verdad por encima de todo. Aunque las noticias sean malas y puedan tener consecuencias negativas sobre otras personas, tenemos el derecho de conocer todo lo que ocurre en el mundo.

GLOSARIO

Este glosario recoge una selección de los términos aprendidos en cada lección. No pretende ser un diccionario, sino una herramienta de consulta que facilite a los alumnos y al profesor el trabajo en clase. En la traducción a cinco idiomas se ha incluido la variante brasileña entre paréntesis a continuación del portugués.

ESPAÑOL	INGLÉS	FRANCÉS	ALEMÁN	ITALIANO	PORTUGUÉS (BRASILEÑO)

Lección 1 - Ámbito 1

acogedor	welcoming	accueillant	gemütlich	accogliente	acolhedor
antiguo	old	ancien	alt	antico	antigo
artificial	artificial	artificiel	künstlich	artificiale	artificial
bullicioso	noisy	bruyant	lärmend	chiassoso	buliçoso (agitado)
calor	heat	chaleur	Hitze	caldo	calor
caluroso	hot	chaleureux	heiß	caloroso	caloroso
capital	capital	capitale	Hauptstadt	capitale	capital
chubasco	shower	averse	Regenschauer	acquazzone	aguaceiro (pancada de chuva)
ciudad	city	ville	Stadt	città	cidade
confortable	comfortable	confortable	bequem	confortevole	confortável
continente	continent	continent	Kontinent	continente	continente
cosmopolita	cosmopolitan	cosmopolite	Kosmopolit, kosmopolitisch	cosmopolita	cosmopolita
costa	coast	côte	Küste	costa	costa
desierto	desert	désert	Wüste	deserto	deserto
despejado	cloudless	dégagé	wolkenlos	sereno	limpo (claro)
elegante	elegant	élégant	elegant	elegante	elegante
este	east	est	Osten	Est	este (leste)
estresante	stressful	stressant	stressig	stressante	estressante
isla	island	île	Insel	isola	ilha
lago	lake	lac	See	lago	lago
llanura	plain	plaine	Ebene	pianura	planície
llover	to rain	pleuvoir	regnen	piovere	chover
lluvia	rain	pluie	Regen	pioggia	chuva
lluvioso	rainy	pluvieux	regnerisch	piovoso	chuvoso
mar	sea	mer	Meer	mare	mar
meseta	plateau	plateau	Hochebene	altopiano	planalto
moderno	modern	moderne	modern	moderno	moderno
montaña	mountain	montagne	Berg	montagna	montanha
monumental	huge, monumental	monumental	monumental	monumentale	monumental
nevar	to snow	neiger	schneien	nevicare	nevar
niebla	fog	brouillard	Nebel	nebbia	névoa
nieve	snow	neige	Schnee	neve	neve
noroeste	northwest	nord-ouest	Nordwesten	nord-ovest	noroeste
norte	north	nord	Norden	nord	norte
nube	cloud	nuage	Wolke	nuvola	nuvem
nublado	clouded	nuageux	bewölkt	nuvoloso	nublado
océano	ocean	océan	Ozean	oceano	oceano
oeste	west	ouest	Westen	ovest	oeste
paisaje	landscape	paysage	Landschaft	paesaggio	paisagem
peligroso	dangerous	dangereux	gefährlich	pericoloso	perigoso
población	population	population	Bevölkerung	popolazione	população
provincia	province	province	Provinz	provincia	província
pueblo	village	village	Dorf	paese	povo (cidade)
río	river	fleuve	Fluss	fiume	rio
ruidoso	noisy	bruyant	laut	rumoroso	ruidoso (barulhento)
selva	forest, jungle	forêt, jungle	Dschungel	selva	selva
sol	Sun	soleil	Sonne	sole	sol
solitario	solitary	solitaire	einsam	solitario	solitário
sudeste	southeast	sud-est	Südosten	sud-est	sueste (sudeste)
sur	south	sud	Süden	sud	sul
temperatura	temperature	température	Temperatur	temperatura	temperatura
tormenta	storm	orage	Sturm	tempesta	tempestade
tranquilo	quiet	tranquille	ruhig	tranquillo	tranquilo (tranqüilo)
viento	wind	vent	Wind	vento	vento

Lección 1 - Ámbito 2

abuelo	grandfather	grand-père	Großvater	nonno	avô
agradable	nice	agréable	angenehm	gradevole, piacevole	agradável

ESPAÑOL	INGLÉS	FRANCÉS	ALEMÁN	ITALIANO	PORTUGUÉS (BRASILEÑO)
animado	lively	animé	lebhaft	animato	animado
artificial	artificial	artificiel	künstlich	artificiale	artificial
astuto	astute, cunning	astucieux	schlau	astuto, furbo	astuto
bondadoso	kind	plein de bonté	gütig	buono	bom
casado	married	marié	verheiratet	sposato	casado
casarse	to get married	se marier	heiraten	sposarsi	casar-se
cobarde	coward	lâche	Feigling	codardo	covarde
cuñado	brother-in-law	beau-frère	Schwager	cognato	cunhado
débil	weak	faible	schwach	debole	fraco
desagradable	disagreeable	désagréable	unangenehm	sgradevole	desagradável
divorciado	divorced	divorcé	geschieden	divorziato	divorciado
divorciarse	to get divorced	divorcer	sich scheiden lassen	divorziarsi	divorciar-se
enviudar	to become a widower	devenir veuf	Witwe(r) werden	rimanere vedovo	enviuvar
eufórico	euphoric	euphorique	euphorisch	euforico	eufórico
frívolo	frivolous	frivole	leichtlebig	frivolo	frívolo (fútil)
fuerte	strong	fort	stark	forte	forte
generoso	generous	généreux	großzügig	generoso	generoso
hermano	brother	frère	Bruder	fratello	irmão
hijo	son	fils	Sohn	figlio	filho
impulsivo	impulsive	impulsif	triebhaft, impulsiv	impulsivo	impulsivo
ingenioso	ingenious	ingénieux	erfinderisch	ingegnoso	engenhoso
ingenuo	naïve	naïf	naiv	ingenuo	ingénuo (ingênuo)
irónico	ironical	ironique	ironisch	ironico	irónico (irônico)
madre	mother	mère	Mutter	madre	mãe
natural	natural	naturel	natürlich	naturale	natural
optimista	optimistic	optimiste	optimistisch	ottimista	optimista (otimista)
padre	father	père	Vater	padre	pai
perezoso	lazy	paresseux	träge	pigro	preguiçoso
pesimista	pessimistic	pessimiste	pessimistisch	pessimista	pessimista
sensato	sensible	sensé	vernünftig	sensato	sensato
separado	separated	séparé	getrennt	separato	separado
separarse	to split up	se séparer	(sich)trennen	separarsi	separar-se
sobrino	nephew	neveu	Neffe	nipote di zio	sobrinho
soltero	single	célibataire	ledig	celibe, nubile	solteiro
tacaño	stingy	avare	geizig	taccagno	tacanho (avaro)
tío	uncle	oncle	Onkel	zio	tio
trabajador	handworking, worker	travailleur	fleißig	lavoratore	trabalhador
triste	sad	triste	traurig	triste	triste
viudo	widower	veuf	Witwe	vedovo	viúvo

Lección 2 - Ámbito I

ESPAÑOL	INGLÉS	FRANCÉS	ALEMÁN	ITALIANO	PORTUGUÉS (BRASILEÑO)
aclarar	to clarify	éclaircir	aufklären	chiarire	esclarecer
acordarse de	to remember	se souvenir de	sich erinnern an	ricordarsi	lembrar-se (lembrar-se de)
afirmar	to assert	affirmer	behaupten	affermare	afirmar
alumno	pupil, student	élève	Schüler	alunno	aluno
aprender	to learn	apprendre	lernen	imparare	aprender
aprobar	to pass	réussir	billigen	promuovere	aprovar
argumentar	to argue	argumenter	schließen	argomentare	argumentar
asignatura	subject	matière	Fach	materia	cadeira (disciplina)
clase de	lesson on	cours de	Unterricht	lezione di	aula de
clasificar	to classify	classer	klassifizieren	classificare	classificar
compañero	companion, partner	camarade de classe	Freund, Kumpel, Gefährte	compagno	colega
completar	to complete	compléter	ergänzen	completare	completar
conocer	to know	connaître	kennen	conoscere	conhecer
contar	to tell	raconter	zählen, erzählen	raccontare	contar
contestar	to answer	répondre	antworten	rispondere	responder
corregir	to correct	corriger	korrigieren	correggere	corrigir
curso	course	cours	Kurs	corso	curso
debate	debate	débat	Debatte	dibattito	debate
deberes	homework	devoirs	Hausaufgaben	compito	dever de casa
describir	to describe	décrire	beschreiben	descrivere	descrever
diccionario	dictionary	dictionnaire	Wörterbuch	dizionario	dicionário
enseñar	to teach	apprendre	lehren	insegnare	ensinar
entender	to understand	comprendre	verstehen	capire	entender
error	mistake	erreur	Fehler	errore	erro
escuela	school	école	Schule	scuola	escola
esforzarse	to make an effort	s'efforcer	sich anstrengen, sich bemühen	sforzarsi	esforçar-se
estudiante	student	étudiant	Student	studente	estudante
estudiar	to study	étudier	studieren	studiare	estudar
examen	examination	examen	Prüfung	esame	exame (prova)

ciento ochenta y una 181

ESPAÑOL	INGLÉS	FRANCÉS	ALEMÁN	ITALIANO	PORTUGUÉS (BRASILEÑO)
explicar	to explain	expliquer	erklären	spiegare	explicar
exponer	to state	exposer	darstellen	esporre	expor
expresarse	to express oneself	s'exprimer	sich ausdrücken	esprimersi	expressar-se
fin de curso	end of term	fin de l'année scolaire	Kursende	fine anno scolastico	fim do ano lectivo (final do ano letivo)
hacer	to make/to do	faire	machen, tun	fare	fazer
inteligente	intelligent	intelligent	intelligent	intelligente	inteligente
intervenir	to intervene	intervenir	eingreifen	intervenire	intervir
lápiz	pencil	crayon de papier	Bleistift	matita	lápis
lengua	language	langue	Sprache	lingua	língua
ordenar	to tidy up	ranger, ordonner	ordnen	ordinare	arrumar
practicar	to practise	pratiquer	praktizieren	praticare	praticar
preguntar	to ask	demander	fragen	domandare	perguntar
prestar	to lend	prêter	(aus)leihen	prestare	emprestar
profesor	teacher	professeur	Lehrer	professore	professor
recordar	to remember	se rappeler	(sich)erinnern	ricordare	recordar
repetir	to repeat	répéter	wiederholen	ripetere	repetir
rotulador	felt-tipped pen	crayon-feutre	Filzstift	pennarello	marcador (pincel atômico)
suspender	to fail	échouer	durchfallen	bocciare, sospendere	reprovar
tarea	task	tâche	Aufgabe	compito	tarefa, dever

Lección 2 - Ámbito 2

ESPAÑOL	INGLÉS	FRANCÉS	ALEMÁN	ITALIANO	PORTUGUÉS (BRASILEÑO)
acostarse	to go to bed	se coucher	sich hinlegen, zu Bett gehen	coricarsi	deitar-se
afeitarse	to shave	se raser	(sich)rasieren	farsi la barba	fazer a barba (barbear-se)
arreglar la casa	to clean the house	faire le ménage	die Wohnung aufräumen	sistemare la casa	limpar a casa (arrumar a casa)
barrer	to sweep	balayer	kehren	spazzare	varrer
citarse con	to arrange/to meet someone	prendre rendez-vous avec	sich verabreden	avere appuntamento con	encontrar-se com (encontrar-se com)
cocinar	to cook	cuisiner	kochen	cucinare	cozinhar
comenzar	to begin	commencer	beginnen	cominciare	começar
conocer	to know	connaître	kennen	conoscere	conhecer
dar plantón	to stand someone up	poser un lapin	versetzen	dare buca	não acudir a um encontro (deixar plantado)
desayunar	to have breakfast	déjeuner	frühstücken	fare colazione	tomar o pequeno almoço (tomar café da manhã)
despedirse	to say goodbye	prendre congé	sich verabschieden	accomiatarsi	despedir-se
dormir	to sleep	dormir	schlafen	dormire	dormir
encerar el suelo	to wax the floor	cirer le plancher	den Boden bohnern	dare la cera al pavimento	encerar o chão
escuchar la radio	to listen to the radio	écouter la radio	Radio hören	ascoltare la radio	ouvir o rádio
fregar el suelo	to scrub the floor	laver le sol	den Boden wischen	lavare il pavimento	esfregar o chão (limpar o chão)
fregar los cacharros	to do the dishes	faire la vaisselle	das Geschirr spülen	lavare le pentole	esfregar os pratos (lavar a louça)
hacer deporte	to play sports	faire du sport	Sport treiben	fare sport	fazer desporto (fazer esporte)
hacer gimnasia	to do gymnastics	faire de la gymnastique	Gymnastik machen	fare ginnastica	fazer ginástica
hacer la cama	to make the bed	faire le lit	das Bett machen	fare il letto	fazer a cama (arrumar a cama)
hacer la compra	to do the shopping	faire les courses	einkaufen	fare la spesa	fazer a compra (ir às compras)
horno eléctrico	electric oven	four électrique	Elektroofen	forno elettrico	forno eléctrico (forno elétrico)
lavar la ropa	to wash the clothes/ to do the laundry	laver le linge	die Wäsche waschen	fare il bucato	lavar a roupa
lavarse	to wash	se laver	sich waschen	lavarsi	lavar-se
levantarse	to get up	se lever	aufstehen	alzarsi	levantar-se
limpiar el polvo	to dust	essuyer la poussière	Staub wischen	spolverare	limpar o pó
llamar por teléfono	to make a phone call	téléphoner	telefonieren, anrufen	telefonare	telefonar (ligar)
microondas	microwave	micro-onde	Mikrowelle	forno a microonde	microonda
montar en bicicleta	to ride a bicycle	monter à bicyclette	Fahrrad fahren	montare in bicicletta	andar de bicicleta
pasar la aspiradora	to vacuum, to hoover	passer l'aspirateur	Staub saugen	passare l'aspirapolvere	passar o aspirador
pasar la fregona	to mop the floor	passer la serpillière	den Boden wischen	passare il moccio	passar a esfregona
planchar	to iron	repasser (le linge)	bügeln	stirare	passar a ferro
poner la lavadora	to put the washing machine on	mettre la machine à laver	die Waschmaschine anstellen	caricare la lavatrice	pôr a máquina de lavar a roupa (ligar a máquina de lavar roupa)
preparar	to prepare	préparer	vorbereiten	preparare	preparar
salir	to go out	sortir	aus-, hinaus-, herausgehen	uscire	sair
tener una cita	to have an appointment	avoir un rendez-vous	mit jdm verabredet sein	avere un appuntamento	ter um encontro, um compromisso
tomar una copa	to have a drink	prendre un verre	etw. trinken gehen	bere qualcosa	tomar uns copos (tomar um drink)
trabajar	to work	travailler	arbeiten	lavorare	trabalhar
verse con	to see someone	voir quelqu'un	sich sehen	incontrarsi con	ter com (encontrar-se com)

ESPAÑOL	INGLÉS	FRANCÉS	ALEMÁN	ITALIANO	PORTUGUÉS (BRASILEÑO)

Lección 3 - Ámbito 1

abogado	lawyer	avocat	Rechtsanwaltnwältin	avvocato	advogado
actor	actor	acteur	Schauspieler	attore	actor (ator)
ama de casa	housewife	femme au foyer	Hausfrau	casalinga	dona de casa
analista	analyst	analyste	Analytiker	analista	analista
arquitecto	architect	architecte	Architekt	architetto	arquitecto (arquiteto)
arquitectura	architecture	architecture	Architektur	architettura	arquitectura (arquitetura)
bombero	fireman	pompier	Feuerwehrmann	pompiere	bombeiro
cantante	singer	chanteur	Sänger	cantante	cantor
carpintería	carpenter's workshop	charpenterie	Schreinerei	falegnameria	carpintaria
carpintero	carpenter	charpentier	Schreiner	falegname	carpinteiro
centralita	telephone switchboard	standard	Telefonzentrale	centralino	central telefónica (central telefônica)
comerciante	merchant	commerçant	Geschäftsmann	commerciante	comerciante
comercio	shop	commerce	Handel	commercio	comércio
comisaría	police station	commissariat	Kommissariat	commissariato	delegacia de polícia
componer	to compose	composer	komponieren	comporre	compor
construir	to construct, to build	construire	bauen	costruire	construir
contestar	to answer	répondre	antworten	rispondere	responder
cura	priest	curé	Priester, Pfarrer	prete	padre
defender	to defend	défendre	verteidigen	difendere	defender
dependiente	salesman, shop assistant	commis, vendeur	Verkäufer	commesso	dependente (vendedor)
despacho	office	bureau	Büro	ufficio	escritório
director	director	directeur	Direktor	direttore	director (diretor)
escenario	stage	scène	Bühne	scenario	cenário
escritor	writer	écrivain	Schriftsteller	scrittore	escritor
esculpir	to sculpt	sculpter	meißeln, schnitzen	scolpire	esculpir
escultura	sculpture	sculpture	Skulptur	scultura	escultura
estadio	stadium	stade	Stadium	stadio	estádio
estudio	study	étude	Studium	studio	estudo
farmacéutico	pharmacist	pharmacien	Apotheker	farmacista	farmacêutico
farmacia	pharmacy	pharmacie	Apotheke	farmacia	farmácia
fundar	to establish, to found	fonder	gründen, stützen	fondare	fundar
futbolista	football / soccer player	footballeur	Fußballspieler	calciatore	jogador de futebol
ganar	to win	gagner	gewinnen	guadagnare, vincere	ganhar
globo	globe, balloon	ballon	Luftballon	globo	balão (de gás)
guardia	guard	garde	Wache	guardia	guarda
hogar	home	foyer	Heim	focolare	lar
hospital	hospital	hôpital	Krankenhaus	ospedale	hospital
iglesia	church	église	Kirche	chiesa	igreja
ingresar	to join	entrer	eintreten	accedere, aderire	entrar para
instituto	secondary school	Lycée	Institut, Gymnasium	istituto	instituto
médico	doctor	médecin	Arzt, Ärztin	medico	médico
misa	mass	messe	Messe	messa	missa
morir	to die	mourir	sterben	morire	morrer
multa	fine	amende	Geldstrafe	multa	multa
músico	musician	musicien	Musiker	musicista	músico
nacer	to be born	naître	geboren werden	nascere	nascer
oficina	office	bureau	Büro	ufficio	escritório
panadería	bakery	boulangerie	Bäckerei	panetteria	padaria
panadero	baker	boulanger	Bäcker	panettiere	padeiro
parque	park	parc	Park	parco	parque
periodista	journalist	journaliste	Journalist	giornalista	jornalista
pescadero	fishmonger	poissonnier	Fischverkäufer	pescivendolo	peixeiro
policía	police	police	Polizei	polizia	polícia
poner	to put	mettre	legen	mettere	pôr
preparar	to prepare	préparer	vorbereiten	preparare	preparar
presentador	compere, presenter	présentateur	Ansager	presentatore	apresentador
presidente	president	président	Präsident	presidente	presidente
publicar	to publish	publier	veröffentlichen	pubblicare	publicar
redacción	newspaper office	rédaction d'un journal	Zeitungsredaktion	redazione del giornale	redacção do jornal (redação)
secretaría	secretary's office	secrétariat	Sekretariat	segreteria	secretaria
secretario	secretary	secrétaire	Sekretär	segretario	secretário
telefonista	telephone operator	téléphoniste	Telefonist/in	telefonista	telefonista
televisión	television	télévision	Fernsehen	televisione	televisão
tendero	shopkeeper	commerçant	Ladenbesitzer	bottegaio	comerciante
tener	to have	avoir	haben	avere	ter
terminar	to finish	terminer	beenden	finire	terminar
vender	to sell	vendre	verkaufen	vendere	vender

Lección 3 - Ámbito 2

axila	armpit	aisselle	Achselhöhle	ascella	axila
boca	mouth	bouche	Mund	bocca	boca

ESPAÑOL	INGLÉS	FRANCÉS	ALEMÁN	ITALIANO	PORTUGUÉS (BRASILEÑO)
brazo	arm	bras	Arm	braccio	braço
cabeza	head	tête	Kopf	testa	cabeça
ceja	eyebrow	sourcil	Augenbraue	sopracciglio	sobrancelha
codo	elbow	coude	Ellenbogen	gomito	cotovelo
cortar	to cut	couper	schneiden	tagliare	cortar
cuerpo	body	corps	Körper	corpo	corpo
dedo	finger	doigt	Finger	dito	dedo
depilarse	to depilate, to wax	s'épiler	depilieren	depilarsi	costas
escondite	hiding place	cache(tte)	Versteck	nascondiglio	esconderijo
espalda	back	dos	Rücken	schiena	costas
hacerse la manicura	to do one's nails	se faire la manicure	sich maniküren lassen	farsi la manicura	fazer a manicura
hombro	shoulder	épaule	Schulter	spalla	ombro
jugar	to play	jouer	spielen	giocare	jogar
juguete	toy	jouet	Spielzeug	giocattolo	brinquedo
lima	file, nail	lime	Feile	lima	lixa de unha
limarse	to file (the nails)	se limer	sich feilen	limarsi	lixar
mano	hand	main	Hand	mano	mão
maquinilla (de afeitar)	razor	rasoir	Rasierapparat	rasoio	lâmina de barbear (gilete)
melena	long hair	cheveux longs	Mähne	capelli lunghi, zazzera	madeixa (cabelos)
muñeca	wrist	poignet	Handgelenk	polso	pulso
nariz	nose	nez	Nase	naso	nariz
ojo	eye	œil	Auge	occhio	olho
ombligo	navel	nombril	Bauchnabel	ombelico	umbigo
oreja	ear	oreille	Ohr	orecchia	orelha
pantorrilla	calf	mollet	Wade	polpaccio	barriga da perna (batata da perna)
pecho	breast, chest	poitrine	Brust	petto	peito
peinarse	to comb one's hair	se coiffer	sich kämmen	pettinarsi	pentear-se
peine	comb	peigne	Kamm	pettine	pente
pelo	hair	poil, cheveu	Haar	capelli	cabelos
pelota	ball	balle	Ball	palla	bola
pestaña	eyelash	cil	Wimper	ciglio	pestana (cílio)
pie	foot	pied	Fuß	piede	pé
pierna	leg	jambe	Bein	gamba	perna
pintalabios	lipstick	rouge à lèvres	Lippenstift	rossetto	baton
pintarse	to put on one's makeup	se maquiller	sich schminken	truccarsi	pintar-se
rizador	curler	fer à friser	Lockenstab	arricciacapelli	modelador de cabelo
rizarse (el pelo)	to curl one's hair	friser	Locken legen lassen	arricciarsi (i capelli)	encaracolar (os cabelos) (enrolar)
rodilla	knee	genou	Knie	ginocchio	joelho
secador	hair-dryer	sèche-cheveux	Haartrockner	asciugacapelli	secador
secarse (el pelo)	to dry one's hair	sécher	sich trocknen	asciugarsi (i capelli)	secar-se (secar)
tijeras	scissors	ciseaux	Schere	forbici	tesoura
tinte	dye	teinture	Farbstoff, Färbemittel	tintura	tintura (tinta de cabelo)
tobillo	ankle	cheville	Fußknöchel	caviglia	tornozelo
tronco	trunk	tronc	Rumpf	tronco	tronco
uña	nail	ongle	Nagel	unghia	unha

Lección 4 - Ámbito 1

anillo	ring	anneau	Ring	anello	anel
blusa	blouse	chemisier	Bluse	blusa	blusa
bolso	handbag	sac à main	Handtasche	borsa	saco (bolsa)
bota	boot	botte	Stiefel	stivale	bota
broche	brooch	agrafe, broche	Brosche	fermaglio	broche
cadena	chain	chaîne	Kette	catena	colar, corrente, cadeia
calcetín	sock	chaussette	Socke	calzino	meia
camiseta	T-shirt	t-shirt	T-Shirt	maglietta	camiseta
cazadora	jacket	blouson	Windjacke	giubbotto	casaco (jaqueta)
chándal	jogging suit, tracksuit	survêtement	Jogginganzug	tuta	fato-de-treino (roupa de jogging)
chaqueta	jacket	veste	Jacke	giacca	jaqueta (casaco)
chaquetón	long jacket	veste longue	Winterjacke	giaccone	sobretudo
cinturón	belt	ceinturon, ceinture	Gürtel	cintura	cinto
colgante	necklace, pendant	pendentif	Anhänger	pendente	pingente
collar	necklace	collier	Kette	collana	colar
corbata	tie	cravate	Krawatte	cravatta	gravata
deportivas	tennis shoes, trainers	chaussures de sport	Turnschuhe	scarpette	ténis (tênis) (esportivas)
falda	skirt	jupe	Rock	gonna	saia
gabardina	raincoat	gabardine	Trenchcoat	impermeabile	gabardina
gafas	glasses	lunettes	Brille	occhiali	óculos
medias	stocking	bas	Strumpf	calze	meia

ESPAÑOL	INGLÉS	FRANCÉS	ALEMÁN	ITALIANO	PORTUGUÉS (BRASILEÑO)
mocasín	moccasin	mocassin	Mokassin	mocassino	mocassina (mocassim)
mochila	backpack, knapsack	sac à dos	Rucksack	zaino	mochila
pantalón	pants, trousers	pantalon	Hose	pantalone	calça
pendiente	earring	boucle d'oreille	Ohrring	orecchino	brinco
pulsera	bracelet	bracelet	Armband	braccialetto	pulseira
sandalia	sandal	sandale	Sandale	sandalo	sandália
sortija	ring	bague	Fingerring	anello	anel
traje	suit	costume, tailleur	Anzug	abito	fato (terno)
vaqueros	jeans	blue-jeans	Jeans	blue-jeans	jeans (calça jeans)
zapatilla	slipper	pantoufle	Pantoffel	pantofola	chinelas (chinelos de casa)
zapato	shoe	chaussure	Schuh	scarpa	sapato

Lección 4 - Ámbito 2

ESPAÑOL	INGLÉS	FRANCÉS	ALEMÁN	ITALIANO	PORTUGUÉS (BRASILEÑO)
aeropuerto	airport	aéroport	Flughafen	aeroporto	aeroporto
autobús	bus	autobus	Bus	autobus	autocarro (ônibus)
avión	airplane	avion	Flugzeug	aereo	avião
barca	small boat	barque	Boot	barca	barca
bicicleta	bicycle	bicyclette	Fahrrad	bicicletta	bicicleta
bote	boat	barque	Boot	barca	bote
buque	ship	navire	Schiff	nave	navio
camión	lorry, truck	camion	Lastwagen	camion	camião (caminhão)
coche	car	voiture	Wagen	macchina	automóvel (carro)
conducir	to drive	conduire	fahren	guidare	conduzir (dirigir)
conductor	driver	conducteur	Fahrer	conduttore, autista	condutor (motorista)
crucero	cruise	croisière	Kreuzfahrt	crociera	cruzeiro
descapotable	convertible	décapotable	Kabrio(-lett)	decappottabile	descapotável (conversível)
estancia	stay	séjour	Aufenthalt	soggiorno	estadia
excursión	excursion	excursion	Ausflug	escursione	excursão
gasolina	gas, petrol	essence	Benzin	benzina	gasolina
hacer autostop	to hitchhike	faire du stop	trampen	fare autostop	pedir boleia (pedir carona)
helicóptero	helicopter	hélicoptère	Hubschrauber	elicottero	helicóptero
llegada	arrival	arrivée	Ankunft	arrivo	chegada
perder el avión	to miss the plane	rater l'avion	den Flug verpassen	perdere l'aereo	perder o avião
ruta	route	route	Route	itinerario	itinerário
taxi	taxi	taxi	Taxi	taxi	táxi
tocar el claxon	to sound the horn	klaxonner	hupen	usare il claxon	buzinar
velero	sailing ship	voilier	Segelschiff	veliero	veleiro
viajar en avión	to travel by plane	voyager en avion	fliegen	viaggiare in aereo	viajar de avião
viaje de fin de curso	academic year's trip, end of term trip	voyage de fin d'année scolaire	Schulreise	viaggio di fine anno scolastico	excursão de final de ano
visitar	to visit	visiter	besuchen	visitare	visitar
vuelo	flight	vol	Flug	volo	voo (vôo)

Lección 5 - Ámbito 1

ESPAÑOL	INGLÉS	FRANCÉS	ALEMÁN	ITALIANO	PORTUGUÉS (BRASILEÑO)
acostarse con	to sleep with	coucher avec	schlafen mit	andare a letto con	deitar-se com
adulterio	adultery	adultère	Ehebruch	adulterio	adultério
alianza	wedding ring	alliance	Ehering	fede	aliança
biografía	biography	biographie	Biographie	biografia	biografia
boda	wedding	mariage, noce	Hochzeit	nozze	casamento
ceremonia	ceremony	cérémonie	Zeremonie	cerimonia	cerimónia (cerimônia)
convertirse en	to become	devenir	sich bekehren	diventare	tornar-se
despedida de soltero	stag night/hen night	enterrer son célibat	Junggesellenabschied	addio al celibato	despedida de solteiro
divorciarse de	to divorce	divorcer de	sich scheiden lassen von	divorziare da	divorciar-se de
engañar	to cheat on, to deceive	tromper	betrügen	ingannare	enganar
enlace	marriage	mariage	Vermählung	matrimonio	enlace matrimonial
excéntrico	eccentric	excentrique	exzentrisch	eccentrico	excêntrico
famoso	famous	fameux	berühmt	famoso	famoso
fecha	date	date	Datum	data	data
ganancia	gain	gain	Gewinn	guadagno	lucro, ganho
hacerse	to become	se faire	werden	farsi	tornar-se, ficar
líder	leader	leader	Anführer	leader	líder
llegar a ser	to become	devenir	werden	diventare	chegar a ser
morir	to die	mourir	sterben	morire	morrer
noviazgo	courtship	fiançailles	Verlobungszeit, Beziehung	fidanzamento	noivado
ponerse	to become, to get	se mettre	anziehen	diventare, farsi	pôr-se
portada	cover	couverture	Titelseite	copertina	capa
prensa rosa	gossip press	presse du coeur	Klatschpresse	stampa rosa	imprensa sensacionalista
prometido	fiancé	fiancé	Verlobter	fidanzato	noivo
romance	romance	romance	Romanze	romanzo	romance
volverse	to become	devenir	werden	diventare	tornar-se, ficar

ciento ochenta y cinco 185

ESPAÑOL	INGLÉS	FRANCÉS	ALEMÁN	ITALIANO	PORTUGUÉS (BRASILEÑO)

Lección 5 - Ámbito 2

ESPAÑOL	INGLÉS	FRANCÉS	ALEMÁN	ITALIANO	PORTUGUÉS (BRASILEÑO)
agresión	attack	agression	Angriff	aggressione	agressão
asalto	assault	assaut	Überfall	assalto	assalto
asesinar	to murder	assassiner	ermorden	assassinare	assassinar
asesinato	murder	assassinat	Mord	assassinio	assassinato
asesino	murderer	assassin	Mörder	assassino	assassino
atacar	to attack	attaquer	angreifen	attaccare	atacar
atracador	attacker/mugger	malfaiteur	Räuber	rapinatore	assaltante
atracar	to hold up	voler, attaquer	überfallen	rapinare	assaltar
atraco	hold-up	agression pour voler	Überfall	rapina	assalto
autor	author	auteur	Autor	autore	autor
cadáver	corpse	cadavre	Leiche	cadavere	cadáver
coche de policía	police car	voiture de police	Polizeiauto	macchina della polizia	carro de polícia
cometer	to commit	commettre	begehen	commettere	cometer
comisario	commissary	commissaire	Kommissar	commissario	delegado de polícia
crónica periodística	news report	chronique de journal	Zeitungschronik	cronaca giornalistica	crónica jornalística crônica jornalística
culpable	guilty	coupable	schuldig	colpevole	culpado
declarar	to declare	déclarer	erklären	dichiarare	declarar
denunciar	to report	dénoncer, porter plainte	anzeigen	denunciare	denunciar
detective	detective	détective	Detektiv	detective	detective (detetive)
detener	to arrest	arrêter	festnehmen	arrestare	deter (prender)
inspeccionar	to examine	inspecter	untersuchen	ispezionare	inspeccionar (inspecionar)
noticia	news	nouvelle	Nachricht	notizia	notícia
ocurrir	to happen	survenir	geschehen	succedere	ocorrer
pista	clue	piste	Spur	pista	pista
robar	to rob, to steal	voler	rauben, ausrauben	rubare	roubar
robo	robbery	vol	Raub	furto	roubo
sospechoso	suspicious	suspect	verdächtig	sospettoso	suspeito
suceder	to happen	succéder	geschehen	succedere	acontecer
suceso	event, incident	fait divers	Ereignis	successo	acontecimento, fato
víctima	victim	victime	Opfer	vittima	vítima

Lección 6 - Ámbito 1

ESPAÑOL	INGLÉS	FRANCÉS	ALEMÁN	ITALIANO	PORTUGUÉS (BRASILEÑO)
agua	water	eau	Wasser	acqua	água
basura	garbage, rubbish	ordures	Abfall	immondizia	lixo
cartón	cardboard	carton	Pappe	cartone	papelão
central nuclear	nuclear power station	centrale nucléaire	Atomkraftwerk	centrale nucleare	central núclear (usina nuclear)
contaminación	pollution	contamination, pollution	Verschmutzung	contaminazione, smog	poluição
contaminar	to pollute	contaminer, polluer	verschmutzen	inquinare	poluir
cristal	glass	cristal, verre	Glas	cristallo	vidro
ecología	ecology	écologie	Ökologie	ecologia	ecologia
ecologista	ecologist	écologiste	Umweltschützer	ecologista	ecologista
fábrica	factory	usine	Fabrik	fabbrica	fábrica
humo	smoke	fumée	Rauch	fumo	fumo (fumaça)
incendio	fire	incendie	Brand	incendio	incêndio
limpiar	to clean	nettoyer	putzen	pulire	limpar
manifestación	demonstration	manifestation	Demonstration	manifestazione	manifestação
medio ambiente	environment	environnement	Umwelt	l'ambiente	meio ambiente
ozono	ozone	ozone	Ozon	ozono	ozono (ozônio)
papel	paper	papier	Papier	carta	papel
planeta	planet	planète	Planet	pianeta	planeta
plástico	plastic	plastique	aus Plastik	plastica	plástico
reciclar	to recycle	recycler	wiederverwerten	riciclare	reciclar
repoblar	to repopulate	repeupler	wiederaufforsten	ripopolare	repovoar
residuo	waste	déchet	Abfall	residuo	resíduo
ruido	noise	bruit	Lärm	rumore	ruído (barulho)
sociedad	society	société	Gesellschaft	società	sociedade
suciedad	dirt	saleté	Schmutz	sporcizia	sujidade (sujeira)
tierra	Earth	terre	Erde	terra	terra
tirar	to throw	jeter	(weg) werfen	buttare, gettare	deitar fora (jogar)
vidrio	glass	verre	Glas	vetro	vidro

Lección 6 - Ámbito 2

ESPAÑOL	INGLÉS	FRANCÉS	ALEMÁN	ITALIANO	PORTUGUÉS (BRASILEÑO)
agencia	agency	agence	Agentur	agenzia	agência
billete	ticket	billet	Schein, Fahrkarte	biglietto	bilhete (passagem)
comer	to eat	manger	essen	mangiare	comer
estancia	room	chambre	Raum	stanza	estadia
gazpacho	gazpacho	gazpacho	Gazpacho	gazpacho	gazpacho
guía	guide	guide	(Fremden-)Führer	guida	guia

ESPAÑOL	INGLÉS	FRANCÉS	ALEMÁN	ITALIANO	PORTUGUÉS (BRASILEÑO)
hotel	hotel	hôtel	Hotel	hotel, albergo	hotel
jamón serrano	cured Spanish ham	jambon serrano	luftgetrockneter Schinken	prosciutto crudo	presunto curado
maleta	suitcase	valise	Koffer	valigia	mala
montaña	mountain	montagne	Berg	montagna	montanha
monumento	monument	monument	Denkmal	monumento	monumento
museo	museum	musée	Museum	museo	museu
paella	paella	paella	Paella	paella	paelha
playa	beach	plage	Strand	spiaggia	praia
queso	cheese	fromage	Käse	formaggio	queijo
recuerdo	souvenir	souvenir	Souvenir	ricordo	recordação (lembrança)
restaurante	restaurant	restaurant	Restaurant	ristorante	restaurante
rural	rural	rural	ländlich	rurale	rural
tapas	tapas	tapas	kleine Häppchen	assaggini, tapas	petiscos (aperitivos)
tortilla de patatas	Spanish omelette	omelette aux pommes de terre	span. Kartoffelomelette	frittata di patate	tortilha de batatas
tren	train	train	Zug	treno	comboio (trem)
turismo	tourism	tourisme	Tourismus	turismo	turismo
turista	tourist	touriste	Tourist	turista	turista
vacaciones	holidays, vacation	vacances	Ferien	vacanze	férias
viaje	travel, trip	voyage	Reise	viaggio	viagem

Lección 7 - Ámbito 1

ESPAÑOL	INGLÉS	FRANCÉS	ALEMÁN	ITALIANO	PORTUGUÉS (BRASILEÑO)
atletismo	athletics	athlétisme	Leichtathletik	atletismo	atletismo
bailarín	dancer	danseur	Tänzer	ballerino	bailarino
baile	dance	bal	Ball	ballo	baile
baloncesto	basketball	basket-ball	Basketball	pallacanestro	basquetebol
cabaré	cabaret	cabaret	Kabarett	cabaret	cabaret
canasta	basket	panier	Korb	canestro	cesta
cantante	singer	chanteur	Sänger	cantante	cantor
ciclismo	cycling	cyclisme	Radrennsport	ciclismo	ciclismo
cine	cinema	cinéma	Kino	cinema	cinema
concierto	concert	concert	Konzert	concerto	concerto (show)
dopaje	doping	dopage	Doping	doping	dopagem (doping)
entrada	ticket	billet	Eintrittskarte	biglietto	bilhete (ingresso)
espectáculo	show	spectacle	Schauspiel, Show	spettacolo	espectáculo (espetáculo)
esquí	ski	ski	Ski	sci	esqui
fútbol	football, soccer	football	Fußball	calcio	futebol
interpretar	to interpret	interpréter	deuten	interpretare	interpretar
maratón	marathon	marathon	Marathonlauf	maratona	maratona
motociclismo	motorcycling	motocyclisme	Motorradsport	motociclismo	motociclismo
musical	musical	musical	musikalisch	musicale	musical
natación	swimming	natation	Schwimmen	nuoto	natação
raqueta	racket	raquette	Tennisschläger	racchetta	raqueta (raquete)
reventa	resale	marché noir, revente	Schwarzmarkt	rivendita	revenda
taquilla	booking / ticket office	guichet	(Karten) Schalter	biglietteria	bilheteria
teatro	theatre	théâtre	Theater	teatro	teatro
tenis	tennis	tennis	Tennis	tennis	ténis (tênis)
voleibol	volleyball	volleyball	Volleyball	pallavolo	voleibol

Lección 7 - Ámbito 2

ESPAÑOL	INGLÉS	FRANCÉS	ALEMÁN	ITALIANO	PORTUGUÉS (BRASILEÑO)
altavoz	loudspeaker	haut-parleur	Lautsprecher	altoparlante	alto-falante
bolero	bolero	boléro	Bolero	bolero	bolero
canción	song	chanson	Lied	canzone	canção (música)
cantar	to sing	chanter	singen	cantare	cantar
cantautor	singer-songwriter	auteur interprète	Liedermacher	cantautore	compositor
casete	cassette	cassette	Kassette	cassetta	cassete (fita cassete)
clásica	classical	classique	klassische	classica	clássica
comercial	commercial	commercial	kommerziell	commerciale	comercial
compositor	composer	compositeur	Komponist	compositore	compositor
disco	disk	disque	Schallplatte	disco	disco
encantar	to charm	enchanter	bezaubern	piacere molto	adorar
flamenco	flamenco	flamenco	Flamenco	flamenco	flamengo
flauta	flute	flûte	Flöte	flauto	flauta
folclore	folklore	folklore	Folklore	folclore	folclore
género	genre	genre	Genre	genere	género (gênero)
grupo	group	groupe	Gruppe	gruppo	grupo
guitarra	guitar	guitare	Gitarre	chitarra	guitarra (violão)
gustar	to like	aimer	gefallen	piacere	gostar
mánager	manager	manager	Manager	manager	manager, representante
micrófono	microphone	microphone	Mikrophon	microfono	microfone
moderno	modern	moderne	modern	moderno	moderno
música	music	musique	Musik	musica	música

ESPAÑOL	INGLÉS	FRANCÉS	ALEMÁN	ITALIANO	PORTUGUÉS (BRASILEÑO)
ópera	opera	opéra	Oper	opera	ópera
recital	recital	récital	(Solo) Konzert	recital	recital
rock	rock	rock	Rock	rock	rock
rumba	rumba	rumba	Rumba	rumba	rumba
salsa (baile)	salsa	salsa	Salsa	salsa	salsa
sonar	to sound	sonner	klingen	suonare	soar
tango	tango	tango	Tango	tango	tango
tocar (instrumento)	to play (music)	jouer (musique)	spielen	suonare (strumento)	toca

Lección 8 - Ámbito 1

ESPAÑOL	INGLÉS	FRANCÉS	ALEMÁN	ITALIANO	PORTUGUÉS (BRASILEÑO)
artículos de tocador	toiletries	objets de toilette	Frisierartikel	articoli di toilette	artigos de toucador
aspirina	aspirin	aspirine	Aspirin	aspirina	aspirina
banco	bank	banque	Bank	banca	banco
botella de agua mineral	bottle of mineral water	bouteille d'eau minérale	Flasche Mineralwasser	bottiglia d'acqua minerale	garrafa de água mineral
botones	bellboy, porter	groom	Laufbursche	fattorino	mensageiro de hotel
boutique	boutique	boutique	Boutique	boutique	butique
caja de leche	milk carton	brick de lait	Milchtüte, Milchpackung	scatola di latte	caixa de leite
camisa	shirt	chemise	Hemd	camicia	camisa
centro comercial	shopping centre, shopping mall	centre commercial	Einkaufszentrum	centro commerciale	centro comercial (shopping center)
Documento Nacional de Identidad (DNI)	ID card	carte nationale d'identité	Personalausweis	Carta d'Identità	Bilhete de Identidade (Carteira de Identidade)
grandes almacenes	department store	grands magasins	Kaufhaus	grandi magazzini	grandes armazéns (loja de departamentos)
habitación doble	double room	chambre double	Doppelzimmer	camera doppia	quarto duplo
habitación simple	single room	chambre simple	Einzelzimmer	camera singola	quarto individual
langostino	prawn	grosse crevette	Garnele, Langustine	gambero	lagostim
llave	key	clef	Schlüssel	chiave	chave
media pensión	half-board	demi-pension	Halbpension	mezza pensione	meia pensão
mercería	haberdashery	mercerie	Kurzwarenhandlung	merceria	retrosaria
oficina de Correos	post-office	bureau de poste	Postamt	ufficio postale	posto dos correios (agência de correios)
pañuelos de papel	paper tissues	mouchoir en papier	Papiertaschentücher	fazzoletti di carta	lenços de papel
parador	inn	auberge	staatliches Hotel	locanda	parador espanhol (estalagem)
pasaporte	passport	passeport	Reisepass	passaporto	passaporte
periódico	newspaper	journal	Zeitung	giornale	jornal
quiosco de prensa	newspaper stand	kiosque à journaux	Zeitungskiosk	edicola	banca de jornal
recepción	reception	réception	Empfang	accettazione	recepção
renovar	to renew	renouveler	erneuern	rinnovare	renovar
reserva	reservation	réservation	Reservierung	riserva	reserva
revista	magazine	revue, magazine	Zeitschrift	rivista	revista
salir de compras	to go shopping	faire les courses	einkaufen gehen	uscire a fare spese	sair para fazer compras
sello	stamp	timbre	Briefmarke	francobollo	selo
servicio	restroom toilet	toilettes	Toilette	servizio	serviço
supermercado	supermarket	supermarché	Supermarkt	supermercato	supermercado
teléfono público	public telephone	téléphone public	öffentlicher Fernsprecher	telefono pubblico	telefone público

Lección 8 - Ámbito 2

ESPAÑOL	INGLÉS	FRANCÉS	ALEMÁN	ITALIANO	PORTUGUÉS (BRASILEÑO)
aconsejar	to advise	conseiller	beraten	consigliare	aconselhar
administrativo	administrative officer	administratif	Verwaltungsangestellte	amministrativo	administrativo
anuncio	announcement	annonce	Bekanntmachung, Anzeige	annuncio	anúncio
contable	accountant	comptable	Buchhalter	ragioniere	contabilista (contador)
contrato fijo	full-time contract	contrat à durée indéterminée	fester Arbeitsvertrag	contratto indefinito	contrato efectivo (contrato efetivo)
contrato temporal	temporary contract	contrat temporaire	Zeitarbeitsvertrag	contratto a termine	contrato temporário
currículum	currículo vitae	curriculum vitae	Lebenslauf	curriculum	curriculum
Empresa de Trabajo Temporal (ETT)	temporary work agency	agence d'emploi temporaire	Zeitarbeitsfirma	Agenzia di Lavoro Temporale	emp. de trabalho temporário
entrevista	interview	entretien	Besprechung	intervista, riunione	entrevista
experiencia	experience	expérience	Erfahrung	esperienza	experiência
fontanero	plumber	plombier	Klempner	idraulico	canalizador (encanador)
horario de trabajo	working hours	horaire de travail	Arbeitszeiten	orario di lavoro	horário de trabalho (expediente de trabalho)
idioma	language	langue	Sprache	lingua	idioma
informática	computer science	informatique	Informatik	informatica	informática
instancia	request	requête, sollicitation	Antrag, Gesuch	istanza	instância (requerimento)
Instituto Nacional de Empleo (INEM)	National Labour Institute	Agence Nationale Pour l'Emploi (ANPE)	Bundesanstalt für Arbeit	Instituto Nazionale del Lavoro	Instituto Nacional do Emprego (Instituto Nacional de Emprego)
intérprete	interpreter	interprète	Dolmetscher	interprete	intérprete
licenciado	graduated	licencié	mit einem abgeschlossenen Studium	laureato	licenciado (formado)

ESPAÑOL	INGLÉS	FRANCÉS	ALEMÁN	ITALIANO	PORTUGUÉS (BRASILEÑO)
oposición	civil service exam, competitive examination	concours administratif	Auswahlprüfung für den öffentlichen Dienst	concorso	concurso
ordenador	computer	ordinateur	Computer	computer	computador
perfil	profile	profil	Profil	profilo	perfil
plantilla	staff	personnel	Belegschaft	organico	quadro de pessoal
recomendar	to recommend	recommander	empfehlen	raccomandare	recomendar
requisito	requirement	condition requise	Erfordernis	requisito	requisito
sugerir	to suggest	suggérer	vorschlagen	suggerire	sugerir

Lección 9 - Ámbito 1

ESPAÑOL	INGLÉS	FRANCÉS	ALEMÁN	ITALIANO	PORTUGUÉS (BRASILEÑO)
alcoba	bedroom	chambre à coucher	Schlafzimmer	alcova, camera da letto	alcova (quarto)
aparador	sideboard	buffet	Anrichte	cassettone	aparador
apartamento	apartment	appartement	Appartement	appartamento	apartamento
auxiliar	assistant	assistant	Assistent	assistente	auxiliar
baño	bath	bain	Bad	bagno	banho
bidé	bidet	bidet	Bidet	bidè	bidé (bidê)
buhardilla	garret, loft	mansarde	Dachboden, (Dachgeschoss)	mansarda	água-furtada
butaca	armchair	fauteuil	Lehnstuhl	poltrona	poltrona
butacón	large armchair	fauteuil	Sessel	poltrona	poltrona
cenicero	ashtray	cendrier	Aschenbecher	portacenere	cinzeiro
chalé	chalet, cottage, house	chalet, villa	Villa	villa	chalé (casa)
chimenea	chimney	cheminée	Schornstein	caminetto	chaminé
cocina	kitchen	cuisine	Küche	cucina	cozinha
comedor	dining room	salle à manger	Esszimmer	sala da pranzo	sala de jantar
comodín	commode, chest of drawers	commode	Kommode	comò	cómoda
corredor	corridor	couloir	Gang	corridoio	corredor
cortina	curtain	rideau	Vorhang	tenda	cortina
cuadro	picture	tableau	Gemälde	quadro	quadro
cuarto de estar	living room	salle de séjour	Wohnzimmer	soggiorno	sala de estar
decorar	to decorate	décorer	schmücken	decorare	decorar
desván	loft, garret	grenier	(Dach-)Boden	soffitta	desvão
dormitorio	bedroom	chambre à coucher	Schlafzimmer	camera da letto	dormitório
entrada	hall, entrance	entrée	Eingang	entrata	entrada
equipo de música	hi-fi	chaîne hi-fi	Musikanlage	stereo	aparelhagem de som (aparelho de som)
escurreplatos	plate rack	égouttoir	Geschirrständer	scolapiatti	escorre-pratos (escorredor de pratos)
espejo	mirror	miroir	Spiegel	specchio	espelho
estor	roller blind	store	Stor	paravento, estore	estore
fastidiar	to annoy, to bother	ennuyer	belästigen	infastidire	aborrecer (chatear)
flexo	adjustable table lamp	lampe de table	Tischlampe	lampada di tavola	lâmpada de mesa
florero	vase	vase à fleurs	Blumenvase	vaso da fiori	jarra de flores
fobia	phobia	phobie	Phobie	fobia	fobia
galán	clothes hanger	valet de nuit	Kleiderständer	appendiabiti	cabide de pé
habitación	room	chambre	Zimmer	stanza, camera	quarto
hall	hall	hall	(Eingangs) Halle	hall	vestíbulo (hall)
horno	oven	four	Backofen	forno	forno
inodoro	water-closet	water closet	Wasserklosett	gabinetto	sanita (vaso sanitário)
lámpara	lamp	lampe	Lampe	lampada	lâmpada
litera	bunk bed	lit superposé	Etagenbett	cuccetta	liteira (beliche)
marco	frame	cadre	Rahmen	cornice	moldura
mesa	table	table	Tisch	tavola	mesa
mesilla	bedside table	table de nuit	Nachttisch	tavolino	mesinha-de-cabeceira (mesa de cabeceira)
nevera	refrigerator	réfrigérateur	Kühlschrank	frigorifero	frigorífico (geladeira)
odiar	to hate	haïr	hassen	odiare	odiar
pasamanos	handrail	rampe	Treppengeländer	corrimano	corrimão
pasillo	corridor	couloir	Flur	corridoio	corredor
patio	yard	cour	(Innen) Hof	cortile	pátio
percha	clothes hanger	cintre	Kleiderbügel	gruccia	cabide
piso	floor, flat	étage, appartement	Stockwerk, Wohnung	piano, appartamento	andar, piso
ratón	mouse	souris	Maus	mouse	mouse
rellano	landing	palier	Treppenabsatz	pianerottolo	patamar de escada
revistero	magazine rack	porte-revues	Zeitungsständer	portariviste	porta-revistas
sala	(living) room	salle	Raum, Saal	sala	sala
salón	living room, sitting room	salon	Wohnzimmer	salone	sala de estar
sillón	armchair	fauteuil	Sessel	poltrona	poltrona
sofá	couch, sofa	sofa	Sofa	divano	sofá
teja	roof tile	tuile	Dachziegel	tegola	telha
terraza	balcony, terrace	terrasse	Terrasse	terrazza	terraço
toallero	towel rack	porte-serviettes	Handtuchhalter	portasciugamano	toalheiro
visillo	small curtain	brise-bise	Gardine	tendina	cortina (fina, de renda)
vitrocerámica	vitroceramic	vitrocéramique	Glaskeramik	vetroceramica	vitrocerâmica

ciento ochenta y nueve 189

ESPAÑOL	INGLÉS	FRANCÉS	ALEMÁN	ITALIANO	PORTUGUÉS (BRASILEÑO)

Lección 9 - Ámbito 2

ESPAÑOL	INGLÉS	FRANCÉS	ALEMÁN	ITALIANO	PORTUGUÉS (BRASILEÑO)
acera	pavement	trottoir	Bürgersteig	marciapiede	passeio (calçada)
acueducto	aqueduct	aqueduc	Aquädukt	acquedotto	aqueduto
ayuntamiento	city council	mairie	Gemeindeverwaltung, Rathaus	comune	câmara municipal (prefeitura)
barrio	neighbourhood, district	quartier	Stadtviertel	quartiere	bairro
bocacalle	entrance to a street	entrée d'une rue	Straßeneinmündung, Seitenstraße	imbocco di una strada	embocadura (entrada ou boca de uma rua)
buzón	mailbox	boîte aux lettres	Briefkasten	buca delle lettere	caixa de correio
cajero automático	ATM, cashpoint	distributeur automatique	Bankautomat	bancomat	caixa automático (caixa eletrônico)
calle	street	rue	Straße	via	rua
catedral	cathedral	cathédrale	Kathedrale	cattedrale	catedral
cruce	crossing	croisement	Kreuzung	incrocio	cruzamento
esquina	corner	angle, coin	Ecke	angolo	esquina
farola	streetlamp	lampadaire	Straßenlaterne	fanale	poste de luz
glorieta	roundabout	rond-point	Kreisverkehr	rotonda	rotunda
jardín	garden, yard	jardin	Garten	giardino	jardim
papelera	wastepaper basket	corbeille à papiers	Papierkorb	cestino	papeleira (cesto do lixo)
parque	park	parc	Park	parco	parque
paso de peatones	crosswalk, pedestrian crossing	passage clouté	Fußgängerüberweg	passaggio pedonale	faixa para peões (faixa de pedestres)
plaza	square	place	Platz	piazza	praça
puente	bridge	pont	Brücke	ponte	ponte
quiosco	kiosk, newsstand	kiosque	Kiosk	edicola	quiosque
rezar	to pray	prier	beten	pregare	rezar
rotonda	roundabout	rond-point	Kreisverkehr	rotonda	rotunda (rótula)
semáforo	traffic lights	feu de signalisation	Ampel	semaforo	semáforo
señal (de tráfico)	(traffic) signal	panneau de signalisation	Verkehrszeichen	segnale (di fraffico)	placa de trânsito

Lección 10

ESPAÑOL	INGLÉS	FRANCÉS	ALEMÁN	ITALIANO	PORTUGUÉS (BRASILEÑO)
anunciar	to announce	annoncer	bekanntmachen, werben	annunciare	anunciar
anuncio (publicitario)	advertisement	publicité	Anzeige	spot (pubblicitario)	anúncio (publicitário)
artículo	article	article	Artikel	articolo	artigo
carta	letter	lettre	Brief	lettera	carta
censura	censorship	censure	Zensur	censura	censura
censurar	to censure	censurer	zensieren	censurare	censurar
comentar	to comment on	commenter	besprechen	commentare	comentar
comunicar	to communicate	communiquer	mitteilen	comunicare	comunicar
correo certificado	registered mail	pli recommandé	Einschreiben, Einschreibebrief	posta raccomandata	correio registrado
correo electrónico	e-mail	courrier électronique, email	Email	E-mail	E-mail
correo normal	ordinary mail	courrier normal	normale Post	posta normale	correio normal
correo urgente	express mail	courrier exprès	Eilpost	posta urgente	correio urgente
corresponsal	correspondent	correspondant	Korrespondent	corrispondente	correspondente
cotilleo	gossip	commérage	Tratsch, Klatsch	pettegolezzo	mexerico (fofoca) (fofoca)
decir	to say	dire	sagen	dire	dizer
diario cultural	cultural magazine	journal culturel	Kulturzeitung	rivista culturale	jornal cultural (diário cultural)
difundir	to spread	divulguer	verbreiten	diffondere	divulgar
dirección de correo electrónico	e-mail address	adresse électronique	Email-Adresse	indirizzo elettronico	endereço electrónico (e-mail)
escándalo	scandal	scandale	Skandal	scandalo	escândalo
exclusiva	scoop	exclusivité	Exklusivbericht	esclusiva	entrevista exclusiva
fax	fax	fax	Fax	fax	fax
información	information	information	Information	informazione	informação
lector	reader	lecteur	Lektor	lettore	leitor
libertad de prensa	freedom of the press	liberté de presse	Pressefreiheit	libertà di stampa	liberdade de imprensa
medio(s) de comunicación	the media	média(s)	Medien	mezzo di comunicazione	meio de comunicação
medio de información	news agency	média	Nachrichtenmedien	mezzo d'informazione	meio de informação
mensaje	message	message	Nachricht	messaggio	mensagem
mensajero	messenger	messager, coursier	Bote, Kurier	messaggero	mensageiro
nota (de prensa)	press note	communiqué (de presse)	(Presse-) Nachricht	nota (di stampa)	comunicação (de imprensa) (nota)
paquete	packet	paquet	Paket	pacco	pacote
postal	postcard	carte postale	Postkarte	cartolina	cartão-postal
prensa	press	presse	Presse	stampa	imprensa
presentar	to present	présenter	präsentieren	presentare	apresentar
programa de radio	radio programme	programme de radio	Radioprogramm	programma radiofonico	programa de rádio
programa de televisión	television programme	programme de télévision	Fernsehprogramm	programma di televisione	programa de televisão
publicar	to publish	publier	veröffentlichen	pubblicare	publicar

ESPAÑOL	INGLÉS	FRANCÉS	ALEMÁN	ITALIANO	PORTUGUÉS (BRASILEÑO)
publicidad	advertising	publicité	Werbung	pubblicità	publicidade
radio	radio	radio	Radio	radio	rádio
recado	message	commission	Nachricht	messaggio	recado
reportaje	report	reportage	Reportage	cronaca	reportagem
reportero	reporter	reporter	Reporter	reporter	repórter
revista	magazine	revue	Zeitschrift	rivista	revista
revista del corazón	gossip magazine	presse du coeur	Klatschzeitschrift	rivista rosa	revista de fofocas
telediario	television news bulletin	journal télévisé	Tagesnachrichten	telegiornale	telejornal
telegrama	telegram	télégramme	Telegramm	telegramma	telegrama
teletipo	teletype	télétype	Fernschreiber	telescrivente	telétipo teletipo
televisión	television	télévision	Fernsehen	televisione	televisão
titular	headline	manchette, gros titre	Schlagzeile	titolo di testa	manchete

ciento noventa y una **191**